赚钱

金融哲学和货币本质

[丹麦]奥勒·比约格 著　梁岩 刘璇 译

中国友谊出版公司

图书在版编目（CIP）数据

赚钱 ：金融哲学和货币本质 / (丹) 奥勒 · 比约格著 ；梁岩，刘璇译. -- 北京 ：中国友谊出版公司，2018.5

书名原文：Making Money

ISBN 978-7-5057-4380-9

Ⅰ. ①赚… Ⅱ. ①奥… ②梁… ③刘… Ⅲ. ①货币主义 Ⅳ. ①F091.353

中国版本图书馆CIP数据核字(2018)第096580号

著作权合同登记号 图字：01-2018-3863号

书名 赚钱：金融哲学和货币本质
著者 [丹麦]奥勒 · 比约格
译者 梁岩 刘璇
出版 中国友谊出版公司
发行 中国友谊出版公司
经销 新华书店
印刷 北京中科印刷有限公司
规格 880×1230毫米 32开
12印张 215千字
版次 2018年8月第1版
印次 2018年8月第1次印刷
书号 ISBN 978-7-5057-4380-9
定价 68.00元
地址 北京市朝阳区西坝河南里17号楼
邮编 100028
电话 （010）64668676

目 录

第二部分　货币哲学

序言：被遗忘的存在以及货币

这是一本关于如何生钱的书。在这里，“赚钱”（making money）一词具有双重含义。第一层含义，也是最直接的含义，是指金钱在世界范围的流通和分配。当有人开始工作，并声称“我要赚钱”，这通常是指，“让我们对经济的资金池中业已流通的一些货币进行分配”。但是，如果我们单从字面上理解这个词，“making money”还有另一层含义，即发行货币。它是指一种程序，通过该程序，创造新的货币，融入经济领域。

人人都在思考如何赚钱。对一些人来说，这是一个关乎生存的问题。他们需要挣钱，用来吃饭付账。对于另一些人来说，他们需要用钱来表达自己的身份，体现社会地位。但在大多数人的眼里，如何生钱恐怕既是一个事关生存的问题，同时也是一个体现身份的问题。

赚钱的第二层意思，也是更字面上的含义，很少有人考虑这一层意思。“钱是从哪里来的？钱是如何来到这个世界的？我们在日常的经济交往中使用的货币，是谁创造出来的？”考虑到当代资本主义社会人们对货币的关注程度，这些问题似乎少有人问津。按照马丁·海德格尔的说法，我们最难想到和理解的事，是离我们最近的事，是我们认为司空见惯的事情。我们对某一特定事物的熟悉程度，似乎阻碍了我们对它进行思考和判断，而这种思考和判断对深入了解这个事物是非常必要的。例如，对我们来说语言就是这样的情况。语言是我们生命中的一部分，即使小孩子都知道如何使用它。尽管如此，很少有人可以宣称已洞彻语言究竟为何物。同样的悖论也适用于金钱。我们每天都在使用钱。它是我们进行人际交往和认知社会的一个重要因素。然而，我们对货币的基本性质的认识，在很大程度上依然是一种想当然的认识。

这个事实不仅在每个人的日常生活中发挥作用，也在我们集体做出的政治意象中发挥作用。在 2007 年至 2008 年间，越来越多的美国房贷违约，使得银行和金融机构苦不堪言，最终导致贝尔斯登公司和雷曼兄弟银行破产。这一严峻的经济形势被视为金融危机。“金融危机”或许仅仅刻画了这样一个事实：在金融市场和主要的金融机构中，确实正在发生诸多令人震惊的事件，但“金融危机”这个词为当时的形势设定了一个特殊的框架，为某些解释和解决方案预设了前提。首先，“金融”一词表明，严峻的经济形势既是由经济体系中的行为和资产的定价方式造成的，同时也是融资方式的结果。其次，“危机”一词表明事态强烈偏离了正常状态。我们可以克服危机，从而让自己回归常态。

把这种情况当作金融危机来理解，就会倾向于用这样的方式对问题加以解释：问题就出在个人和机构在金融市场生钱的方式。银行家们贪婪无度，为富不仁，金融模型与经济现实是相互脱节的，监管人员既幼稚又腐败，这三个因素结合起来导致了对普通人的剥削。对由廉价信贷支撑起来的过度消费的欲望，普通人缺乏克制。我们按照“生钱”这个词的第一层含义进行思考，这种解释确实有一定道理，但会引导我们不去关注这个词的第二层含义，而这层含义与当代资本主义社会货币产生的方式这一根本问题有关。

海德格尔也许可以为我们从哲学角度区分货币的两重含义。在他的思想中，我们发现了存在群体 (Seiende) 和存在个体 (Sein) 之间的本体性差异。当我们将某个事物作为一个存在群体加以研究时，我们的着眼点是，将它作为其他实体中的个体。研究的目的是找出它的属性，探索它与其他事物的关系。对特定事物的研究一般是围绕着“X 是什么？”这个问题进行的。这样的问题包括：人是什么？人是理性的吗？人有道德观念吗？或者世界是什么？这是真实的吗？这是一个概念吗？它是可知的吗？等等。

与这种质疑相反，对存在个体的研究所关心的是某物是什么，存在的状态意味着什么。这种类型的研究不提出“X 是什么”这样的问题，而是提出“X 的情况怎样”这样的问题。在《存在与时间》一书中，提到的那个 X 就是人，但为了避免把人仅仅作为一个存在的个体，海德格尔使用了 Dasein 这个词，代指人的存在状态（Dasein 的意思是在那里存在。但是这个词不是从最初的德语翻译过来的）[1]。当海德格尔在探究存在的意义时，他强调的是存在，而不是 Dasein，研究的焦点是存在的状态，我们要注意这些内容。

当我们提出问题，比如，我如何能生点钱？这家公司如何生钱？甚至这个国家如何生钱？我们把钱仅仅看作一种存在。我们关注的是如何干预货币流通，使得对货币进行再分配的方式能够对我们有利。但是，一旦我们跨过“生钱”这个词语最直接的含义，开始质问金钱是如何出现的，我们就开始了对货币存在的研究。

在《理性原则》这本书中，海德格尔为我们提供了一个通过扭转提问方式从而开启存在研究的方法。海德格尔从莱布尼茨的理性原则出发：凡事皆有原因（nothing is without reason）。他没有把这句话读成“凡事皆有原因”（nothing is without reason），这仅仅意味着世界上的一切都是有原因的。相反，他把这句话读成“凡事皆有原因”（nothing is without reason），强调的重点变换了。以这种方式，这句话变成一个有关虚无存在方式的声明。这一重点的转变，把这句话变成对一个本体性问题——“虚无是怎样的”——的回

[1] 海德格尔，《存在与时间》。

答。海德格尔解释说，“在音调转变的背后隐藏着思维的跳跃”[1]。海德格尔对虚无分析的形而上意义超越了我们目前的研究范围。然而，重点的转变与我们对金钱的分析是息息相关的。与其询问什么是货币，落入智力陷阱，或者含蓄地接受对这个问题现存的答案，倒不如提出问题，“货币是如何存在的？”或者简单地说，“货币起什么作用？”

在海德格尔对西方形而上学进行彻底批判时，他创造了Seinsvergessenheit这个美丽的词语，这个词语可以翻译为“被忽略的存在”。他声称，甚至早在柏拉图和亚里士多德之前，哲学一直专注于存在群体的研究，系统性地忽视了存在个体的基本问题。撇开海德格尔的结论与2000多年来的哲学史的矛盾不提，我们可以将他的思想方法应用于对当代资本主义货币问题的研究上。

> 在我们这个时代，“货币”这个词究竟意指什么？我们今天对这个问题有答案了吗？不。所以现在要重新提出货币存在的意义这一问题。我们今天之所以茫然无措，仅仅是因为不领会“货币”这个词吗？不。所以现在首先要重新唤醒对于这个问题的意义之领悟。[2]

---

[1] 海德格尔，《理性原则》，P53。

[2] 海德格尔，《存在与时间》，P1。

这段话取自海德格尔《存在与时间》一书的序言。在这一段文字中，我用 money（货币）和 Being of money（货币的存在）取代了 Being（存在）。这段话就货币被忽略的存在引申出了两个观点：我们不仅对货币的现象缺乏正确的认识，我们甚至还没有因不领会而茫然无措。在大多数情况下，我们完全满足于货币使用，而没有领会其运作，对此甚至不曾质疑。对货币的起源和性质，我们甚至不加批判地接受流行的观点。

在今天，我们对其投入了大量的经济研究和教育，在政治以及日常交流中经济学给予其崇高地位，我们还声称不领会货币，这样说是不对的。与此相反，问题是我们对货币的认识是否正确。海德格尔说过，“被忽略的存在”（Seinsvergessenheit）不是在思考某一个具体事项的过程中发生的错误。“被忽略的存在”是在我们开始思考和探讨问题的一开始。我想指出，很多主流经济学和流行政治话语有关经济问题的思考，深受“被忽略的存在”之影响。

为了解关于货币的存在群体与存在个体之间的区别，以及“被忽略的存在”在经济学领域如何发挥作用，我们看一下有关经济学入门教材的前几页。入门教材是这样开始的：

> 你刚才听到，晚间新闻说，美联储提高联邦基金利率 0.5 个百分点。当你贷款购买豪华新跑车时，这会对贷

> 款的利率有什么影响？这是否意味着将来你可以养得起房了？明年你找到一份工作会更容易，还是会更难？通过观察金融市场（如债券、股票和外汇）和金融机构（银行、保险公司、共同基金和其他机构）是如何运作的，通过探索货币在经济中的作用，这本书为此类问题及其他问题提供了答案。[1]

虽然这段被引用的话是随意节选的，但它可以用来说明主流经济学家对货币的看法。值得一提的是，这本书的作者弗雷德里克·米什金，除了拥有傲人的学历外，还在美国联邦储备银行担任过重要的职务。这段话中提出的问题是，有关不同货币举措的关联性，诸如，联邦基金利率和消费信贷利率、利率和房地产价格、利率和就业率之间的相互关系。用海德格尔的话来说，这些都是与本体论问题相对应的本体。他们都涉及作为与其他存在相关联的一个特定存在的货币的运作方式，忽略货币的基本特质。

在阐明各种经济措施之间的相互关系方面，经济学复杂的公式和模型极为成功地实现了这一点，我们很难对经济学处理货币的方式提出异议，虽然我们承认，作为一门学科，经济学忽略了货币存

[1] 米什金，《货币、银行和金融市场经济学》，P3。

在的问题。甚至可以说，经济学取得成功的原因正是由于该学科尚未陷入哲学的诡辩。经济学能够单刀直入，直面问题。可是2000多年过去了，哲学还在讨论同样的问题。

然而，关于忽视货币存在的问题忽略了一个要素，即对当代货币形态的偶然性和变动性的认知。经济模型要具有可操作性，模型的某些构成要素或者说参数，就必须保持恒定，确凿无疑。主流经济学的货币恒定性是预先假定的，这严重阻碍了对货币的想象力。这就是思想体系如何作用于货币问题，即齐泽克称之为“思想意识形态自然化”的机制。

> 在当代全球资本主义体系中，思想意识形态自然化达到了前所未有的水平。对于可能形成的选择，敢于持有乌托邦式异想的人非常罕见……我们非但无法证实，思想意识形态乌托邦的时代已经过去，这种无可争议的资本主义霸权，还要靠资本主义意识形态中的乌托邦核心维系。掌权的权力乌托邦用务实的现实主义包装自己，另类世界的乌托邦思想业已清除。[1]

[1] 齐泽克，《最初是悲剧，随后是闹剧》，P77。

由于货币的当代形态已经自然化，我们很难讨论甚至想象，其他形式的货币作为当代经济和社会问题的解决方案。2008 年金融危机余波后的政治讨论很快就指向了狭义问题，即国家政府是否应该介入和支持大型私营金融机构，以及如何介入支持，才能防止市场的全面崩溃。资本主义将自身自然化为今天生产和价值分配的主导体系，人们唯一可以想象到的体系，这种非凡的能力表现在这种似是而非的观点中，在这场辩论中，最激进的观点来自于那些自由市场资本主义的最顽固的支持者，他们建议国家出局，任由市场中的不同力量“自然”发展。在今天的政治蓝图中，评判观点差异的标准，不是你支持还是反对资本主义，而是你如何支持资本主义。

2008 年金融危机带来的政治反应，与对世界贸易中心 2001 年 9 月 11 日毁灭带来的反应，旗鼓相当。就像金融危机本来就是重新思考和修正当代资本主义的一个机会，“9・11”本来也是讨论美国作为世界霸权的角色，并重新考虑世界的所谓发达国家和发展中国家之间关系的一个机会。该事件是一个悲剧，但同时也打开了机会之窗，有可能改变我们政治制度的基本坐标。但是，正如我们所知，当三座高楼的倒塌被用来发动“反恐”战争时，这个窗口几乎立刻关闭。

被大多数西方国家接受的对金融危机的解决方案是，拯救陷入财务困境的银行。政府干预金融市场的基本原理是这样的：“在正常情况下，金融市场会自己找到平衡，为价值和货币在社会中的生产和分配创造最优条件。”但是，目前的局势属于正常范围之外的例外情况，因此要求采取特殊措施。政府将对市场进行特殊的干预，以恢复正常的状态，使得市场可以再次被信任，从而不再需要政府的进一步干预。

政府对金融市场进行干预的方式，在结构上适用于类似“9·11”以后的滥用酷刑问题（以及终止各种公民权利）的推论。对涉嫌参加对美国及其盟国的恐怖活动的“敌方战斗人员”使用酷刑，这样做的理由是这样表述的：“一般情况下，作为民主政府，我们认为人权是神圣的，我们谴责使用酷刑。但是，目前的情况是个例外。这属于正常的范围之外，因此要求采取特殊措施。我们的民主政府超常使用酷刑，以消除对我们社会的直接威胁和恢复正常的状态。这样，民主可以再次被信任，从而继续起作用，以不再使用不民主的措施（如酷刑）的方式生存下去。”

在“9·11”和金融危机这两种情况下，机会之窗的关闭意味着有关社会秩序的根本性问题被排除在辩论之外。在金融危机的背景下，关于货币构成的许多重要问题没有被提出，如：我们想要私人银行吗？我们希望有一个基于债务创造出货币的经济吗？我们应该允许金融市场来决定经济政策吗？对债务人来说，偿还债务是绝对责任吗？我们想要一个持续增长的经济吗？说主流经济学完全忽视了货币的本质问题，这可能有点夸张。不过，回答这个问题通常采用回避货币本体的方式进行处理。对什么是货币这个问题的标准回答是列出被认为是货币的四重定义功能：交换媒介，记账单位，价值储藏，延期支付标准。这个货币的四重定义甚至可以总结为一个整齐的韵律："货币有四个功能：媒介、单位、储藏、标准。"

关键要注意到，在这段论述中，"货币是什么"这个问题是用"货币是做什么的"来描述回答的。四重定义罗列了货币的职能。认识到这一点非常重要。我们绝不能说这个描述是错误的。这相当于有人问：什么是锤子？我们说：这是一个用来敲打钉子进入木头的东西。虽然回答了这个问题，但是该描述至少在两方面隐含了对货币的自然化。

首先，我们可能会问货币的四重功能是否全面。货币肯定具有这四重功能，但货币似乎也做了比这四重功能更多的事。货币是不是也是控制其他人的一种手段？欲望的具体体现或标准？把财富集中在少数人手中的一种手段？大多数人不满的缘由？上述罗列的四重功能意味着，这些都是货币所必须具有的能力，而所有其他功能是或然的。这也就是说，钉钉子的能力是锤子的一个必要属性，而锤击拇指的能力仅仅是一个或然属性。对于锤子来说，这样的定义可能是没有问题的，但对于货币来说，它肯定不行。用这四重功能界定货币具有误导性，这相当于你问："什么是枪？"我说："枪是通过保护无辜的人以促进和平的东西。”

其次，用货币履行的功能来定义货币，是把货币仅仅作为解决实际问题的一个实用的解决方案。如果我们看一看经济学入门教科书的另外一段，这一点可以得到进一步阐述，它试图解释货币作为交换媒介的作用。

> 利用货币作为交换媒介，使交换的商品和服务所耗费的时间最小化，促进了经济效率。要想了解其中的道理，那就让我们来看一个物物交换的经济。物物交换的经济是一个没有货币的经济，其中用商品和服务直接对其他商品和服务进行交换。
>
> 我们以经济学教授艾伦为例。艾伦只能做好一件事：开办经济学讲座。在物物交换的经济中，如果艾伦想吃饭，她必须找到一个不仅生产她喜欢的食物，而且想学经济学的农民。正如您所预料的，这个搜索将是困难和费时的，要找到一个渴求学经济学的农民比她开讲座可能会花更多的时间。她甚至有可能不得不退出讲课，亲自进入农田进行耕种。即便如此，她仍可能饿死。
>
> 试图交换货物或服务所用的时间被称为交易成本。在物物交换的经济中，交易成本高昂。因为人们必须满足

> “双重需求偶合”，他们必须找到既拥有他们想要的货物或服务，同时也需要他们所提供的货物或服务的人。
>
> 让我们来看看，如果我们在艾伦的世界里引入货币会发生什么事情。这样艾伦就可以教任何愿意付钱听她讲座的人。然后，她可以去任何农民（或他在超市的代表）那里，用她得到的收入去购买她需要的食物。她避免了“双重需求偶合”的问题，艾伦节省了大量的时间，她可以花这个时间做她最擅长的事：教学。[1]

这段文字中的情节确实是虚构的。然而，它对主流经济学中有关货币的认知提供了许多重要见解。考虑到情节的假想性质，我们可以像精神分析学家对待梦那样对待这段文章，即把它作为一个揭示经济学家的基本幻想的场景。

这个场景把货币的出现作为解决实际问题的一个实用解决方案。我们已经注意到有一个能提供服务的（经济学）教授和一个生产商品（农产品）的农民，问题是如何让他们进入交换关系。随后引入货币，问题便得到解决。在这段论述中，问题通过货币得到了解决，这就是自然而然。其潜台词就是海德格尔百思不得其解问

[1] 米什金，《货币、银行和金融市场的经济学》，P45。

题的另一种提法："为什么是者皆是而无却不是？"[1] 另一种提法就是：为什么有货币皆是而无货币却不是？海德格尔的问题作为一种形而上学之谜保留下来，其目的是为了延续激进的形而上学思维。相反，有关货币问题的教科书式的论述则毫无新意，只有一个简单的结论性答案。

此外，还有一个奇怪的悖论进入了教科书设计的场景：在实物交换经济中出现了一位经济学家。我们都知道，实物交换经济中不存在经济学家，因为经济学家要解决的问题，只是在引进货币后出现的。我们甚至想象在一个实物交换经济中，有一个对经济学讲座有兴趣的农民，这掩盖了一个事实，即那些使经济学与农民相关的问题，只出现在货币经济中。从这个意义上说，实物交换经济中经济学家的形象，掩盖了货币的双重作用，即货币是问题的解决者，也是问题的创造者。一位经济学家在实物交换经济中的出现，使经济学地位得到提升，它不仅是随着货币演化所提出的问题而形成的科学，甚至是货币出现以前人们需要的科学。换言之，经济学家同时也是一个哲学家。这难道没有表明经济科学和经济学家在当今政治格局中的位置吗？在当代的后意识形态资本主义，经济学本身也是生活的科学。

[1] 海德格尔，《形而上学概论》，P1。

货币作为一种对实际问题的实用解决方案，掩盖了货币的意识形态维度。我们可以讨论谁应该得到更多或更少的货币，谁应该被迫支付更多或更少的货币，确实这些问题经常在当代政治论坛上被讨论。然而，这些争论都是在货币体系现有形态界定的边界内进行的。当代货币形态为一系列经济问题提供了最优化的解决方案，这被认为是理所当然的。这一系列经济问题被认为仅仅是人性的延伸。当今政治挑战被降低到了采用优化系统功能的方法来管理当前的经济和货币体系，其度量是一整套被系统定义的参数。

《赚钱：金融哲学和货币本质》是对当代资本主义社会货币的哲学分析。除了更加深入地了解货币，我们分析的目的就是将货币政治化。如果主流经济学的内在倾向是，对货币当前形态的自然化，本书则旨在利用哲学理念，扰乱这种自然化。我们集体的政治想象力不应仅限于不同模式下我们现有的货币形态能做些什么。我们应该打开想象力，猜想创建新的多样的货币系统，以及开发新的多样的货币潜力。

我们应注意，关于经济问题的思考中完全忽视货币本体论的问题，出现形式多种多样，我们不要夸大该问题的程度。引入主流经济学，让其充当讨论的初始“替罪羊”，在某种意义上是挑选了一个容易的目标。对货币的思考在其他知识领域也存在，而且对货币本质的思考更多。首先，我们应该认识到，经济学不等同于主流经济学。近年来，经济学界对所谓的异端经济学的兴趣与日俱增。尤其是 2008 年金融危机爆发后，这一领域的研究已取得了很大的进展。[1]异端经济学本身并不是一个单一的范式，而是一个总称，涵盖一系列处理经济问题的不同方法，包括后凯恩斯主义、马克思主义、奥地利学派经济学和社会经济学等等。异端经济学作为一个整体，它们并没有内在一致的基本假设，它们只不过对正统或主流经济学同样持反对态度。换句话说，是因为异端经济学与正统经济学的分歧，它们才联合在一起。在本书中，我将引用异端经济学家的观点，因为他们确实提供了与经济学基本原理对接的批判，而且卓有成效。

其次，近年来，当经济学这门学科在货币和金融的研究领域逐渐一统天下时，社会学和人类学学科却在经济学议题的研究中开辟了新天地。也许最突出的例子就是金融的社会学研究，这类研究的出版物有：米歇尔·卡隆的《市场法则》、卡琳诺尔·塞蒂娜和亚历克斯·普雷达的《金融市场的社会学》、唐纳德·麦肯齐的《一台引擎，绝非照相机》、凯特琳·扎洛姆的《冲出牢笼》和凯伦·胡的《清算》。与此相似的，还有货币的人类学方面的出版物，如维维安娜·泽利泽的《货币的社会学意义》和大卫·格雷伯《债：第一个 5000 年》。这两个领域是在定性研究基础上对经济问

[1] 戴维斯，《异端经济学的本质》；劳森，《当前的经济危机》。

题开展实证研究，与经济学有着明显的区别。经济学试图做定量研究，或者是纯粹的理论研究。同样，我将使用来自社会学和人类学的研究，支持本书的分析。

不过，这本书的目标是为货币的哲学研究开拓一个独特的领域。哲学区别于经济学，也区别于社会科学，不是因为哲学可以给旧有的问题提供新的答案，而在于哲学能够提出全新的问题。能够提出卓越的问题，是卓越哲学的标志。更进一步说，在哲学中，新问题的提出成为创造新概念的载体。哲学的要旨不是把现存的理论用于新经验领域，用现存的理论解决问题，而是产生新的理论概念，以促进思维。脱离了经济学、社会学、人类学而进行的哲学研究是完全不存在的，就像其他领域的研究为我们呈现了卓越的哲学分析。关键之点仅在于，哲学分析的终极标杆是，能否推动我们的常规思维，超越现有假说的验证或反驳。

在这篇序言中，利用海德格尔的哲学思想，我已经对货币问题进行了哲学探究。但是，一旦我们开始实际分析时，参考的主要理论观点将是斯拉沃热·齐泽克所持的观点。我发现他提出的关于三个本体（真实、象征、想象）之间的区别，非常适合于把金融市场的功能以及货币构成的多个维度概念化。齐泽克的全部作品都是有关当代资本主义，对货币的思考只是只言片语，散落在他的著作中。《赚钱：金融哲学与货币本质》旨在开发齐泽克哲学的潜力，扩张我们目前对货币和金融思考的边界。

首先，齐泽克的分析，在概念上为我们提供了强大火力。真实、象征、想象三位一体的复杂关系，是一个内容丰富相互关联的概念系统，使我们能够探索当代货币构成的几个方面的哲学意义，包括金融市场、金融投机、价格、价值、风险、黄金、国家、信贷、商业银行、中央银行和衍生品等等。其中，始于2007—2008年的金融危机，所取得的积极成果之一就是，在国际金融和银行系统的结构和功能方面，促成公共利益的觉醒。当这个系统的不同新环节浮出水面，我们看到了高度复杂的全球机器的轮廓。这个全球机器不仅促进全球贸易和生产，而且系统地将大量财富集中到少数人手里。现代货币体系的复杂性和反常性，肯定会遭到一个更复杂、更非同寻常的理论框架的反击。这就是齐泽克提供的内容，他是当代哲学领域的高盛[1]。

这本书的提纲是沿着“赚钱”的两重含义展开的。第一部分是从最初和最直接的意义开始的。这部分的目的是，分析在金融市场上投机者和投资者是如何赚钱的。第一章介绍了在金融市场的分析中，应用了齐泽克思想的基本坐标，即真实、象征、想象三位一体。

---

[1] 高盛集团（Goldman Sachs），全世界历史最悠久及规模最大的投资银行之一，向全球提供广泛的投资、咨询和金融服务，总部位于纽约，并在东京、伦敦和香港设有分部，在23个国家和地区拥有41个办事处。

在第一章，我也提出金融市场投机的两种分析方式（技术分析和基本面分析），从而研究它们的哲学性质。在第二章，追溯了现代新古典金融学的思想史。有效市场这个概念的演变，是金融投机的新古典主义方法的关键组成部分。我揭示了这一概念是如何发挥作用的，即由一种幻想，发展成为对实际金融交易产生深远影响的理论概念。

金融投机分析的相关性基于这样的假设，今天我们生活在一个金融资本主义时代。在工业资本主义的背景下，马克思研究货币，他观察构建了商品的生产和流通的资本是如何运作的。在全球金融市场上交易的股票、债券、货币、衍生产品，以及其他形式的金融证券，构建他们的购买、销售和定价的是资本，今天为了研究货币，我们需要观察这些资本的运作方式。这是当代货币的自然栖息地。

今天，我们生活在一个金融资本主义时代的假设，并不意味着工业生产或其他形式的经济互动不复存在。事实上，今天的工业生产量，远大于马克思写《资本论》时的工业生产量。不过，今天金融市场的重要性在于，在越来越多的经济生活领域，这些市场逻辑似乎无所不在。金融逻辑不再局限于金融市场。随着越来越多门类的资产定价最终由金融市场决定，甚至货币本身定价最终也由金融市场决定，从事所谓“实体经济”的代理商，如农民、制造商，甚至是私人业主，也变得受制于这些市场逻辑的支配。金融成为当代货币的定义逻辑。

第二部分是沿着“赚钱”的第二层含义展开的。这部分的目的是，研究货币是如何产生的，以及一些物品是如何充当货币的。对海德格尔来说，这是关于货币如何运作的本体论问题。第三章介绍了齐泽克哲学的更深层维度，介绍了他的主题为 $ 的理论，是如何运用到货币的哲学理解之中。我把这个理论运用到货币的商品理论（史密斯 / 马克思）和货币的法定理论（纳普 / 凯恩斯）的分析中。在第四章中，我运用齐泽克的理论，分析货币的信用理论（英尼斯）。这包括对银行的本体特性的分析。

第三部分把赚钱的两层含义糅合在一起，它提出了一个观点，即当代资本主义的非常鲜明的特点是，通过造钱（发行货币）赚钱。在这一部分，我把货币的本体论问题放入历史和社会背景中，并提出了一个问题：今天的货币是什么？第五章研究了随着布雷顿森林体系 1971 年的崩溃，货币范式的转移问题。我认为，这种转变导致了货币的当前状态，确立了以后信用货币的主导地位。第六章揭示了后信用货币是如何受金融衍生品交易幂指数增长的驱使，开始泛滥的。这两种趋势的共同作用，导致了货币的常态不稳定。在这里，对货币的创造和定价的控制，从民主政治的领域转移到金融市场的领域，而在这个领域，一些私人代理拥有特权地位。

通过想象在金融资本主义时代的革命会是什么样子，本书的结论试图指向超越货币当代范式的新天地。

第一部分

金融哲学

第一章

金融市场分析

现代金融学在20世纪产生的一个重要因素是自然科学的模型和方法在金融市场研究中的应用。可以说，现代金融学是与路易斯·巴舍利耶在1900年的博士论文《投机理论》相伴而生的。巴舍利耶发现，巴黎证券交易的价格波动情况，与通过物质的热扩散情况具有同源性。这一发现促使他运用通用数学模型，对金融现象进行研究（通用数学模型在物理领域广泛应用，最值得注意的是在高斯正态分布模型中的应用）。

指导本书的方法论思想是，进行一个可类比的跨学科的连接。我们没有把自然科学作为金融学研究的范式，而是在金融学与哲学之间建立联系。通过用哲学术语重新描述金融市场的功能，我们希望使用哲学的模型和概念在这一领域进行开拓。在结构上，这种应用主要围绕斯拉沃热·齐泽克的有关真实、象征、想象之间的理论展开的。

现代金融学是一门具有系统复杂性和方法严谨性的学科。它的特性主要是，把数学和以经验为依据的自然科学作为这一学科的方法论基础。在金融市场的研究中，哲学要提供的东西当然不具备这些特性。有些人甚至认为，哲学的特性与经济学的特性正相反，因为它的特性是推测性的分析和随意的方法论。虽然我不赞同这种对哲学的看法，但是我的研究目的的确不是为了支持这个领域的学者自我认为的观点，即金融学是自然科学的一个分支。也许，我们可以用一种非常古老的马克思主义的方式，来概括分析的目的，即揭示在金融市场运作中的意识形态成分。

分析是从这个问题开始的，即金融市场中的货币功能是怎样的？这不一定是一个哲学问题。它倒可能引发经济学分析。哲学分析与经济学分析的区别，取决于我们听到这个问题的方式。哲学和经济学分析都可以从价值与价格的区别方面入手，来理解货币。经济学分析可以解释，货币的功能在于资产定价。经济学和金融学的一个关键能力是能够构建模型，评估资产的价格。我们将回归布莱克－斯科尔斯期权定价模型，它也许是现代金融学历史上最突出的模式。因此，经济分析员听到的关于货币在金融市场的功能问题就成为：资产如何在市场上定价？

用海德格尔的术语来说，经济学就是货币问题的本体研究。它把货币问题转化为“货币是做什么用的”。本体是依据它们的“是什么 (what-ness)”对存在群体的研究。对此，经济学通过揭示市场固有的定价机制，给货币问题提供了一个答案。我们对货币的哲学方法是一种本体论研究，正如我们关心的是货币的存在一样。虽然我们将从价值与价格之间的区别入手研究货币，但这种分析的主要目的是通过不同本体范畴的相互关系，描绘出市场的功能，这是货币现象的前提。货币问题被分解成一系列的问题：什么是价值？什么是价格？什么是市场？把每个成分分配到不同的本体范畴，并解释它们之间的相互关系，这些问题的哲学答案就出现了。为了把货币和金融市场作为哲学研究的对象，我们将借用斯拉沃热·齐泽克的思想，特别是他三个本体论秩序（真实、象征、想象）的区别。

价值的真实性

在齐泽克哲学的中心，我们发现真实、象征、想象之间的三重区别[1]。这些概念分别指向不同的本体秩序。在这个意义上，齐泽克的思想和海德格尔的相似，两者都是通过区别不同本体秩序进行研究的。海德格尔在存在个体 (Sein) 和存在群体 (Seiende) 之间做了一个双重的区别。

[1] 齐泽克，《意识形态的崇高客体》。

把齐泽克的思想应用到金融领域，我们可以把金融市场看作象征性的系统。以最简单的形式表述，金融市场是指生产性经济中的各种分门别类的资产。股票是指已发行股票的公司的资产，它赋予股票持有人权利，分享这些资产所产生的现金流。债券是指一个国家的债务，它赋予持有人权利，享有这些债务的利息支付所产生的现金流。当股票或债券以一定的价格交易时，这个价格的功能就是对资产价值以及预期现金流价值的象征性表现。

当我们对应真实概念考虑象征概念时，齐泽克的象征概念的意义就变得清晰可见。沿着这条线索，我们可以认为，在金融市场上证券和其对应资产之间的关系，是象征和真实之间的关系。金融市场确定的价格是其资产真实价值的象征性表达。齐泽克将象征定义为一个标识系统，当真实融入语言、意义、法律等社会秩序时，这个标识系统就会出现。然而，任何有金融市场经验的人都知道，价值是一个非常难以捉摸的概念。我们甚至可以认为，正是价值的难以捉摸才产生了金融交易。

齐泽克说，象征化的运行并不是内在地由被象征化的真实对象的品质决定的。与此相反，关于象征的意义和规律性，其某些范式是以象征秩序内在的象征结构为基础，在象征秩序内复制的。在这方面，齐泽克的思想符合主流的社会建构主义，这方面的代表人物是维特根斯坦、卢曼和福柯。如果观察齐泽克的社会现实和社会真实之间的区别[1],我们就会看到对真实的象征是如何成为一种现实的社会构建。沿着这些线索思考，金融市场的价格就不是由资产的内在绝对价值决定的。价格是现实的社会构建的产物。价格是由市场的内在机制，而不是由真实的独立品质决定的。

当真实转换成为我们的社会现实，真实同时就消失了。象征阻止我们接触到真实。这与海德格尔的想法相同，我们作为存在群体对世界的全神贯注阻止我们在直接的存在状态下体验这个世界。一旦真实被并入语言和意义的象征界，我们就无法接近它的直接和未被分化的状态。一旦我们专注于弄懂嗓音说出的话的含义，我们就会不太注意嗓音的音调和节奏。我们可以把这种方式与嗓音的音调和节奏不受重视进行比较。

在金融界，我们看到，证券交易所的股票交易只是按照股票的价格和价格未来预期进行的。这意味着对应的公司不再被关注，甚至对股价没有影响。因此，我们看到一个公司被引入证券交易所后，管理层和业主就会不太关注公司在社会、道德和环境方面的活动，而是专注于股票价格的短期波动。当交易进入衍生品领域，对应公司的业绩不被关注的程度，就被进一步放大。这些金融产品甚至不直接涉及实际存在的经济实体，而是只涉及在指定的未来时间

[1] 齐泽克,《斜目而视》, P3—20。

点进行交易的其他金融产品的权利和义务。在衍生品交易的虚拟现实中，现实中的经济实体往往被简化为抽象物，从而从人们的视野中消失。

不过，把金融市场降低到社会建构，是一个过于简单化的举动。在金融市场的波动中，市场的内在力量和市场之外的事件之间总是在相互作用。齐泽克象征性现实和真实的区别，适合于从理论上阐明这种相互作用。齐泽克脱离主流社会建构主义思想的地方是，他对每一个象征系统的不完整性，甚至不可能性的坚持。真实与象征的关系的特点是本体的不平衡性。一方面，象征阻止我们接触到真实。另一方面，在每一次象征中，都或多或少有真实的残留物。这就出现了一种奇怪的悖论：真实是我们永远无法触及的东西，也是我们永远无法摆脱的东西。

这一悖论刻画了金融投机者的境况。有时金融市场的价格波动似乎是独立于资产的实际情况的。例如，有一天，一家公司没有发布公司营运的新信息，但是该公司的股票价格也有可能急剧上涨。在这种情况下，市场似乎是自己在做主。在其他时候，市场对有关被交易的真实资产的外部事件是非常敏感的，新的信息立即反映在股票价格上。用哲学术语来说，市场具有双重认识论。如何在这两种认识论之间进行调解，是投机者不断面临的困境。

真实是所有齐泽克思想的一个关键组成部分。在他的著作中，他以不同的方式在不同的地方从理论上阐明了真实。在某一时刻，真实是一种确实的存在，不允许被象征。他把真实定义为对象征的抗拒，好比每次试图象征的绊脚石。[1] 在其他时刻，真实是一种消极的存在，即好比仅仅是象征秩序中一个空洞之物或一个走投无路的东西。齐泽克指出："象征秩序建立在一个不可能的遍体鳞伤的内核周围，一个中心缺乏的周围；象征秩序本身……被根本的不可能性抹掉了。"[2] 真实的两种理论阐述方式似乎是矛盾的，也许它们就是矛盾的。然而，这种矛盾本身就是真实概念化（象征化）不可能性的症状表现。齐泽克总结了用这种方式对真实的两种描述：

> 在第一步，真实是不可能的硬核，我们不能直接面对，只能透过大量的象征性虚构和虚拟形式的镜头面对。在第二步，这个硬核是完全虚拟的，实际上根本不存在，是一个X，只能逆构重建，从"真实存在其中"的大量象征形式中重建。[3]

这是一条拥挤的哲学通道，但它恰好捕捉到了金融市场价值和

[1] 齐泽克，《意识形态的崇高客体》，P69、P169。

[2] 同上，P122。

[3] 齐泽克，《视差之见》，P26。

价格之间的关系状态和困境。如果齐泽克是一位金融学者，他可能会说："第一步，价值是不可能的硬核，我们无法直接面对，只有透过大量的价格形态这面透镜才能面对。即使我们感觉资产具有某种内在价值，但如果不使用价格概念，还是很难谈论价值。当交易资产的时候，根本不可能避免按价格条件谈论价值。事实上，市场的主要功能之一，就是根据价格条件评估资产的价值。

同时，市场内在也存在价值与价格的不一致。在理想情况下，资产的卖方认为他得到的价格超过了该资产的价值。相反，买方认为资产的价值超过了付出的价格。因此，只有在任何确定的意义上，价格不能代表资产的价值，即价格不能直接面对价值，交易才具有可能性。

在消费品市场上，价值是难以琢磨的，这一点显而易见，因为卖方和买方是异质实体，具有不同的需求和欲望。卖方通常希望通过交易一件商品来获利，这件商品他可以自己生产，也可以从第三方购买。然而，买方从事交易原因完全不同。他可能是饿了、冷了，或是想要在未来的合作伙伴面前显得好看一些，就决定买一条新的牛仔裤。卖方和买方的异质性，意味着在决定商品价值时，不同的评价标准发挥作用。用齐泽克的话来说，价值是透过众多价格形式这面透镜来认识的。卖方通过计算商品的生产成本、营销和销售成本，比较市场上同类商品的价格，从而了解商品的价值。当然买方也可以考虑市场上同类商品的价格，但他也会根据商品满足他的特殊需求和欲望的能力，来衡量商品的价值。交易在一个特定的价格下发生，因为双方采取了不同的价值尺度，从而交易对他们双方都有吸引力。

在金融市场上，价格与价值之间不一致的问题很少这么直截了当。教科书对股票市场的描述是，股票市场是这样一个地方，需要资金进行投资和扩张的公司，与有多余资金的投资者见面，多余资金用来交易公司的股份。沿着类似思路，外汇市场被认为是企业为了方便国际贸易进行货币转换的地方。

然而，如果我们审视当代金融市场的实际运作，就会出现一幅罗曼蒂克的意象，这种意象极少解释过去 30 到 40 年金融交易量激增的现象。例如，在货币市场，金融交易量比全球商品进出口总量高几百倍[1]。这表明,外汇交易绝大部分并不反映不同国家企业对商品买卖的异质需求，而仅仅受通过汇率波动赚取投机利润的驱使。

在这种情况下，我们不能把卖方和买方之间在金融市场上的异质性看作理所当然。那么是什么驱动金融市场的交易？虽然金融市场上大多数交易中的买卖双方没有质的差异，但他们对自己交易的资产价值仍有不同的认识。与消费市场不同，在金融市场上，卖方

---

[1] 卡琳诺尔·塞蒂娜和亚历克斯·普雷达的《金融市场的社会学》。

和买方的资产价值感知差异是定量的，而不是定性的。他们之所以不同，不在于他们欲望的本质，而在于他们认为如何最好地满足这些欲望。举例来说，我们想象一方按一个特定价格出售股票，因为他认为在可预见的将来，股票价格会下降，即目前的价格超过了价值。另一方同意购买股票，因为他相信价格将上升，即目前的价值超过了价格。双方都想赚钱，双方都认为他们将从交易中获利。

事实上，正是价格和价值根本的不一致，才使得“大量的价格形式”并存，从而促使交易发生。没有任何一方能直接面对价值。每一方都只好间接估测资产的真正价值。我们可以看到，齐泽克的真实定义应用到价值上，价值抵抗象征，成为每一次定价尝试的绊脚石。自相矛盾的是，定价的不可能性是市场可能性的条件。只有当资产价值不能被明确无误地确定时，交易才能发生。如果我们想象上帝从天而降，给所有上市公司贴上一个明确的价格标签，这些股票的大部分交易都将停止。

齐泽克说过，任何形式的社会交易的有效性以参与一方的无知为先决条件：

> 交换过程的社会有效性就是这样一种现实，其可能的仅有条件是，参与者个人意识不到它应有的逻辑；即是这样一种现实，本体的一致性暗含着参与者的某种无知——

如果我们“知道得太多”……现实就会自我瓦解了。[1]

在金融市场，这意味着对市场交易中的资产价值，必须有一定程度的无知，从而发生交易。强调价格与价值的不一致，不仅是认识论的，也是本体论的，这一点很重要。因为在市场上没有足够的知识，所以价格不能与价值一一对应。反过来，因为价值本质上的难以捉摸，价值属于真实的范畴，所以价格与价值不一致。价值与价格的不一致推动了它们不断地谈判。这种谈判构成了市场。从金融市场的价格波动中，我们可以观察到这种持续不断的谈判。

市场价格不断波动，带领我们到齐泽克关于真实描述的第二部分，这种波动为价值以另一种形式出现制造出了条件。如果齐泽克是个金融学者，他可能会说：“在第二步，价值的硬核纯粹是虚拟的，实际上根本不存在，是一个只能从众多价格形式中逆构重建的未知数 X。”我们想象一位交易员购买了 100 万英镑英国石油的股票，他甚至可以用借来的钱做这件事。一个月后，股价上涨了 3%，他卖掉股票。这显然是一个非常“有价值的投资”。事实上，我们可以通过追溯，准确确定投资价值：那就是 3 万英镑减去交易成本和他最初的贷款利息。但是，这个价值是从何而来的呢？

[1] 齐泽克，《意识形态的崇高客体》，P20—21。

也许，我们可以解释为英国石油公司的经营事件——比如说，发现了一个有前景的油田，这可以解释股票价格的上升。也许，英国石油公司没有什么不寻常的事件发生，股价的上升纯粹是市场投机交易的结果。可能在市场上有传言称，发现了一个可能的油田导致了股票价格上涨，但随后几个月后，发现这些传言是毫无根据的。即使我们拥有有关英国石油公司的详细信息，我们也永远不知道究竟是什么导致了股票价格上涨。即使我们确切知道石油公司发现了石油，为什么这导致上涨 3% 而不是 1%、5% 或 10% 呢？

关键点是，我们没有条件可直接接触到英国石油公司的价值。我们拥有的一切都是“大量的价格形式”。即使 100 万英镑的初始价格不是别的，不过是买卖双方讨价还价的一种价格折中。我们不能肯定这个价格是英国石油公司真正价值的表达。买家和卖家可能对什么是“正确的价格”都有主意，在交易时，双方或许都认为他们的交易物有所值。因此，投资的价值也只能从大量的价格形式中通过追溯重建达成。投资的价值出现了，它不是别的，就是股票各种买入价位和各种卖出价位的差别。

我们已经看到，齐泽克对真实的双重描述，如何抓住了价值作用于金融市场的两种主要方式。价值的两种形态始终不变地存在于市场上。我们可能会被诱惑，引用投资和投机的典型区别，来区分这两种形态。投资对应于资产交易，其定价根据资产物质属性的内在价值决定。投机对应于价格为基础的交易，只考虑市场的暂时波动。然而，齐泽克关于真实的概念非常明确，即这种区别站不住脚，因为真实在本质上是难以捉摸的。真实的两种运动相互交织。我们应该把它们看作同一条莫比乌斯带的两个面，而不是两个不同的类别。

市场的欲望

齐泽克的哲学也是一种主体的精神分析理论。他对主体和欲望的关系的理解，可以用来进一步阐述价值如何作用于市场的方式。与其他主体理论相反，齐泽克表明，构成主体的不是身份识别，而是错误的身份识别。每一个人，通过一系列象征符号（电工、波兰、女人、业余足球运动员等等），在象征范畴被整合与定位，成为一个社会主体。这个主体可以通过这些分类认识和感知自己。但同时他从内心深处感觉到，这些社会标识没有完完全全抓住“真正的我”。即使可能罗列出一个特定个体的相关象征性标识，这仍然会留下一些东西，不能解释主体的自我感。

齐泽克的观点并不是说每个人都有一个真的自我内核。相反，每个人都相信他或她都有超越每一个象征标识的内核，因此从未完全认同社会强加的标签。主体性的出现并不是因为我们认同我们的社会角色。主体性也不是我们可以最终发现并超越我们社会角色的某种东西。“主体性”不过总是坚持我“不仅如此”（more than that），它是在社会中步履蹒跚，寻找“真正的我是谁”的过程。

这种坚持推动了主体的欲望。欲望永远是一种本体“存在缺乏”的投影，即对世界上不同物品的缺乏，这些物品或许可以解决他们的存在缺乏（金钱、汽车、男人、更大的房子和另一个孩子，等等）。主体的欲望由发现并获得这些物品的需要构成，这些物品据悉可以确认并证明“真的我是谁”。齐泽克描述了主体和被欲望投射的物品之间复杂的相互作用。

> 主体……和导致欲望的客体……紧密相关。只要有物质剩余，就会存在主体抵抗主体化，准确地说，主体在剩余物质中不能认识自身，就有一个主体存在。换句话说，主体的悖论在于，它只通过它自身的不可能性存在，通过永远阻止它（主体）实现完整本体身份的那块“喉骨”而存在。[1]

[1] 齐泽克，《易碎的绝对》，P28。

显然，在金融市场上有欲望。无论是发生在一个公开喊价的交易场中，还是在一个在线交流的数字化环境中，金融交易会引发强烈的情绪和其他影响。对市场中欲望的描写在学术著作和文学作品中比比皆是。[1] 理解金融市场欲望的一种方式是，通过在个人交易者对金钱、竞争和行动的欲望中寻找它。然而，齐泽克对主体和欲望的描述似乎与市场的运作相适应。从这个意义上，我们可以谈谈市场上欲望的形式。

强调欲望客体的空白本质是重要的。齐泽克使用拉康的“小 a 客体”来阐述这个观点：作为欲望的源生物，“小 a 客体”是一个纯粹的空白[2]。价值是金融市场的小 a 客体。市场被获得这个客体的欲望驱使着，即市场的价格与市场上的资产的真实价值相一致。在市场上，我们发现了与齐泽克描述的主体相同的悖论。市场的悖论是，它只能通过自己的不可能性而存在，通过“喉咙的骨头”而存在，这永远阻止它（主体）实现其完整的本体论身份。市场只有在价格不完全符合其对应资产的价值时存在，否则就没有交易的理由，市场的需求将会减弱。

欲望的悖论性意味着主体不是通过对欲望客体的占有而获得享

---

[1] 沃尔夫，《虚荣的篝火》；利森，《魔鬼营业员》；哈桑，《交易大厅的情感》；扎洛姆，《冲出牢笼》。

[2] 齐泽克，《意识形态的崇高客体》。

受，而是通过对这些客体的寻找和努力实现的过程。事实上，欲望的完全满足可能对主体是致命的。我已经在其他地方通过毒品消费的例子，展示了它是如何发挥作用的。[1] 市场以类似的方式发挥作用。金融交易员不必通过对各种资产的准确估值来赚钱，相反，他们通过对资产不断定价和重新定价的疯狂举动，从而在市场上制造价格波动，正是这些波动本身让交易员赚钱（或亏损）。通过寻找价值的真正的小 a 客体，交易员创造了一种让他们从市场中获利的机制。现在的价值不过是一个虚拟的创造。如果一个交易者在 5 分钟内通过聪明的举措赚了 10 万美元，其价值一定会在过程中某处被创造出来。但这个价值最好只能被描述为一个纯粹的无效的东西，虽然交易员可以用它交换到钱，买到非常真实的东西。

市场的虚拟化

到目前为止，我们只是简单地接触到了齐泽克的三重本体论差别的第三层级——想象。想象层级处理象征与真实之间不可调和的鸿沟。由于对真实和象征的关系问题没有逻辑上一致的解决方法，

[1] 比约格，《毒品成瘾和资本主义》。

想象层级就披上了幻觉的外衣。象征层级呈现为逻辑秩序、计算、法治、可预测性、一致性和完整性，等等。相反，想象的层级具有悖论、同义反复和不连贯的形式。在想象的层级里，我们发现了关于象征层级完成状态的模糊不清、没有清晰表达的幻觉，在完成状态里，矛盾和对立已被克服。

> 幻觉的功能是填补其他（象征层级）留下的空白，掩盖不一致性……幻觉掩盖了这样一个事实，即象征层级是围绕着不可能性构建的，是围绕着一些不能被象征化的东西构建的。[1]

幻觉对于象征和真实之间存在着的本体鸿沟，投射出这样一种意象，好像这种差距仅仅是一个技术性、实践性和暂时性的问题，如果采取适当的措施，偶发的障碍就会被清除。如果价格和价值分属于象征和真实层级，想象则是由有关两者调和的不同幻想构成的。没有关于金融市场的相同幻觉。不同的人有不同的接触市场的方法，各自有对市场不同的感知意象。此外，不同的市场幻觉在历史上的不同时间有不同的突出重点。在本章和下一章中，我们将探

[1] 齐泽克，《意识形态的崇高客体》，P123。

讨关于市场的不同幻觉以及这种不同对价格与价值之间互动关系的影响。即使催生金融市场上各种结构交易的幻觉的内涵不同，但关于幻觉和市场存在着一些共性的东西。

我们可以通过简单地观察人们通常谈论的“市场”的方式来开始。这不仅适用于金融专业人士，而且也适用于普通公民。似乎有一种流行的看法，认为市场是一个自运行体，一个按照其自身的内在机制和性情运行的东西。事实上，许多新闻节目将金融新闻作为一个常规的节目板块，以表示市场的本体地位。金融新闻在新闻节目中占据着与天气预报相似的地位。这不是巧合。在当代金融资本主义，我们已经接受了“市场”作为独立的力量存在于我们的生活中。像预测天气一样，我们预测市场的发展也具有一定的准确性和不确定性。根据天气预报，个人可以采取预防措施和利用机会。关于天气，这可能意味着买短裤或者计划进行野餐。关于金融，这可能意味着出售债券和购买股票。但是，个人想改变天气或市场的想法是荒谬的。

可以争辩说，这样的市场是不存在的。存在的都是个体的人在从事个体的交易。如果我想看看市场，我会去哪里？即使我去了一间现货交易室，我所看到的都是个人与其他个人在进行交易。“市场”在哪里？然而，这样的论点是没有意义的，因为没有考虑人与市场相联系的方式。当新闻主播宣布“道琼斯指数比昨天上涨了

3%”，或者当我们在彭博社的屏幕上看到价格滚动时，我们不会想到这是个人交易的结果。相反，我们认为这是“市场”。即使我们知道这个市场最终是由个人交易组成的，这种想法也被抑制，好让我们想象价格的波动不过是市场的表达方式。

我们可以从幻觉的角度来思考“市场”的形象。在上面的章节中，齐泽克描述“象征层级是围绕着不能被象征化的东西构建的”。在前面几节中，我们已经看到了市场是如何围绕价值构建的，价值是如何不可能被明确确定的。“市场”的幻觉起到把价格与价值调和的不可能性“隐藏起来”的作用，将价格从个人交易的或然结果转换成跨个体的理性表达。

齐泽克经常使用术语“想象”“幻觉”和“意识形态”进行互换。然而，想象的功能不应该与意识形态的流行概念相混淆，认为是掩盖现实的真实状态的面纱。相反，如果我们记住真实与现实之间的区别，其实意识形态不过就是现实的构成部分。在一篇关键的阐述文章中，齐泽克是这样说的：

> 意识形态不是我们为了逃避难以忍受的现实而建立起来的梦幻般的幻觉。它基本上是一种幻想活动，作为我们的“现实”的支撑：“幻觉”构成有效、真实的社会关系，从而掩盖了一些令人难以忍受的、真实的和不可能的内

核。意识形态的功能不是让我们逃避现实，而是给我们提供了社会现实本身，从而逃避真正的内核。[1]

想象可能确实能够掩盖创伤性的分裂，而掩盖正是现实正常运作的内在组成部分。想象不是本体的衍生形态，剥离它的外衣就会回到真实状态。真实不在想象之外，而是处在象征与真实的交织之中。正如我们所看到的，市场幻觉有很多的构成形式。每一种形式都意味着价格与价值之间特定的相互关系，催生特定形式的交易。幻觉不具有逻辑一致性，这正是市场具有投机性的原因。人们坚信价格代表价值，同时承认有例外，从而让投机者获利。

齐泽克有时意指消极的本体论。他的有关思考象征（语言、意义和法律等等）和真实之间的关系的一个公理，就是在象征的可能性和不可能性之间存在着一种相互作用。任何象征层级都是由象征的“缺乏”构成，在那儿象征是不可能的。这种缺乏不仅仅是象征不足的标记，它正好作为象征层级的构成原理。齐泽克指出：“象征正是这样跌跌撞撞，在是与不是之间。”[2] 他甚至还指出，这种不可能性是象征的可能性的条件，是构成社会现实的可能性的条件：

[1] 齐泽克，《意识形态的崇高客体》，P45。

[2] 齐泽克，《斜目而视》，P33。

“现实本身不过是象征化过程中某种困境的具体体现。为了现实的存在，一些东西必须秘而不宣。”“只有存在与本体存在距离，一种分裂，才有现实。”[1]

金融市场是一个买卖活动的场所。一方面，这一活动以不断产生价格的形式构成象征。各种交流产生的报价，证明价值的反映（象征）是可能的。另一方面，不同金融市场的交易又以价值不可能被反映为条件。如果股票有确定的价值，大部分交易的原因将会消失。如果所有未来的股息以及价格走势都通过现行价格反映出来，投资者也只能持有股票，大多数交易活动也将停止。

股票价值的不确定性和明确象征的不可能性，是金融市场上交易的推动力。在这个意义上，我们可以用齐泽克的话来描述市场的运作："只要存在本体差距，一个缝隙，就有市场——即只要有多余体、不相容的异物。”市场幻觉就是为管理这些多余、外来物服务的。

[1] 齐泽克，《斜目而视》，P45。齐泽克，《敏感的主体》，P60。

在金融市场上生钱

如何在金融市场上生钱？一方面，这是一个非常实际的问题，是大多数从事股票和其他金融资产交易的人要问的问题。另一方面，它也可以作为探究金融市场运作的开端。

在上面的章节中，我们已经看到，通过运用齐泽克关于真实、象征和想象之间的区别，可以从哲学的角度思考金融市场的问题，从而提供一个分析金融市场的理论框架。在下面，我们将根据真实、象征和想象的不同情况，使用这个框架来分析不同的投资和投机策略。每一种策略都是以某种特定的市场分析形式为基础的。齐泽克为我们提供了理解不同的分析形式的理论坐标。这些分析形式已经存在于金融领域。我们将区分三种不同的金融交易的方法：价值投资、动量投资和套利交易。[1] 价值投资基于基本面分析，动量投资基于技术分析，套利交易基于现代新古典金融的有效市场假说（EMH）。

分析的目的不是检讨这些交易策略是否可行，是否能获得利润。相反，我们按照其隐含的有关价格和价值之间的关系的假设，来理解、掌握这些策略。正如我们已经看到的，价格和价值之间的

[1] 贝翁萨和斯塔克，《如何认识机会》，P87。

关系是象征和真实之间关系的表达方式。价格与价值之间关系的哲学阐释为不同的投资与投机策略从本体论上提供了一个内在的阐释。每一个交易策略构成价格与价值、象征与真实的关系的一个理想的典型配置。每种方法都意味着一种市场幻觉，从而服务于管理价值与价格之间的关系。

本章的其余部分集中于基本面分析和技术分析。即使所有的三种交易策略都在金融市场得到过应用，我认为套利交易和现代市场效率理论在当代金融资本主义中享有特殊地位。正如我们将要看到的，这一理论是从 20 世纪 50 年代到 70 年代的 20 年中产生的，曾经推动过所谓的“世界经济的金融化”，也凸显了我们目前的困境。因此，本章的目的不仅是基本面分析和技术分析的哲学探讨，也为在第二章更详细地分析现代金融理论提供了背景支持。

技术分析和基本面分析

观察金融市场的价格走势，例如追踪股票报价或者欧元、美元汇率的演变，我们都会认为，图表的运行不仅是对过去事件的记录，而且包含对未来进程的预测，这对我们是很有诱惑力的。这正是动态交易员惯用的策略。基于价格和交易量运动的过往走势，他旨在预测股票或其他证券价格的未来走势。然后，用这些预测来决定何时买入和何时卖出，以最大限度获取利润和减少损失。他的目标是与市场的趋势保持一致。动态交易者应对市场的方法依赖于所谓的对市场的“技术分析”。这种形式的分析有时也被称为“图表分析”，因为技术分析的主要组成部分是揭示以前的价格变化。

查尔斯·道是道琼斯指数的创始人之一，也是技术分析的开拓者之一。道还成立了《华尔街日报》，在那里他写了许多评论，发表他对投机和股票市场的看法。随后道氏的著作被编纂成为理论，称为道氏理论。[1] 道氏理论的核心是识别股票市场的价格变动周期：

> 市场有三个相互关联的运行，没有什么比这个更确定的了。首先是由于此时此地的买卖形成的日间波动。第二个运行涵盖了从 10 天到 60 天不等的一段时间，平均大概在 30 到 40 天之间。第三个运行是巨大的震荡，时间周期为 4 到 6 年。[2]

这三种运动也被称为“波纹”“波浪”和“潮汐”。这些周期之

[1] 汉密尔顿，《股市晴雨表》；罗伯特·雷亚，《道氏理论》。

[2] 查尔斯·道，1902，在汉密尔顿的《股市晴雨表》中引用，P23。

间的相互作用是有一定规律的，这让细心的投机者能够预测市场的走势。其中一个就是“行动和反应的法则”：

> 市场上一个方向的运动通常会伴随相反方向的回调，这种调整接近前次运动幅度的至少3/8，这似乎成为一个事实。如果一只股票上涨10点，很可能会回跌4点或更多。不管涨了多少点，这个法则似乎仍然适用的。20点的上涨经常会带来8点或更多的下降。[1]

其他被图行分析专家用来预测价格走势的包括“头肩”“下跌凹陷”“旗形”和“三角形”等形态。

面对市场时，“技术分析派”有一种双本体论在起作用。一方面，他认为股票市场与企业经营状况之间存在某种形式的对应关系。股票价格反映了市场对公司的认知和对未来的预期。[2] 另一方面，技术分析完全忽视了公司的实际状态，完全专注于市场。技术分析对“它真的值多少”这些问题不感兴趣，在技术分析的框架下提出这个问题是没有意义的，因为这把价值和价格的概念完全混为

[1] 查尔斯·道，1902；同上引用，P37。

[2] 同上，P41—42。

一谈。用查尔斯·道的话说就是：

> 在阅读市场方面……重点是确定一只股票在3个月后会值多少钱，然后看看操纵者或投资者是否正朝着这个目标推进股票价格。[1]

运用齐泽克的理论，我们已经看到象征如何阻止我们接触到真实。当原本的主体被纳入符号、法律和意义的象征系统时，就不再有存在的直接感知了。技术分析就是从真实迁移到象征，因为它的目的不是挖掘股票价格背后的公司的实际价值。技术分析的对象不是价值与象征性价格之间的关系，相反，它的重点在于象征层级固有的规则。汉密尔顿以这种方式总结道琼斯理论的本体论假设："我们说过，我们正在研究的法则是基本的、不言而喻和不证自明的。"[2]

在金融市场交易的另一种方法是所谓的"基本面分析"。在基本面分析中，我们买入、卖出或持有股票或其他证券的决定，是建立在对公司或资产的当前状态和未来前景进行认真分析的基础上

[1] 查尔斯·道，1902，同上引用，P38。

[2] 同上，P20。

的。约翰·伯尔·威廉姆斯的《投资价值论》中有一个基本面分析的经典公式。在书的开始部分，威廉姆斯首先区别了价值和价格：

> 因为每一个有见地的投资者都知道，真正的价值和市场价格是不同的东西，不能被混淆。没有买家会认为，所有的证券在当前的市场价格下具有同样的吸引力。相反，他要寻求“最好的价格”。他在市场上的所有股票和债券中进行挑选，直到找到最便宜的……对于在这个意义上的投资价值，一些人会有自己的估计，另一些人会有另外的估计，所有的估计只有一个将与实际的价格相符合，只有一个与真正的价值相一致。[1]

我们在这里发现“真正的价值”的概念，威廉姆斯旨在揭示股票或其他证券的价值，如何由所有的未来红利、利息和本金的现值决定。在股票的情况下，内在价值是由公司未来的盈利能力构成的。威廉姆斯为所谓的“投资价值”的计算提供了一个公式。[2] 当然，未来股息的计算，是基于若干假设和预测的不确定性。威廉姆

[1] 威廉姆斯，《投资价值论》，P3。

[2] 同上，P56。

斯深知这一点，他的书中的大部分内容，由可以用来提高这种估计的准确性的工具组成。投资策略的质量和盈利能力基本上归结为对投资价值的估计。

类似于他的价值和价格之间的区别，威廉姆斯在投资者和投机者之间也进行了区别："我们把投资者定义为对红利、利息和本金感兴趣的买家，把投机者定义为对转售价格感兴趣的买家。"[1] 我们在这里看到，对投机者的定义是多么符合技术分析员的方法。尽管威廉姆斯没有掩饰自己对于投机交易在专业、道德上的蔑视，但仍然给投机者在市场价格的形成中保留了地位。

> 聪明的人和愚蠢的人都会在市场交易，但没有任何人能确定价格，不管多么为数众多，只有最后一个人才能确定价格。因此，边际的意见将决定市场的价格。[2]

这意味着，即使股票和其他证券的价值最终取决于其内在的投资价值，在市场上交易的价格也不一定对应这个价值。市场只能是一种表达的观点，而不是一个事实的陈述。[3] 因为市场是基于投机，

---

[1] 威廉姆斯，《投资价值论》，P4。

[2] 同上，P12。

[3] 同上。

甚至是对企业的实际经营状况视而不见。内在价值和市场价格之间的差异就不可避免地出现了，这为投资者提供了交易机会。

基本面分析紧紧围绕着技术分析提出的问题："什么是证券的投资价值？"[1] 一旦投资者以低于实际投资价值的价格购买了股票，他就无须担心未来市场的波动。即使股票的市场价格下跌，他仍然可以持有股票，因为股票的价值在那里。该公司会支付股息，逐步兑现一个高于平均回报率的投资。

跑赢市场的幻想

在技术分析派和基本面派的隐含的本体论之间有一个明显的对比。赞成技术分析的人接受了真实是难以靠近的——也就是说无须考虑股票的真正价值，来预测未来的股票价格走势——而赞成基本面分析的人则通过观察公司的实际经营状况，尽可能接近真正的价值。在这里，我们看到了一个典型的哲学争议。

技术分析派对待价格与价值之间关系的方法是一种唯心主义的，取决于立场、观念，可以称之为超自然主义和结构主义。唯心

[1] 威廉姆斯，《投资价值论》，P5。

主义哲学把存在的问题降低到感知或知觉问题，用同样的方法，技术分析派把价值问题降低到价格问题。从一个唯心主义者的角度来看，客体的存在独立于我们对这些客体的感知，这是不可能的。因此，哲学的任务是分析认知的可能模式。根据唯心主义的分支，这些模式可以采取先验结构的主体性的形式（康德，胡塞尔），或一般语言的结构（索绪尔，利维·斯特劳斯）。对感知和知识的可能性条件的唯心主义分析，与股票市场中价格的形成和运动的规律的技术分析类似。[1]

相比之下，作为基本面分析基础的价值和价格之分，意味着现实主义的认知方法。在哲学上，现实主义可以采取经验主义、唯物主义和实证主义的形式。通过分析企业的实际情况，基本面派者认为，独立于股票的市场价格，可以确定投资的终极价值。我们在这里看到的是存在与认知相分离的问题，这是现实主义哲学的特点。现实主义哲学旨在客观、科学地探究事实真相，并提供以经验观察为基础的知识，而不是形而上学的推测。对投机理论的质疑，结合了现实主义哲学的各个流派，这些流派包括洛克和休姆的经验论，马克思对商品真实价值的唯物主义的分析，以及早期的维特根斯坦、波普尔的实证主义。正如我们已经看到的那样，对投机的质

[1] 汉密尔顿，《股市晴雨表》，P20。

疑，近乎完全的谴责，正是约翰·伯尔·威廉姆斯概述的基本面分析的特点。

然而，技术分析的唯心主义和基本面分析的现实主义尽管有哲学上的分歧，但两者面对金融市场的方法在非常关键的一点上是一致的。尽管方法论不同，但两者都认为在金融市场上投资超过平均收益是可能的。为了揭开这一结论的一致性，我们将回到齐泽克对真实层级的两种定义。

他对真实的第一个定义，是把它描述为超越象征的积极的存在。真实抵抗征，是象征每一次尝试的绊脚石。[1] 威廉姆斯的基本面分析有着类似的概念。只要股票的投资价值是由未来的股息构成的，在象征和真实之间，就有一个内在的时间顺序安排。价格总是表现为当前的现值，而内在价值揭示未来。威廉姆斯认为，作为象征的价格与投资的真正价值之间的差距会随时间逐渐缩窄。

> 至于股票的真实价值，每个人都有自己的看法，至于什么才是正确的价格，只有时间才能告诉我们。虽然时间不会立刻给出它的答案，但随着岁月的流逝，它会慢慢

[1] 齐泽克，《意识形态的崇高客体》，P69、P169。

地、逐字逐句地说出来，直到公司永远合上它的账册。[1]

在这里威廉姆斯似乎犯了一个时间顺序的谬误。当股息随着岁月的流逝被支付了，我们得到一个有关“正确”的价格的答案。但这个答案只和过往的价格有关，即在投资时支付了正确的价格。这一信息的用处如同押注后知道轮盘赌的结果。市场不仅在变动，并产生了新的当前价格，而且投资的内在价值也基于一系列新的未来股息。即使一只股票的投资获利，收益率高于购买时的预期，但这时可能会出现新的情况，即当前的价格过高而公司未来的盈利能力被看淡，从而迫使投资者做出新的决定，出售而不是持有。从哲学的角度来看，象征与真实之间存在着内在的差距。真实价值抵抗象征，好比未来不愿屈从现在。

齐泽克对真实的第二定义，把它描述为一种消极的存在，一种缺乏或空虚，一种不可能性或自相矛盾。作为一种纯分析形式，技术分析拒绝考量股票或其他投资的内在价值。从这个意义上说，作为一种积极的真实存在，价值不在技术分析之中。威廉姆斯这样描绘投机者：“一些资深的交易员认为，让他们对股票的真正价值进

[1] 威廉姆斯，《投资价值论》，P11。

行推测简直太束手束脚了。”[1] 相反，股票或其他投资的价值，是由当前的价格和未来实现的价格之间的差价构成的。我们在这里看到，技术分析中的价值是如何由市场象征价格的两点之间的关系构成。换句话说，价值就是两个价格之间的差异。

似乎与齐泽克的观点一致，技术分析假设市场上象征层级的运动，是由一定的规律决定的。技术分析主义者声称，能够通过预测市场运动来了解这些规律从而获利。然而，技术分析的科学性和它声称的盈利能力备受争议。[2] 一直有人认为，技术分析不过是猜测；它甚至被称为“金融占星术”。[3] 但即使我们假设技术分析法是准确的，这些市场规律的运作也取决于一个奇怪的悖论。市场按规律运行，且只有在这一规律没有被市场充分认识到时，市场才按规律运行。

技术分析的悖论已经被西德尼·S. 亚历山大确认。他认为，通过使用统计分析，他已经证明了所谓的“过滤技术”的盈利能力。他在自己的论文中报告了这一发现。他说：“我把过滤技术的有效性的问题留给别人猜测，如果大家都相信并相应地操作。”[4]

[1] 威廉姆斯，《投资价值论》，P33—34。

[2] 考尔斯，《股市预测者能预测股市吗？》。

[3] 曼德尔布罗特和哈德逊，《市场的（错误）行为》，P9。

[4] 亚力山大，《投机市场的价格变动：趋势或随机游动》，P26。

想象一下，道琼斯的预测理论，一只股票在熊市中的价格将继续下探，直到它达到极限，然后才开始上升。如果市场中的每个人都知道这个结论并采取相应行动，那么没有人会愿意在临界值到达之前购买股票，没有人会愿意在临界值过去以后出售股票。但是，市场价格并不是逐渐地下降和上升（这将允许投机者在价格下跌时购买股票，在价格上升时出售股票，从而赚取利润）。一旦市场探明价格的走势，价格将立即跳转到预测的最高价格。如果市场中的每个人都知道，在一定的时间内，某一只股票的价格会上涨5%，每一个潜在的股票卖方都会立即要求这个价格，从而有效地消除投机买家获利的可能性。

用哲学术语来讲，这个悖论是一个案例，即真实从象征层级的自相矛盾中浮现出来。市场要按照一个给定的技术分析预测进行运动，市场就必须不知道预测本身。预测含蓄地把它自己排除在市场和分析之外。在这个意义上，预测本身就是那个“抵抗象征的东西”。只有当市场本身是由信念而非知识驱动的，才有可能了解股票市场的规律。技术分析似乎符合齐泽克的无意识的定义，“知识是不自知的”，好比“不识庐山真面目，只缘身在此山中”。[5]

[5] 齐泽克，《如何读拉康》，P52。

我们已经看到齐泽克关于象征的一般理论是基于一个公理，即在任何形式的象征中都存在一个象征和真实之间固有的距离。这种消极的本体论在金融市场有如下应用：只有存在与本体的差距，市场才存在。即一个创伤性的多余，一个无法整合的外来体。乍一看，基本面分析和技术分析似乎符合象征和真实之间差异的界定。尽管两种形式的分析在投资和投机上的方法是不同的，但它们的基本假定，即价格与价值之间存在差异是相同的。基本面分析的出发点是，股票价格并不一定代表企业真正的内在投资价值。技术分析的出发点则是股票市场上目前的价格不一定反映可预见的未来价格。

然而，需要注意的是，在齐泽克的理论中，象征和真实之间的差异是关乎本体的。而在基本面和技术分析中，价格和价值之间的差异被视为是关乎认识论的。这两种方法都确信，通过运用知识可以缩小差距。就做到这一点，基本面分析和技术分析所需要的知识有所不同，但都包含一个缩小差距的幻想。缩小差距不是由市场完成的，而是由个人投资者或投机者完成的。

关于“投资价值”，威廉姆斯写道，“有些人会做出一个又一个估计。所有这些估计只有一个将与实际的价格相一致，只有一个具有真正的价值”。然后他继续说，“他的理论旨在解释价格，显示什么样的价格才是正确的”。[1] 在这里玩的是一个“聪明的投资者”的游戏。只有“聪明的投资者”才能确定合适的价格，决定价格与价值的重合点。

沿着类似的线索，汉密尔顿也写道：

> 如果这是真的，正如我们所看到的，没有人能知道所有影响股市波动的事实。从个人经验来说，我们承认一些人比其他人有更多的知识。通常都有在正确的时刻采取正确的观点的正确的人。我希望永远都有。[2]

这两种方法都坚守了承诺，即个人交易者可以识别出有利可图的交易机会。我们称其为战胜市场的幻想。这一幻想催生出千奇百怪的交易。市场围绕着与本体（真实）的差距构建，这是一个无法确定的“正确价格”。在这个差距中，我们在不可捉摸的象征性价格中寻找真正的价值，从而获得超额的收益。

---

[1] 威廉姆斯，《投资价值论》，P3。

[2] 汉密尔顿，《股市晴雨表》，P20。

第二章

现代金融与有效市场理论

1952年，哈里·马科维茨发表了关于投资组合选择的论文，在此之前，没有真正的关于投资组合的理论，有的只是没有理论根据的经验法则和民间传说。马科维茨通过关注投资的本质，首先探索了投资组合管理的核心，即投资是对未知的未来打赌。在比尔·夏普1964年建立资本资产定价模型之前，没有真正关于资产定价的理论（在这个理论中，风险起着举足轻重的作用），也是只有经验法则和民间传说。在弗兰克·莫迪利安尼和默顿·米勒在1958年发表著作之前，还没有真正有关企业融资的理论，甚至还不理解金融市场的“平衡”意味着什么。在尤金·法玛于1965年提出有效市场假说之前，还没有理论来解释市场艰难获胜的原因，甚至不承认这种可能性的存在。在在20世纪70年代初，在衍生证券的估值和本质方面，费希尔·布莱克、迈伦·斯科尔斯和罗伯特·默顿取

> 得重大突破，在此之前，也没有期权定价理论的，只有没有理论根据的经验法则和民间传说。[1]

现代新古典金融理论作为思考金融市场的范式，可能被笼统地追溯到一批在1952年和1973年之间出版的规范性理论。[2]而这些理论最初存在于学术环境，旨在解释和理解金融的功能，它们逐渐被金融市场的从业者接受，从而最终塑造了市场。伯恩斯坦描述了这种理论和实践的相互作用，称其为从大学包围城镇。[3]同样，从社会学的角度，麦肯齐运用“可执行性”的概念，解释了金融理论如何不仅是塑造，甚至是产生了符合这些理论预测的市场。[4]

伯恩斯坦和麦肯齐对现代金融的发展的描述，内容之丰富、细节之生动，我这本书对此望尘莫及。他们各自的历史和社会学的描述引申出了一些哲学问题。本章是对现代新古典金融理论的哲学属性的分析，即对这些理论所隐含的市场本体的分析。分析是围绕着构成现代金融学范式的三个关键思想构成的。这些思想是有效市场假说（EMH）、投机的不可能性，以及金融学和经济学的分离。

[1] 伯恩斯坦，《资本观念的演进》，P12—13。

[2] 伯恩斯坦，《资本理念：现代华尔街的不可能的起源》。

[3] 伯恩斯坦，《资本观念的演进》。

[4] 麦肯齐，《一台引擎，绝非照相机》。

有效市场假说

如果像伯恩斯坦所说的，伴随着哈里·马科维茨 1952 年关于投资组合选择的论文的发表，诞生了现代金融学，伴随着路易斯·巴舍利耶在 1900 年的博士论文《投机理论》问世，出现了这一学科的构想。在他所处的那个时代，这篇论文是随机分析领域一个赋有原创性的标新立异的作品。直到 20 世纪 50 年代，这篇论文才被美国金融学者发现，其真正的开创性才得到充分的认可。巴舍利耶的工作的新颖性和重要性在于两个相互关联的思想，这个思想确立了现代金融学的范式：要以随机的思想对待金融市场上的价格波动，并运用随机分析对这些价格波动进行研究。

巴舍利耶区分了两种形式的概率。第一种可以称之为数学概率，即一种可以事先确定的概率，人们可以在机会游戏中学习到。第二种概率取决于未来事件，因此它不可能在数学形式下预测。[1]巴舍利耶只对第一种形式的概率感兴趣。一个巧妙的理论假设允许他忽略后一种形式的概率：

投机者试图预测的正是这后一种概率，他分析可以影

[1] 巴舍利耶，《投机理论》，P26。

> 响市场上涨或下跌的原因与波动的幅度。他的推论完全是个人的，因为他的对手必然会持相反的意见。这就是说，在一个特定的瞬间，市场（投机者的集合）似乎既不会相信上升，也不会相信下跌，因为针对每个报价，既有许多买家，同时也有许多卖家……在一个特定的瞬间，市场既不相信真正的价格会上升，也不相信会下跌。[1]

这是对有效市场假说的粗略表述。金融市场的价格波动，确实取决于这些市场资产在真实经济环境中实际发生的事件。然而，买方和卖方在市场上积累的知识意味着，有关未来事件的预期已纳入股票和证券的价格。金融理论界“重新发现”和接受巴舍利耶的关键人物是保罗·萨缪尔森。萨缪尔森对现代金融的主要贡献在于，对市场效率理念的提炼和改善。他提供了一个简洁的有效市场假说的表述：“在竞争激烈的市场中，每一个卖家都对应着一个买家。如果你确定价格将会上涨，那它就已经上涨了。”[2]

巴舍利耶对两种形式的概率的区别，明显与康德思想如出一脉。在康德对纯粹思辨理性的研究中，一个关键组成部分是先验和

[1] 巴舍利耶，《投机理论》。

[2] 萨缪尔森，《合理预测价格随机波动之证明》，P41。

后验的区别。[1]后者的知性来自感官经验，这种经验容易犯错误；而前者的知性来自于世界的经验，这种经验是由可能性条件构建的。这些可能性条件是纯粹的演绎推理的结果，独立于容易犯错的经验。巴舍利耶将两种概率的前一种，即数学概率，确定为先验概率，这表明我们应该确定后一种形式为后验概率，即概率取决于未来事件。

巴舍利耶、萨缪尔森和许多其他人宣扬的市场效率的理念，是建立在后验概率不可预知这个假设上的。但是，这并不意味着未来是完全不可预测的。如果我们对投资于一家农业企业有兴趣，我们可以合理地预测，在春季种植的农作物可以在秋季收获和出售。农业产业中所有其他潜在买家或股票的买卖双方，也具备这方面的基本知识，而且已把它纳入股票买卖的目前价格的考量之中。因此，农业产业的股票的价格明显不随季节变化波动，它们在冬天的时候价格不下跌，在夏天作物生长和接近收获时也不上涨。

可能导致价格变化的是不可预见的事件。如果某年发生了严重的干旱，从而减少农作物产量，就会导致农业股票价格下跌。然而，下跌并不发生在干旱实际发生时，而是在预测干旱的时刻。为了从未来事件导致的价格变化中获得利润，个人投资者必须比其他

[1] 康德，《纯粹理性的批判》，P127。

人提前知道这一事件的到来。如果一个投资者能准确预报天气，他就在交易时拥有对未来作物产量更准确的知识，从而获得利润。

库特纳对此进行了总结：

> 如果有大量的买家认为价格太低，他们的购买就会抬高价格，反之亦然。除了因盈利保留而引起的价格升水，给定今天的价格，对明天价格的条件期望，就是今天的价格。在这样一个世界，唯一将发生的是源于新信息的价格变化。既然没有理由期望信息是非随机的，股票的周期价格变动就应该是随机变动，统计上是相对独立的。[1]

有效市场假说认为，在一个理想的状态，市场会随即根据新信息进行调整。在有效市场，人们不可能利用新信息盈利，因为，当这个信息透露时，所有的潜在买家和卖家都会同时做出反应。这一特点引出了由尤金·法玛的有效市场假说。因为这往往被视为权威，引用法玛的话：

> 资本市场的主要作用是配置经济资本的所有权。在一

[1] 库特纳，《股票市场价格的随机性特征》，P232。

般条件下，在理想的市场里，价格为资源分配提供准确的信号。在市场上，企业可以做出生产投资决策，投资者可以选择在证券中进行投资，证券代表了公司活动的所有权。这都发生在这样一种假设下，即证券价格在任何时候都“充分反映”所有可获得的信息。一个价格总是“充分反映”所有信息的市场被称为“有效”市场。[1]

当然，有效市场假说提出的最明显的问题是，实际的市场是否确实有效。然而，在我们研究这个问题之前，值得思考有效市场假说的认识论问题。它实际上说了什么？它这样说是关于什么？当考虑对市场效率这个概念的不同的解释时，萨缪尔森提出了这个问题：

1）这是一个关于组织有序的小麦或商品市场的正确事实吗？是关于股权的交易价格吗？是关于小麦或其他商品的期货市场的价格与“现货价格”运动的对比吗？

2）或者它仅仅是一个有关实际市场可以进行实证检验的有趣的（可辩驳的）假设？

[1] 法玛，《有效的资本市场》，P383。

3）或者它是一个有效的演绎（如适用于欧氏三角形的毕氏定理）？它的真理就像2+2=4一样是可撼动的吗？[1]

再次，似乎有一个关键的康德式的差异在起作用，也就是分析判断与综合判断之间的区别。[2]大致来说，分析判断是对一个概念的意义的澄清。当我说“黄金是黄色的”，“黄色”已经包含在主语“黄金”的定义上。判断只不过是陈述了这一含义。相反，综合判断，超越了概念的定义特征。当我说“黄金有时被用作金钱”，对于黄金的概念来说，其并非隐含在黄金的定义之中。如果这个命题是真的，它就包含了新的知识。

在对萨缪尔森罗列的第一、第二个问题的解释中，就实际存在的市场来说，有效市场假说要么是一个真实的陈述，要么是一个假想的陈述，其真实性要通过实证检验来确定。这些解释说明，有效市场假说只是一种综合判断。在对第三个问题的解释中，有效市场假说不想说任何有关真正的市场的东西。它只是对“市场效率”概念的澄清。在这个解释中，有效市场假说是一种分析判断，其真正

[1] 萨缪尔森，《合理预测价格随机波动之证明》，P41。

[2] 康德，《纯粹理性批判》，P130、P134。

的价值可以通过逻辑推理证明。萨缪尔森进行的正是这样的证明，他的文章的标题是《合理预测价格随机波动之证明》。[1]

如果我们回顾法玛的有效市场假说，很明显，他不是在谈论实际存在的市场。在上面引言中，他指的是“理想”的市场，以一个示例的分析判断做结论：价格总是能“充分反映”所有可获得的信息的市场被称为“有效市场”。作为一个分析判断，有效市场假说认为，在一个理想的有效市场，人们不可能对未来价格走势进行盈利预测。

然而，法玛的论文不仅阐述了有效市场假说的理论意义，而且对所做陈述的有效性进行了测试。法玛区分了以下三种形式的市场效率：弱效率、半强效率和强效率。弱效率假定，交易价格反映了所有过去的公共信息。半强效率假定，价格立即调整到新的信息。强效率则假设价格甚至反映了非公开的或“内幕”信息。通过对现有文献的综述，法玛认为市场符合前两种形式的效率，虽然一些证据似乎对后一种形式的效率存有怀疑，但是通过垄断获取信息的交易者的存在，似乎并不妨碍市场的整体效率。因此，法玛认为，支持有效市场模型的证据是广泛的（特别在经济学中），与其相矛盾

[1] 萨缪尔森，《合理预测价格随机波动之证明》。

的证据是稀少的。[1]

我们在这里看到，法玛对待有效市场假说不仅作为一个分析命题，也作为一个综合命题。他甚至能够验证这一命题。法玛的论文标志着现代新古典金融理论发展的鼎盛。有效市场假说已不再仅仅是经济思想家思想中一个抽象的理论概念，它实际上也是现存金融市场的一个精确的模型。

市场中的投机行为

投机者的数学期望值为零。[2]

也许市场效率最重要的含义是通过投机盈利的不可能性实现。巴舍利耶指出："在一个特定的瞬间，市场既不相信真实价格的上升，也不相信真实价格的下降。他假定市场处于一种平衡状态，其中价格未来的上升运动和下跌运动都是可能的。这也被称为"随机漫步假说"，因为它假定金融市场的价格波动，与醉鬼在街上行走

[1] 法玛，《有效的资本市场》，P416。

[2] 巴舍利耶，《投机理论》，P28。

时选择道路具有可比性。[1]因他缺乏对自己的腿的控制，他可能做出任何扭曲的动作。这意味着，任何预测未来价格走势的企图，实质上都是一场赌博。金融市场的交易者所希望的收益，应该相当于市场的平均增长率。超过市场平均增长率的利润都源自于运气，而不是技巧。

有效市场假说所隐含的投机不可能性显示了，现代新古典金融理论是如何与基本面分析和技术分析进行彻底决裂的。这两种方法都依赖于这样的假设，即通过仔细的财务分析，个体交易者是可能战胜市场的。从新古典金融学的角度分析，基本面分析员以及图表分析员都是赌徒。基本面分析员可以比作一个轮盘赌的玩家，他研究了轮盘的不规则性，使得某些数字比其他数字更容易出现。图表分析员可以比作一个玩家，在前面轮盘游戏的结果中寻找模式来预测下一轮游戏。

投机的不可能性提供了一个测试市场效率的基准。在研究了各种假说之后，法玛用是否存在持续盈利的市场规则来测试有效市场假说。由于没有这样的规则经得起科学推敲，有效市场假说被证实。而技术分析通常被新古典金融学视为金融“炼金术”或“占星术”，即没有科学基础的猜测。对基本面分析的看法，新古

[1] 马尔基尔，《漫步华尔街》。

典金融学有点模棱两可。一方面，基本面分析被认为是有效市场的一种徒劳的投资策略，因为所有关于资产的信息已经反映在当前的价格中。另一方面，基本面分析被公认为是有效市场发展和维护的必要先决条件。正是众多勤奋专注的基本面分析员的存在，才使得新古典主义的金融家做出关于市场效率的假设。在新古典经济学家看来，基本面分析员正是被斯大林称之为“有用的白痴”的那类人。

按照齐泽克关于真实—象征—想象的区别的定义，有效市场中的价格总是充分体现所有的“有效信息”。这表明，金融市场作为象征层面，能够完全表达真实的价值。在新古典主义的有效金融市场中，象征与真实、价格与价值之间的差距是不存在的，市场价格总是能反映资产的真实价值。

既然象征和真实之间没有差距，也就没有必要在想象的层面上管理这一差距。新古典金融学是一种看似毫无幻想的理论，是一种纯事实的表述。有效市场假说如何通过反驳战胜市场的幻想来确立自己的正统，这一点值得关注。技术分析和基本面分析都认为可以战胜市场。有效市场假说的成立取决于投机的不可能性。现代新古典主义金融是我们消除所有的投机幻想后自然而然留存下来的东西。难怪新古典金融学是当代资本主义市场后意识形态的霸权理论。

金融界的“哥白尼式革命”

正如我们前面已经提及的，在巴舍利耶身上，我们发现了现代金融学的志向，那就是超越建立在猜测未来的基础上的后验概率的模糊领域，进入数学证明的先验概率的世界。有效市场假说的独创性在于，它通过建立充分反映资产的所有可获得的信息的市场能力和未来价格走势的不可预测性之间的相互关系，使这一飞跃成为可能。

乍一看，市场效率和随机价格波动之间的相关性似乎与给金融理论提供科学基础相对立，因为它使这门学科陷入了两种邪恶之间的选择。如果有效市场假说作为对实际存在的市场的实证描述是真实的，新古典金融理论在预测价格方面就比苏格拉底的怀疑论好不了多少。“我所知道的就是我对未来价格走势一无所知。”如果有效市场假说，作为对实际存在的市场的实证描述是虚假的，新古典金融理论的整体范式就建立在一个错误的假设上，甚至不符合科学。

这种困境与康德面临的困境堪有一比。康德立志找到一个纯粹理性的理论：“纯粹理性的真正问题现在被包含在这个问题里，即综合判断怎样才有先验的可能性？”[1] 这个著名段落出自康德的《纯

[1] 康德，《纯粹理性批判》，P146。

粹理性批判》。康德意识到了经验知识的易错性，即知识来源于世界的感官体验。他的雄心是建立一个不依赖于这种经验的知识和理性的理论。

“纯粹理性”的概念来自康德的信念，即绝对的知识确实是可能的，即使经验知识本质上是不确定的。康德的批判是研究人类理性的局限性的努力。是否我们对经验世界的知识被不确定因素所污染，我们还能确切知道多少？

康德的理论是一个纯粹思辨理性的理论。巴舍利耶的理论和随后由他发展起来的现代新古典金融学理论也是同样的。我们已经看到，巴舍利耶如何在数学先验概率和取决于未来事件的概率之间进行区别。

正如康德将丢弃感官体验作为绝对知识的来源，巴舍利耶丢弃个人交易者纯粹主观的市场预测。然后他继续研究先验概率领域的演绎方式。

可以将巴舍利耶的先验概率的概念，与康德的先验综合判断的概念进行对比。康德对“综合判断怎样才有先验的可能性”这个问题的调查，同时也是对哲学知识的可能性的调查。在回答这个问题时他声称，一方面，哲学关心的是先验知识，而不是对实证对象的研究。另一方面，就像我们已知的那样，这种认知不仅仅是对事情的澄清。哲学实际上能够产生新的绝对的知识。

巴舍利耶接受了（不管他是否意识到哲学根源）康德哲学的先验和后验之间的区别，这也是金融学和经济学的区别。现代金融学的核心甚至特点，就是没有基础经济运作的知识，原则上也是可以研究金融市场的机制的。换句话说，不用亲自审视公司的报表或公司商品的需求和供给，你也可以分析市场。作为一种独特的学科，现代金融学的发展同时也是金融学从经济学中分离出来的历史。

康德的理性研究的结果就是刻画出了体验可能性的条件，即先验主体性的结构。关于这类结构的知识不会回答我们什么是这样，以及什么不是这样的问题。它不是对经验世界的事实陈述。相反，主体性的先验结构是关于体验的类别，以便我们在任何经验状态下认知世界。一张桌子可能是圆形的或方形的，但任何人要体验这张桌子的形状，我们必须假定，在时间和空间上，他或她要有对对象有过体验的认知先决条件。先验主体性的结构是体验经验世界的可能性的条件。

康德从经验层面到先验层面的转移，与巴舍利耶从精确预测的转移到未来价格走势的概率估计的转移，前者例如采用技术分析和基本面分析。巴舍利耶对于有关金融市场的知识的可能性的怀疑，只涉及价格的向上或向下运动。用康德的话说，这些都是基于后验概率的预测。当谈到先验概率时，实际上是可以做出预测的，尽管是在概率意义上，而不是绝对意义上的。巴舍利耶的论文表明这样的预测是有可能的。巴舍利耶在金融市场研究中引入随机分析，使不同概率的计算成为可能，为刻画不同的价格轨迹提供了可能性。

正是有效市场假说（巴舍利耶把它总结为投机者的数学期望值为零），为处理未来价格波动铺平了道路，未来价格的波动是符合布朗运动的随机事件。巴舍利耶著作中隐含的康德式的问题是，先验的预测判断是如何成为可能的？通过回答这个问题，巴舍利耶为现代金融学所做的事情，就是康德为现代哲学所做的事情。他提供了金融学的基础，金融学作为一门独立学科，研究市场先验法则，不借助于任何经济假设。沿着这些线索，他在论文中总结说："市场不知不觉地服从统治它的法则：概率法则。"[1]

视真实价值为风险值

沿着齐泽克的思想，我们可以视真实为一种风险，以此理解并通过刻画一系列结果的概率来进行预测，从而实现范式飞跃。威廉姆斯认为，真实就是股票的内在价值。象征与真实之间的差距是由基本面分析员对股票或其他证券的真实投资价值的"错误"

[1] 巴舍利耶，《投机的理论》，P77。

估计所构成的。基本面分析旨在通过对价值的准确定价，把差距减少到最小程度，虽然不消除这一差距，从而接近对真实的完全象征（表达）。这里，威廉姆斯将未来股息的支付作为一种预先确定的价值轨迹。只有分析员具有了完备的知识，他才能够预测未来的现金流。

威廉姆斯的推理被巴舍利耶摒弃，认为是“完全个人的”推理类型。新古典金融学超越了这种推理，并通过接纳不确定性，而不是试图通过预测消除它，进入了先验概率的领域。在新古典金融学中，不确定性是人类知识和判断的局限性的产物。不确定性是构成企业生命的一个部分，更是金融市场生命的构成部分。

现代金融采用统计分析的方法处理不确定性的风险。概率论是对真实象征性表达的系统。如果我们看看由随机性决定的情况，其结果可以被视为真实“抵抗象征化”的表现。在轮盘赌桌上，没有办法预测结果是红色或黑色。而一旦结果确定，就不再有为什么的问题了。然而，一旦我们从单个实例过渡到一般，即一旦我们从“短期”过渡到“长期”，赌的结果就不再是一个毫无意义的谜。从概率论的角度看，轮盘赌的一系列结果存在一个非常可预测的模式，通过概率论就完全可以理解这个问题。对于在一次博弈中投注所有财富的真正赌徒来说，轮盘赌的离奇怪异可能是一个巨大的谜。但对于统计学者来说结果毫不奇怪，游戏只不过是一系列通常围绕着平均值分布的结果。[1] 轮盘赌是另一个布朗运动的实例。

这个对待金融不确定性风险的突破性想法也许应该归因于哈里·马科维茨，在他的有关投资组合选择的著作中。[2] 马科维茨以威廉姆斯所制订的基本面分析作为他研究的出发点，[3] 他用这种方法还对金融市场进行了一次范式的突破。

我们已经看到通过区别两种概率，巴舍利耶的理论是如何被引入的。用相同的方式，马科维茨开始了他的解析：

> 选择一个投资组合的过程可以分为两个阶段。第一阶段以观察和经验为出发点，以对证券的未来表现的信念结束。第二阶段从对未来表现的相关信念开始，并以组合的选择结束。[4]

他非常明确地说："这篇论文与第二阶段有关。"按照基本面分析员的分析，我们可以很容易地认识第一阶段。但马科维茨给未来预期收益的估计增加了一个非常关键的维度。金融市场的价格不仅

[1] 比约格·浦克，《资本主义的戏仿》，P17—22。

[2] 马科维茨，《投资组合》。

[3] 伯恩斯坦，《资本理念：现代华尔街的不可能起源》，P46—47。

[4] 马科维茨，《投资组合》，P77。

反映了未来收益的预期，而且也反映了未来收益的变化。马科维茨称之为“预期收益　方差规则”，或者 E−V 规则。在有效的市场中，高期望回报率和低收益方差之间相互替代。如果证券 A 和证券 B 在相同价位交易，但 A 比 B 有较高的预期回报率，这是因为证券 B 有一个较低的收益方差。在决定是否购买、持有或出售证券时，投资者不仅要考虑对该证券未来股息的估计，同时也要考虑这些未来股息可能会偏离预期值的可能性。

在威廉姆斯看来，偏离了预期只能归咎于基本面分析员个人的判断不周。马科维茨不否认这种误判的可能性，他还引入了偏离预期的另一个可能来源。这就是收益方差作为风险的概念。

马科维茨认为，风险是投资活动中固有的。我们不应该追求绝对的确定，这是不可能的，因此我们应该调整金融市场的理论，以适应风险的存在。马科维茨所提供的是证券分析的概率重组。[1]我们在这里看到，马科维茨的投资组合选择两个阶段的区别，是如何与后验概率和先验概率之间的区别相对应的。证券基本面分析的判断失误出现在后验概率的领域，而风险却是一个不确定性的先验来源。

在基本面分析中，证券被视为独立的实体。分析提供了购买、

[1] 马科维茨，《投资组合》，P91。

持有或出售证券的建议。从这个角度来看，只有把一个特定的投资与投资者的特定的风险厌恶程度接合起来，引入风险作为收益的方差才是有意义的。对于预期收益和风险之间的交替，个人投资者可以有不同的偏好。通过引入投资组合选择的第二阶段，马科维茨将金融交易从个别的“选股”上升到了建立证券投资组合。

当然，证券收益的方差最终源于资产代表的经济环境内在的不确定性。然而，通过观察证券集体而不是个别证券，马科维茨引导我们关注到某些证券的波动具有同步性，而其他证券之间则波动毫不相关。换言之，这种集体对待证券的分析方法揭示了不同股票之间不同程度的“协方差”。在组合选择中考虑“协方差”，允许投资者抵消股票相互之间的风险。这意味着，一个风险厌恶的投资者可以染指高波动证券，获得“风险溢价”，同时又不影响他的偏好，只要他的投资组合纳入一定数量的不相关的高风险证券。在这里，我们看到了古老的分散化战略背后的基本原理。马科维茨提供给我们的并不是一个全新的投资策略，而是现存的“经验法则”的数学解释。

在他的资本资产定价模型（CAPM）中，威廉·夏普进一步阐述了马科维茨的投资组合选择理论和风险的概念。[1] 马科维茨的模

[1] 夏普，《资本资产价格》。

型要求为投资组合中的每对证券输入协方差估计。由于协方差的估计数目随组合中的证券数量呈指数增加，模型很快变得非常复杂，即使证券的数量有限。夏普对该理论的贡献，首先是用每只股票对市场的协方差（整体上可以表达为某种形式的市场指数），取代众多的每队股票的协方差。夏普把每只股票对市场的协方差的估计值叫作 β。

夏普对证券投资组合理论的贡献不仅是一种模型的简化，而且在实际交易中更具有可操作性。他的模型还允许对持有的金融资产的两种形式的风险进行严格区别。第一种风险是资产的波动性，它与总体经济活动有关。第二种是股票的异质风险，这种风险独立于市场，与股票自身的特质有关。夏普称前者为“系统性风险”，或 β，后者为非系统风险。[1] 正如马科维茨，夏普模型的实用性在于它有助于制定投资分散化战略。

> 除因经济活动波动导致的风险外——这种风险在有效的投资组合中依然存在，投资分散化使投资者能够摆脱其他所有风险。而且，既然所有其他类型的风险可以通过分散化投资来避免，在评估风险方面，只需考虑一种资产的

[1] 夏普，《资本资产价格》，P439。

回报率对应于经济活动的水平就可以了。[1]

在20世纪80年代，有一首流行的节奏布鲁斯，它的歌词说："没有一个问题我不能解决，因为我可以把它们混在一起解决。"至少到目前为止就非系统风险而言，分散化战略的设计建立在夏普的资本资产定价模型基础上。非系统风险与系统风险之间的区别，实际上就是可以分散化掉的风险和不可以分散化掉的风险之间的区别。

符号化了的概率

概率论的认识论是基于这样一个事实，即机会现象，如果从大数角度考虑，会变成一个非随机的规律。[2]

柯尔莫哥洛夫采用哲学术语，借助于概率论，描述了一个混乱和不可预知的真实层级转化为有序的和可预见的象征层级。这是发

[1] 夏普，《资本资产价格》，P441—442。

[2] 格涅坚科、柯尔莫哥洛夫，《独立随机变量的极限分布》。

生在现代金融理论的“概率性转变”，这一转变由巴舍利耶开创，由马科维茨和夏普完成。用齐泽克的真实、象征、想象三层级理论，可以阐明概率论是如何工作的，这里可以使用拉康提供的特定的真实转换成象征的例证。

抛硬币的游戏经常被用在金融理论中，来说明金融市场中机会和概率的运作方式。拉康使用游戏来说明真实和象征的相互作用。[1]想象一下：抛硬币 10 次，产生正面和反面的随机序列。结果如下：

1	2	3	4	5	6	7	8	9	10	抛掷次数
H	H	H	T	H	H	T	T	H	T	正面 / 反面

图 1：抛掷序列

在第一个实例中，这个序列是一个纯粹混乱的、不规则和无意义的真实的表现。现在我们重新组织个人抛掷，按三次抛掷为一组单位，即（1，2，3），（2，3，4），（3，4，5）等组。根据以下规则，对这些组进行象征：（HHH，TTT）=（α）；（HTT，THH，TTH，HHT）=（β）；（THT，THT）=（γ）。由此产生了一个新的序列：

[1] 拉康，《精神分析学中的言语和语言的功能和领域》。

1	2	3	4	5	6	7	8	9	10	抛掷次数
H	H	H	T	H	H	T	T	H	T	正面 / 反面
		α	β	γ	β	β	β	β	γ	符号链

图 2：象征的序列

尽管抛掷序列的结果依然是随机的，但象征为符号链引入了规律和秩序。某些类型的连续已不可能实现，而其他类型的连接则是必须的。例如，γ 不能随即连接 α，因为这意味着抛掷排列的正反面转换，反之亦然。这种转换会在两个单元之间产生 β 单元。另一个例子是，在两个单元之间，必然有一个偶数的 β 单元。β 象征着一系列正面和反面的转换，反之亦然。如果有三个连续的正面，在我们又回到三个连续的正面之前，就必须有 0、2、4、6 等这样的转换。

拉康的模型显示了秩序和规律是如何从对真实的纯随机性的象征化中无中生有的，尽管最初象征起先看似对真实事件的一个“不经意”的记录。这与通过象征和聚合的概率论将秩序引入混沌可相比拟。拉康总结的硬币游戏的观点与柯尔莫哥洛夫的观点惊人地相似：“我们看到从真实分离出来的象征，在记录真实的不一致性方面完全可信，并且让这种不一致性更加一目了然。[1]

[1] 拉康，《精神分析学中的言语和语言的功能和领域》，P51。

在马科维茨的著作中，我们发现两个这样关于聚合的步骤。第一，对股票未来的价格轨迹的不确定性风险的控制，将重点从价格的直接升跌指向长期运动的角度。这允许金融决策者无视短期波动，并把概率作为交易策略的基础。第二，采用集合观察证券的方式，从单只股票选择到证券组合的过渡。再次，交易策略不是基于对单只股票的预测，而是确定组合证券的概率。换句话说，概率的计算构成了对真实的象征，通过它才有可能在不可预知的事件面前做出合理的决定。在这种风险管理中，我们看到了哈金所说的《驯服偶然》的含义。[1]

融入市场的幻想

需要注意的是，就概率理论，齐泽克的论断“任何象征都是不完整的”是对的。大数定律是关于大数而不是小数的。只有在总水平上，事件的顺序代表秩序的原则。只有在总水平上机会才能被驯服。单个事件仍然是无序的、野性的和“无法无天的”。历史学家托马斯・M. 卡瓦纳总结了概率论的局限性：

[1] 哈金，《驯服偶然》。

> 概率论对机会做出了回应，确实产生了一门独特的科学。作为机会的科学，概率论可能会谈到真实；但它这样做首先是通过离开真实，超然其外，排除任何个别结果与真实的联系。概率论所说的现实是一个超然的真实，与任何特定的时刻或情况无关。[1]

个体事件构成真实的剩余物，不能被象征。个体事件标志着概率论的局限性。这是巴舍利耶提出的观点。关于一只股票的未来价格是上升或是下降，现代金融理论不能说得太多。价格向上或向下运动从而构成真实抵抗象征的剩余物。

齐泽克说，在想象层面，为了象征正常运转，幻想要发挥支持作用，虽然固有的局限性作用有限。就概率论，这一功能是由我们所说的“长期运行的幻想”来完成。在一系列的随机事件中，根据大数定律，某些模式最终会成为一个明显的事件：一个“大数”的事件。这种模式就是柯尔莫哥洛夫所说的“非随机的规律”，它采取围绕一定的平均值正态分布的形式。采取长期的视角，就是把注意力从单一事件的结果转向最终将从集体的事件中总结出的模式。

我们可能还记得，齐泽克的幻想概念并不意味着一个想法是

[1] 卡瓦纳，《启蒙运动与机会阴影》，P14—15。

“错误”“虚假”或“虚幻”的。这也不意味着幻想的“背后”有一个真实的现实。通过把概率论描述为一个幻想，这一观点并不是说概率论是错误的或虚幻的。从长远来看，这种长期想象的想法使我们能够感知到一个特定的概率的现实，其中的个体事件的真实被抽象掉了。

我们已经看到了技术分析和基本面分析是如何指向交易策略的，这种交易策略旨在找出价格和价值（象征和真实）之间的差异，以便利用这种差异。我们也看到，马科维茨和夏普的交易策略不是针对个别股票的选择，或在正确的时刻进出市场。假设市场是有效的，市场价格是由 E–V 法则决定的，那这样的交易策略肯定被看作徒劳的。

如果马科维茨和夏普理论中的象征和真实存在差异，那么这种差异不是单只证券的价格和价值之间的差异。相反，它是作为整体的市场与对应的经济活动的差异。威廉姆斯的基本面分析针对证券个体之间的交易，而马科维茨和夏普的理论则是针对市场本身。基本面分析是个别股票的投资理论。马科维茨和夏普提出的理论，是一个投资于金融市场的理论，而不是把钱放在银行或床垫下的理论。E–V 法则可以用于确定金融市场上的相对于彼此的价格，因此说没有风险就没有收益。分散化投资能够使投资者摆脱除经济活动波动外所有的风险，这个承诺最大限度地减少了处于市场相对于不处于市场的风险。取决于对系统性风险的评估，这几乎可以让我们在总体水平上违反 E–V 法则。从长远来看，可以预测，一个良好的分散化的投资组合可以产生一个相当于市场平均水平的回报，仅仅承担整体经济活动的“系统性风险”。因此，市场总体提供了预期收益相对风险的最佳组合。

在基本面分析和技术分析中，我们都发现了一个战胜市场的幻想。既然在市场有效的条件下，这是不可能的，相反，投资组合理论就建立在与市场共舞的幻想之上。这个幻想依赖于一个特定的市场形象，即基于两个关键假设的市场。第一，金融市场作为广义的代表与经济活动水平同步运动。这意味着，如果市场整体的金融资产价格实现了长期内的增长——例如，道琼斯指数上升，这意味着真正的经济增长。这也意味着，实体经济的生产水平下降会造成金融市场整体价格水平的下降。第二，在长期内，市场上的个别股票或其他证券价格的相对波动符合正态分布的格局。

这一幻想传递了这样一种金融市场的形象，即作为一种社会集体利润，金融市场是在投资者中间“平等”分配利润的地方。“平等”在这里并不意味着每个人都得到相同的份额，而是每个人都得到相对他们所投资数额的相同的份额。这个形象把市场表达为基本上公平的地方。在马科维茨和夏普的眼里，市场不是一个聪明人赚不聪明的人的钱的地方。如果投资者坚持一套近乎机械的规则，他们可以放心，市场将为他们的投资提供一个公平的回报。

在现代投资组合理论和约翰·冯·诺依曼和奥斯卡·摩根斯顿设想的博弈论之间，有一个富于启发性的密切关系。在简化的双人对战扑克游戏的基础上，诺伊曼和摩根斯顿提出所谓的“最小最大策略”的概念。[1] 这是基于假设每个参与者都是完全理性的，对其他玩家的策略完全知晓。在这种情况下，每个玩家都应该尽量减少对手的最大的收益。“最小最大策略”用概率论的术语进行表述，类似于现代投资组合理论。最佳的“最小最大策略”并不规定个人在游戏中特定的情况下的出牌。相反，该策略由一组不同的概率组成，以决定不同的应对。

举例来说，如果一个扑克玩家在某种情况下有一副中手牌，这个“最小最大策略”就会告诉他以百分之 X 的频率下注，以百分之 Y 的频率跟注，并以百分之 Z 的频率弃牌。类似于马科维茨将视角从个别股票转向投资组合，博弈论不看个别的应对，而是看系列应对的方式。这两个理论也分享了这样的假设：击败对手是不可能的。诺伊曼和摩根斯顿的关于每个玩家的完美理性的假设与马科维茨和夏普的有效市场假设相似。诺伊曼和摩根斯顿指出，虽然从防御的观点来看，最小最大策略是完美的。他们（一般）不会利用

[1] 诺伊曼和摩根斯顿，《博弈论与经济行为》，P143—168。

对手（可能）的错误得到最大的收益——即不计划进攻”。[1] 我们把现代投资组合理论与基于基本面分析和技术分析的交易策略相比，就会看到，后面的两个理论是旨在战胜市场的进攻战略，而前者是一种旨在使最大的潜在投资亏损最小化的防御战略。

当一个玩家应用最佳的最小最大策略，他会将游戏变成机械地执行战略规则，使结果服从特定的概率分布。想象一下，一个石头剪刀布的游戏玩家使用随机战略。在这种情况下，三个可能的选择（石头、剪刀或布）每一个都有 33.3% 被选中的概率。无论对手的策略如何，这将迫使游戏的结果进入一个正常分布格局，每个玩家有 50% 赢的机会。按理说，这样玩的方式会把博弈排除在游戏之外。

现代投资组合理论关于金融市场交易也是一样的。根据马科维茨和夏普的理论，市场不是博弈的地方，那儿玩家可以试图预测市场走势。现代投资组合理论将金融交易转变为策略规则的机械执行，将经济活动的利润按投资者的投资进行恰当分配。以这种方式，现代投资组合理论把博弈的成分排除在金融市场交易之外。

[1] 诺伊曼和摩根斯顿，《博弈论与经济行为》，P164。

关于定价的幻想

关键要记住，由马科维茨创建的夏普修改的投资组合模型，仍然依赖于输入数据来决定什么应该被包括在投资组合模型中，这个数据包括投资组合考虑的不同证券的预期回报和方差。这种输入要求某种形式的基本面分析。马科维茨指出："在证券的选择中使用 E–V 法则，我们必须有程序寻找合理的 μ（预期收益）和 σ 协方差。我认为，这些程序应该结合统计技术和讲求实际的人的判断。"[1]"讲求实际的人"就是基本面的分析员。

马科维茨所提供的基本上是解决分散化问题的定量方法。用巴舍利耶的术语来说，马科维茨的投资组合理论探讨的是先验概率的数学领域。然而，马科维茨的理论仍然依赖于后验概率的领域产生的数据，即基本面分析的领域。在巴舍利耶的思想中，我们发现金融学企图完全独立于后验概率的领域，而巴舍利耶对这一领域也明显漠视，因为它们似乎是"个人的观点"，而不是有数学基础的。

在马科维茨和夏普对投资组合理论领域取得进展之后，现代金融发展的下一步就是布莱克、斯科尔斯和默顿的期权定价理论的发展。这一理论是金融学发展史上的一个高峰，因为它似乎实现了巴

[1] 马科维茨，《投资组合选择》，P91。

舍利耶的愿望，即实现金融理论纯定量分析，不掺杂任何定性分析的成分。

布莱克、斯科尔斯和默顿的期权定价理论关注衍生品市场。衍生品是金融产品，不涉及实际经济活动，形式也多种多样，如期权、期货、互换等形式。衍生品只涉及证券价格，因此有可能牵扯市场的外部性。从这个意义上说，衍生品市场构成了金融市场中的元市场。例如，股票期权授予持有人的权利，但不一定有义务在未来的某一特定时间内购买指定的公司股票。衍生产品非常奇特，因为它们并不像股票代表对公司的所有权，这使得衍生产品的定价问题非常复杂。

事实上，巴舍利耶已经提供了一种政府债券期权形式的衍生物定价公式。布莱克、斯科尔斯和默顿确实对原来的巴舍利耶模型提供了大量的修正和完善，他们的主要成就也许在于概念化和证明模型的方式，而不在于模型本身的内容。布莱克、斯科尔斯和默顿的新颖就在于他们使用有效市场本身作为对期权正确价格评估的基准。布莱克和斯科尔斯开创性的文章的第一句话就表达了这个想法："如果期权在市场上被正确定价，就不可能通过在期权及其相关股票的组合中运用长短头寸来获得利润。"[1]

---

[1] 布莱克和斯科尔斯，《期权和公司负债的定价》，P637。

在这里，布莱克和斯科尔斯采纳了巴舍利耶关于投机者的数学期望值为零的公理。当这个公理被应用于衍生品市场，这意味着，在一个有效的市场，不可能在衍生品市场和资产市场之间进行套利。默顿也发展了套利交易不可能性的想法。[1]

期权提供持有人通过潜在股票（或其他资产）的价格上升进行盈利的可能性。如果股票价格保持不变或价格下跌，期权只承担为期权所支付的价格损失的风险。因此，我们可以想象一个策略，一个交易者购买股票期权，同时卖空一定数量的潜在股票。如果股票价格上涨，他就可以在期权上赚钱，但在空头头寸上亏钱。如果股票的价格走低，他就损失了购买期权的费用，但在空头头寸上赚钱。所以布莱克、斯科尔斯和默顿的公理说，在一个有效率的市场，不管股票价格怎么发展，这种交易策略的收益为零。因为期权的价格将在某种程度上使交易双方互相抵消。套利是不可能的。

从这条套利是不可能的公理出发，可以推导出“理性”或“公平”的期权定价公式。期权的价格应该反映出资产组合上获利的可能性，这种资产组合是对期权的复制。如果资产组合获利的可能性很高，相应的期权的价格也应该很高。如果投资组合获利的可能性很低，相应的期权的价格也应该很低。下面是欧洲买入期权的布莱

[1] 默顿，《理性期权定价理论》，P164-165。

克和斯科尔斯计算公式：（欧洲和美国买入期权之间的差异将在以后进行解释）

$$C_t = S_t N(d_1) - Xe^{-r\tau} N(d_2)$$

$$d_1 = \frac{\ln\left(\frac{S_t}{X}\right) + \left(r + \frac{\sigma_s^2}{2}\right)\tau}{\sigma_s \sqrt{\tau}}$$

$$d_2 = d_1 - \sigma_s \sqrt{\tau}$$

N(·) 只是正态分布的累积分布函数，所以期权的价格（C）最终是 5 个变量的函数：（1）执行价格，即股票可以以这个价格在期权到期日购买（X）。（2）期权到期的时间（ τ ）。（3）潜在股票的现行价格。（4）无风险利率（r）。（5）股票价格的方差（ σ ）。

头两个变量，执行价格和时间，是在期权合同中直接指定的。第三和第四个的变量，当前的价格和利率，可以在理想情况下从当前市场的直接观察中获得。假定利率是恒定的。关键变量是第五个，股票价格的变量。这个变量是衡量股票波动性的一个指标。基本上，期权价格是股票价格波动的反映。即使这个公式很复杂，但观点非常简单。

因为买入期权赋予持有人权利但没有义务，在未来某一特定时间购买股票，所以价格不稳定股票的期权比价格稳定股票的期权更具价值。考虑有两家不同的公司，A 公司是一家在斯堪的纳维亚及周边国家经营二十条航线的渡船公司，B 公司是一家小型生物技术公司，它开发医疗产品的零件，并为零件申请专利，然后将专利出售给更大的医疗公司，以进一步发展和营销。每家公司目前的股价都是 100 欧元。现在两家公司都提供相同的期权，即以 130 欧元的执行价在一年中购买 1 万股的公司股票。即使公司当前的股票价格相同，但有理由假设它们的波动程度不同。A 公司是一家传统的公司，有一条相对可预测的业务线。这是一个典型的低波动性的股票，期权到期，“值钱”的可能性非常低。B 公司有一条不可预测的业务线，有可能失败。然而，如果公司的产品成功，利润可能会突然飙升。A 公司的期权几乎是毫无价值的，因为股票价格在一年内上涨 30% 的概率微乎其微。即使有很大的风险，B 公司可能会在一年内破产，但这家公司的期权却更为值钱，因为股票价格上涨超过 30% 的概率相当高。

虽然这个简单的例子很容易理解，但布莱克和斯科尔斯的成就是，他们采用了纯数学公式和金融方面的术语，从而将常识变为数学结论，以便理解更复杂的情况。回顾公式的五个输入变量，我们可以看到，四个是在合同或在市场的目前的状态被给予的。即使是第五个变量，股票的方差，也可以直接从市场上的价格数据里衍生出来。

第一个假设是，金融市场的价格波动是随机、正态分布的。这是随机游走假说的直接结果。第二个假设是，这些波动的方差在一定的时间段是恒定的。这些假设使我们能够根据价格的历史数据计算股票的波动性。换句话说，计算股票期权的正确价格所需要的东西是一个显示过去一年或两年的股票价格波动的图表。这就是默顿在输入数据的最低要求方面是如何评论布莱克和斯科尔斯公式的：

> 资产价格的精确公式，仅基于可观察到的变量，是一个罕见的发现……布莱克和斯科尔斯公式的特性是变量之间不相互关联。期权的价格不取决于普通股票的预期收益、投资者的风险偏好或资产的总供给，而是取决于利息率（“可观察到”）和普通股股票收益的总方差（这是一个稳定的数字），因此，从时间序列数据来看，准确的估计是可能的。[1]

我们已经看到了马科维茨甚至资本资产定价模型 CAPM 是如

[1] 默顿，《理性期权定价理论》。

何最终依靠“基本”的输入，即基于基本面分析，形式是估计不同股票之间的预期未来收益和协方差。采用布莱克和斯科尔斯公式，金融似乎终于切断了与经济关联的脐带。该公式可以无关任何“经济”变量，不用求助于市场外部数据就能够计算出证券的市场价格。为了分析市场，所有我们需要做的就是观察市场本身。在这个意义上，期权定价理论是一种新的图表分析。

垂直套利

齐泽克的一个反复出现的主题就是欲望与法律之间错综复杂的关系。在这里我们应该注意，齐泽克的法律概念不仅指法律，也指宗教、道德甚至科学规律。一方面，法律限制了主体接近各种欲望对象。“你不可奸淫”是一个明显的例子。另一方面，从精神分析的角度来看，法律所制定的禁止，首先是被禁止的对象所需要的。[1]除了是禁止物的象征性表达，法律也意味着一种幻想的底部，其朝着被禁止的对象构建主体的欲望。法律禁止违法行为。

如果我们把前面提及的布莱克和斯科尔斯公理（获取确定的利

[1] 齐泽克，《幻想的瘟疫》，P10—13。

润是不可能的，套利）作为有效市场的法律的表现，那么我们可以通过引入有效市场来检测法律幻想的底部。在一个完美的市场，确定的利润是不可能的，而在一个不完美的市场，确定利润是可能的。其实在象征的层面上，两者表达的是相同观点，不过方法不同。然而在想象的层面上，两个非常不同的幻想的形象产生了。

第一个意象是有效市场的意象，坚持内在的市场规律，从而为产生正确的价格和生产性经济资金分配的功能服务。第二个意象是无效市场的意象，这是一种金融的所多玛和蛾摩拉，在那里，市场的目标就是通过套利获得确定的利润。即使这些意象似乎是完全相反的，但出于他们的幻想性格，它们并不是相互排斥的。这两种意象都存在于对当代金融市场的塑造中。也许对这些意象的功能最著名的说明就是在 1997 年，迈伦 · S. 斯科尔斯和罗伯特 · 默顿被授予诺贝尔经济学奖（菲舍尔 · S. 布莱克于 1995 年去世，因此没有获奖）。同时，斯科尔斯和默顿都供职于对冲基金长期资本管理公司（LTCM）。该公司利用建立在期权定价模型中的交易策略，通过市场套利，获利数十亿美元。他们发现市场的内在规律，获得了诺贝尔经济学奖，同时在实际市场中又通过背离这一法则赚钱，这好像是个悖论。这个悖论象征着现代金融市场的运转。我们将在下一章里回到这个悖论。

由于许多的原因，布莱克、斯科尔斯和默顿的期权定价理论成为一个历史性的突破。它不仅加剧了经济学和金融学的分离，这个理论和公式还引发了一种新的投机范式的扩散，其特点是通过套利获得投机利润。

在两个或多个不同的市场中，套利者利用同一资产的价格差异而发挥这种理论的优势。一个简单的例子是在伦敦金银市场 LBMA 用一定的（低）价格购买黄金，在纽约商品交易所 NYMEX 用另一个（高）价格出售它，假如交货条件在这两个市场都是相似的。套利绝不是一个新现象，并不是起源于布莱克、斯科尔斯和默顿。然而，期权定价理论在不同的市场之间形成了一种新的连接方式，从而为套利交易打开了前所未有的机会。

通过在黄金交易中的简单例子，我们可以明白，套利交易出现在两个同质的市场之间，LBMA 和 NYMEX。这两个市场所交易的是同一种资产，但处在两个不同的位置。衍生市场是元市场，因为在这些市场上交易的期权、期货、互换及其他证券的价值来源于基础资产的价格行为。布莱克和斯科尔斯公式可以使这两个异质市场连接。一方面是交易股票（或其他证券）的直接市场，另一方面是相应的衍生市场。该公式可首先用于识别价格不正确的衍生物，其次是计算如何组成和调整相应的资产组合，以便进行套利交易。

我们可以将这两种形式的套利称为水平套利和垂直套利。水平套利是指同质化市场之间的套利，例如在 LBMA 和 NYMEX 之间的黄金交易。垂直套利是指在异质市场之间的套利，例如在股票市场和这些股票衍生品市场之间套利。

在前一章中，我们看到了基本面分析的目的是确定股票的当前价格和公司的“真实价值”之间的差异。基本面分析通过所谓的价值交易充分利用这一点。从哲学的角度来看，这是一个象征和真实的差异。通过对比，技术分析在以前的波动基础上预测未来的价格波动。通过动量交易，从这样的预测中获取利润。技术分析员并不试图超越市场的象征层面。相反，他在市场的象征层面中对信号进行解密。了解市场的内在规律，这些信号有助于他预见未来的价格走势。

现代新古典金融理论与技术分析完全相反。新古典金融理论自认为是建立在严谨的科学方法上的，技术分析不过是投机，是一种金融骗术。有效市场假说的经验证据的一个关键，是从动量交易获利的可能性所进行的统计反演。1961 年，西德尼·S. 亚历山大认为，自己已经在统计学上证明了过滤器技术的盈利能力。然而，三年后他在发表的第二篇论文中修正了自己的结论，表示对这一技术的盈利能力严重怀疑。[1] 亚历山大从自己的初始假设中后退有时被

[1] 亚历山大，《投机市场的价格运动》。

视为技术分析的消亡和确认有效市场假说有效性的证明。[1] 新古典金融理论和基本面分析之间的关系是模糊不清的。一方面，有效市场假说认为，在有效市场，人们是不可能从基于基本面分析的价值交易中获利的，因为所有关于资产的相关信息都已经纳入现行价格。这种观点认为基本面分析是浪费时间。另一方面，新古典金融承认人们要做实际工作，调研公司和资产所处的经济环境。1980年，格罗斯曼和斯蒂格里茨提出了一个解决这一矛盾的方法。他们认为对有效市场的运作来说，少量的低效率是必要的。由于这种低效率，基本面分析员关于市场信息的工作应该获得奖励。[2] 如果市场是完全有效的，就没有收集市场相关信息的激励。但是如果没有这些信息，市场就不能有效地发挥作用。因此，即使基本面分析并不是现代金融学范式的一部分，基本面分析缺乏新古典金融学的严格的数学基础，对基础经济的实证研究仍被认为是市场效率的必要前提。在这一观点看来，基本分析员扮演了金融市场的步兵。

尽管新古典金融确实是关于金融市场的一个新思维范式，但它也承袭了基本面分析和技术分析。如果从哲学的角度看待垂直套利投机，我们发现，它是一种在基本面分析和技术分析中发现投机利

[1] 法玛，《有效的资本市场》，P395；伯恩斯坦，《投资理念：现代华尔街不可能起源》，P109。

[2] 格罗斯曼和斯蒂格利茨，《论信息有效的市场是不可能的》。

润的混合体。基本面分析在两个不同的本体论层次之间进行运作。第一个是金融市场的象征层级，引用股票价格。其次是商业的真实层级，在那里企业的内在价值可以被发现。在信息有效市场的新古典主义的理念中，这种本体论差异最初被夷为平地，因为它假定所有关于资产价值的相关信息都已经纳入现行市场价格。然而，随着期权定价理论和垂直套利，不同层次之间的区别被引入一种新形式。它不再是真实企业（价值）和象征市场（价格）之间的区别。一方面，它是衍生物的元市场之间的区别，另一方面，它也是股票、债券和货币的基础市场之间的区别。

与基本面分析中价值和价格的区别相比，期权定价理论和垂直套利并没有超越象征的领域。相反，象征倍加的市场创造出两种不同价格水平之间的差异，这就是为什么垂直套利成为一种新的图表分析。类似于老式的图表，新古典主义的期权定价理论没有依靠市场外部数据，它也不必超越象征。基础资产只是另一个价格系列。垂直套利是一种混合物，它结合了基本面分析的形而上学和与金融脱钩的对基础经济的技术分析。

第二部分

货币哲学

第三章

货币分析

我们现在暂停对于金融市场的审视，以观察货币自身现象。在前面的章节中，对金融市场进行了分析，观察了金融资产如何以浮动价进行交易，价格的浮动轨迹有可能进行预测，也可能无法预测。金融市场运作的一个显著先决条件自然是货币。正如我们在本书开篇所论及的，人们常忽视货币的哲学属性，或视其为理所当然。我们日常用以购物或支付抵押贷款的货币如此，现代金融理论中的货币亦如此。在这一阶段，哲学的作用拘囿于将货币视作理所当然存在的特性，人们对这一现象进行了仔细分析。

关于当代货币哲学，最奇怪之处是该理念并不存在。这一假设也许不够精确，不够审慎，因为确实有许多当代哲学家关于货币问题有所论述。尽管如此，货币哲学并不是一个既定的研究领域，自然不会像科学哲学、伦理哲学、语言哲学或艺术哲学那样，被视为哲学家教育的必要部分。充其量，货币哲学不过是边缘学科。

说到货币的问题，20 世纪的哲学和经济学各有分工。在亚当·斯密撰写《国富论》的18世纪，甚至在马克思撰写《资本论》的19世纪，哲学和经济学之间尚不存在明显差异。两类著作在两个领域都被视为经典。但到了20世纪，经济学从哲学中分离出来，在一系列特有的概念和方法基础上，发展成为一个自主的研究领域。西美尔在1900年出版了《货币哲学》，标志着有关货币的哲学研究的终结而不是开始，这颇具讽刺意味。

从哲学的角度看，经济学演变成研究货币的自然场所。哲学家、社会学家和其他的人文科学的学者，充其量不过在人们的社会和心理生活方面，研究了资本主义和其他经济体制形式所产生的影响。人们认为货币的自身现象的本质，超越了这些学者所属学科的范畴。

20世纪，经济学朝着诸如物理和化学等自然科学方向发展，[1]这一趋势的标志，就是新古典经济学成为该学科主流，数学也变得越来越重要。主流经济学以大量有关经济代理人的元理论假设作为出发点，理性对待这些假设选项，充分了解他们，让它们的效用最大化。[2]这些假设提出一些问题和可检验假说，通常用经济变量间的因果关系加以阐述。通货膨胀与失业的相互关系如何？利率的变

[1] 米卢斯基，《无解之争》。

[2] 温特劳布，《新古典经济学》。

化是如何影响国民生产总值？经济上的不平等会刺激经济增长吗？诸如此类。在对这些问题的研究中，货币的本质问题成为障碍，而非前提条件。主流经济学倾向于研究货币和货币配置的影响，而不是客体本身。对货币的本质思考，似乎总是导致形而上的哲学思维，这远远超出了数学验证的范围。“货币是什么？”这一问题并未参照货币的四重概念即货币是交换媒介、价值尺度、支付标准和价值储藏。从好的方面来说，这一点可以任由经济学家继续探讨更重要的问题，从坏的方面来说，这一问题被完全忽视。

这使得货币问题有两头落空的风险。哲学提供了研究货币客体的适宜方法，我们认为这并非哲学探究的适宜客体。另一方面，经济学事实上属于与货币研究有关的科学学科，但该学科缺乏直接接近客体的适宜方法。下面几个章节的目标，在于发展货币研究的哲学理论，填补哲学与经济学之间的空白。理论发展的方法，与运用于金融市场分析的方法相似。我们将再次使用齐泽克的有关真实、象征和想象之间的三重区分，来刻画货币的功能。

在简介中已经提及，在过去的一百年里人们完全忽视货币问题，这一说法自然过于简单化。在有关货币的异端经济学、经济社会学和人类学领域内，事实上学者们已经探讨了这一话题。不过，货币哲学的明显潜力在于，新概念的发展构成了实际货币理论，超越了货币作用实证研究的理论。这就是下述阐述的目的。

“货币并不存在”

当用“货币是什么”这个问题来分析货币时，总要假定货币是一个确切之物有可能通过一套连贯的理论来加以定义。在下面的分析中，我要否认这个假设。

本节的标题，自然是改写了拉康臭名昭著的口号：“女人并不存在”。[1] 该口号的重点，并非这世界上没有女人，而是意味着女人的本质不适用于一般的界定。拉康的这个表述备受争议，尤其是在女权主义者中。这场辩论并非本书涉猎的范围。不管拉康的妇女理论是否适用，他的观点似乎可以直接运用到货币问题上。因此，下面所分析的假设就是“货币并不存在”。由于这个理论包含这样一个事实，用任何一种相干的理论都无法解构货币，所以发展货币哲学理论的雄心成为一种荒谬的企图。

货币存在多种形式。今天，大多数人一提到货币的概念，就会立刻联想到他们钱包里的纸币和硬币。然而，现金只占货币流通总量的小部分。大部分货币存在于银行和金融机构的各种债务。此外，什么算货币，什么不算货币，尚未清楚界定。这些问题本身就是一个科学争论的问题。例如，有人问，是否应该将衍生品当作一

[1] 拉康，《电视》，P38。

种不同的货币形式？[1] 我将在第六章中回答这一问题。在此我只是想说，我并非要寻找某一货币理论或某一货币定义，在各种不同的实证表现中，都可以用它来解释货币的本质；货币挣脱了某一综合理论的管辖，我需要承认这一事实。用齐泽克的话来说，货币是排斥在象征之外的实在。同时，这也是我将在下一章中详细阐述的一个观点：货币的运作依赖于在货币使用者中存在的假象，即不同形式的货币最终合而为一，都是同一事物。

我不打算用“货币是什么”的问题来展开分析，我在对金融市场进行分析时提出过一个问题，我将用这一类型的问题来展开分析。该问题就是：如何才能在金融市场中生钱？由于我们不再拘囿于金融市场的背景下专注货币，所以我会用更通用的形式重述这一问题：如何才能生钱？生钱一词表达并不明晰，注意到这点至关重要。通常我们使用这个短语时，例如，我们说“让我们赚点钱”时，实际上我们的意思是“得点钱”。从这个意义上来说，“生钱”并不意味着增加世间现有资金库中的钱数，而只是从现实存在的钱中挪用了一些。在我对金融市场所进行的分析中，“生钱”以这种形式进行了含蓄的阐释。但在时下对货币的分析

[1] 布莱恩和拉弗蒂，《资本主义的货币还是资本家的货币？》；布莱恩和拉弗蒂，《金融衍生品和货币理论》。

中，我将更多地从字面上对这一词加以阐释。因此，时下的问题就是如何可能形成货币？

在经济学领域，关于货币的性质和演化尚未达成共识。下面，我将对三种货币理论进行区分：商品货币论、货币国定论和信用货币论。除了介绍每种理论的主要思想外，我还将分析每种理论的哲学性质和假设。我进行分析的目的，不是为了解决有关货币不同观点间的争议，赞成某种理论或者其他理论。更确切地说，旨在论证关于货币理论的争论，就是事物自身特有本性的一种表现形式。货币并不存在，无怪乎关于何谓货币存有争议！正如我们将看到的，货币自身蕴含着对“什么是货币”这一问题的不同解答，这是货币在不同的历史和社会背景下运作的固有内容。这些答案作为意识形态的幻象，维系货币的运作。

货币的先天性缺陷：从$到$

货币的分析与金融市场分析，沿袭了相同的路线。金融市场分析的出发点，是价格与价值之间的区别。价格是资产真实价值的符号表现形式。金融市场的象征生成价格，成为解答“它价值多少”这一问题的答案。货币的运作甚至比市场的运作更为根本，因为货币正是我们以价论事的前提。货币是区分价值与价格的前提。

为使货币能够区分买卖商品的价值和价格，系统还必须能够解释，应用到货币本身时价值和价格之间的区别。这一点令货币分析变得棘手。当开始问及货币的价格时，我们总是陷入同义重复的境地，因为货币的价格只能用货币本身进行表达。100 美元的价格是 100 美元。当我们开始问及货币的价值时，立刻显现某种形式的本体论上的模糊性。一方面，货币的价值，可以用我们以这笔钱所购买的商品的数量表示。另一方面，货币购买力的先决条件，首先是货币具有某种其他价值。总的来说，本章介绍的三种货币理论之间的区别，归结为他们对货币的价值基础是什么所持的不同观念。

在《存在与时间》这本书中，海德格尔刻意规避“主体是什么”这个问题，提出了“此在”的概念，用这个词来定名人类。

> 此在（Dasein）是一种存在者，但并不仅仅是置于众存在者之中的一种存在者。从存在者层次上来看，其与众不同之处在于：这个存在者在它的存在（Being）中与这个存在本身发生交涉。那么，此在的这一存在建构中就包含有：此在在它的存在中总以某种方式、某种明确性对自身有所领会。这种存在者本身就是这样的。对存在的领会本身就是此在的存在的规定。此在在存在者层次上的与众不

同之处在于：它在存在论层次上存在。[1]

关键是我们不能用“它是什么”来定义此在。就“它是什么”而言，此在只关注自身，这一点使得此在在存在论上有别于其他存在（岩石、椅子、蜥蜴等）。对于这方面的关注（索格尔）最早形成存在者（beings）与存在（Being）之间的差别，特性（what-ness）和通性（that-ness）之间的差别。这种差别不仅适用于此在本身，也适用于此在的物质实体。正是此在的存在把这种区分引入世间。在后期的著作中，海德格尔指出，在一个只有蜥蜴的世界上，就分离实体而言，将没有对世界的揭示，也没有特性（what-ness）与通性（that-ness）之间的差分。[2]

海德格尔对存在和此在的分析，在方法论上与货币的研究有关。我们不可以简单地把此在的概念等同于货币的概念。这会犯一个严重的错误。不过，我认为，海德格尔的方法论适用于货币分析。在海德格尔看来，此在的概念有两个含义：一方面，它是指特定形式的存在，这种存在与个人的存在有关。另一方面，此在也代表人类整体。尽管海德格尔可能想避开这个词的后一层意思，当阅

[1] 海德格尔，《存在与时间》，P4。

[2] 海德格尔，《形而上学的基本概念》，P197—198。

读海德格尔的著作时我们不可能避开这种解释。此在是一种存在的形式，也是某一特定实体的名称。

就货币来说，我们发现了类似的歧义。对货币最直接的理解，就是把它视为我们口袋里的硬币和纸币。同时，我们也可以把货币理解为特定实体的存在。当一群人玩扑克牌游戏时，在游戏中塑料筹码承担货币的职能。当游戏结束时，赢家和输家以普通现金结算，筹码不再是货币。从这个意义上讲，我们可以说它是"存在货币"，而不是货币。

货币的特殊存在有一个特征，即价值和价格之间的区别。我们已经看到了，在海德格尔对本体差异的分析中，应用于此在自身时，模糊了存在（Being）和本质（being）的区别。类似的本体特征也适用于货币。货币是价值和价格之间区别的根源，也是分裂的开端。

我们在齐泽克那里发现同样的思维方式。更具体地说，在他的主体理论中发现同样的思维方式。正如我们已经看到的，齐泽克描述的主体，构成基础匮乏。主体欲望的驱动不断地努力弥补这一匮乏。齐泽克认为主体是"分裂的主体"。在拉康提出的复杂的符号系统中，主体因此被赋予"$"这个符号。该符号与美元符号的相似性只是一个巧合，这一点令人难以置信。在下述内容中，我们要使用这一理论用来分析货币。

分裂的主体概念意指，作为真实与象征中介的主体位置。齐泽克解释说，

> 这个主体并不直接存在于象征之维，它存在于象征的空洞。当山姆·戈尔德温面对一笔不能接受的交易时，他著名的反驳是："别把我算在内。"这句话完美地诠释出，对于象征而言，主体介于直接包含和直接排除之间的中间状态。[1]

我们通常认为我们自己都是个体，这种方式可以用来说明分裂主体的概念。个性意味着某件东西是一个整体，不可割舍。我们一直称自己为这样的整体，我们会说"我不喜欢奶酪""我住在公寓""我欠你500美元"等。我们假设自我的存在，是我们的感情、喜好、意见等之源。著名的说谎者悖论，恰恰就是个悖论，因为它与自我作为整体的意义相悖。悖论包括一个简单的命题"我说谎"，滋生了自我在这一命题中的双重地位。自我既作为命题的客体，即作为命题指向的事物，又作为命题的主体——即作为话语的出处。因为这两个位置的自我不尽相同，产生悖论。如果这一命题

[1] 齐泽克，《敏感的主体》，P109—110。

为真，自我就是说谎者，从而反驳命题，反之亦然。在命题自相矛盾的双重含义中，说谎者的悖论自相矛盾，但是悖论也否定了这个观点——作为整体的自我。

齐泽克从与主体观点完全相反的观点着手。主体性不是一个整体，而是一个不可弥合的缺口的产物。当一个人在社会结构中拥有一定的社会地位，他或她就被纳入象征中。给人命名的仪式就意味着这种接纳。由于此人纳入象征的结构中，该结构创造了条件，使人们有可能反思自我的概念。这就是福柯关于社会结构主体性的观点，该观点已成为主流社会建构主义理论中自我概念的核心内容。

齐泽克坚持认为，通常象征并未完全将人纳入其范围，他这样做就打破了前述的这些理论。主体事实上认同象征中与他相符的指定符号；我会把自己认同为一个男性、丹麦人、一个父亲、一个纳税人，等等。但同时，我对这些指定符号的认同，形成某种认知上的错误。像在第一章中提到的，即使列出与我相符的全部指定符号，我还是觉得属于我的“不止这么多”。这种感觉构成齐泽克对主体的理解。

在我们的象征性身份之外，还存在某种真正主体性的外核，这并不是重点。主体性的神经生物特征将主体性在大脑中进行定位，导致这种错误。正如人们面对全部列出的指定符号时，坚持认为属于自己的“不止这么多”，一个人面对他们头脑中的实时扫描图像时，会坚持同样的观点。主体性既不会简化为象征，也不会简化为真实。主体性是将两者区分开的空洞。

齐泽克还将主体性的建构作为“异化”加以解释。至少人们对个体不再形成错误认知时，在人们通过象征，表达要符合社会理念和规范的情况略有逆转时，人们就会体验到主体性。这形成了一种感觉，“某物”在个体的行为中自身得以显现，在既定情境的象征性前提下，无法产生出这种感觉。齐泽克用马克斯·韦伯与阿尔弗雷德·韦伯兄弟的笑话来说明这一点：

> “你让我想起了伊曼纽尔·拉维利。”
>
> “但我就是伊曼纽尔·拉维利。”
>
> “难怪你看起来像他！”[1]

在这个笑话中，名叫伊曼纽尔·拉维利的主体的象征意义，定名为伊曼纽尔·拉维利的这个人现实存在，二者对主体进行了象征授权，彼此之间保持着非同一性的一致。在主体的不完全象征意义和主体的现实存在之间存在最小差距，主体性自身正是体现于此。象征的功能不足，为一个人自身主体性的主体想象性投

[1] 齐泽克，《意识形态的崇高客体》，P3。

射创造了机会。

本着海德格尔的精神，在上述内容中我建议，我们该做的不是提出“什么是货币”这一典型问题，我们应该围绕“货币是怎么回事”这个问题进行研究。这个问题的初步解答，可以仿照齐泽克有关分裂主体的理论：商品的价值和价格间的差距缺口形成货币的存在，正如这种差距靠各种梦幻的投射支撑，那就是货币本身体现为有价值的客体。为了明白这一点的意义所在，我们将开始探讨货币和黄金之间的关系。

黄金成为货币

有关货币的传统思维方式，就是通过某种版本的货币商品论来认知货币。这一理论认为，现代货币是从一种特定商品演化而来的，这种商品通常是黄金或其他一些贵重金属，在某种情况下被挑选出来执行货币的功能。2007 年至 2008 年的金融危机之后，一些评论员对我们现行的货币体系运作持怀疑态度，建议回归到金本位制。金融危机被视为货币脱离物质基础的一种征兆，而黄金则被视为重建二者间联系的一种方式。这种说法形成了货币商品论，阐明了黄金是如何在世界货币中具体代表货币的。但是，更进一步的审视后发现，黄金又不能具体代表。

货币进行运作时，一个根本性的奥秘在于人们对之深信不疑。这是怎么回事？人们都疯了吗？他们会认同，拿几张没有实际用处的纸币，兑换一个面包、一只羊，甚至是宝马轿车？历史上，建立在黄金或其他贵金属制成的硬币基础上的货币体系中，我们看到这个奥秘似乎不曾出现于此，因为这些货币具有内在价值。一个金币交换十二只羊，只不过是一种先进的物物交换形式。鉴于在前面的构想中，我不断使用“似乎”一词，这种推理一定是哪里出了错。

我们可以用类推的方式，来解释货币与黄金作用的关系：黄金之于货币的关系，就像耶稣与上帝的关系。我们也许会问，为什么人们相信上帝？我们也许会这样回答：因为他的儿子耶稣基督降世，传递了上帝的好信息。然而，为了相信耶稣基督，即使你能与他面对面相遇，你也必须先相信上帝。如果你不相信上帝，你怎么能相信自称是他的儿子的人？在黄金被用来授权或解释货币的价值时，同样的问题发生了。这并不是一个真正的授权或解释。毋宁说，一个秘密被另一个更大的秘密替代。

我们可以在亚当·斯密的话中，找到对货币商品论的经典解释：

在刚开始分工的时候，这种交换力的作用，往往极不灵敏。假设甲持有某种商品，自己消费不了，而乙所持有

> 的这种物品，却不够自己消费。这时，甲当然乐于出卖，乙当然乐于购买甲手中剩余物品的一部分，但若乙手中并未持有甲现在需求的物品，他们两者间的交易仍然不能实现。比如，屠夫把自己消费不了的肉，放在店内，酿酒师和面包师固然都愿意购买自己所需要的一份，但这时，假设他们除了各自的制造品外，没有别种可供交易的物品，而屠夫现时需要的麦酒和面包已经得到了供给，那么，他们彼此之间就没有进行交易的可能。屠夫不能做酿酒师和面包师的商人，而酿酒师和面包师也不能做屠夫的顾客。这样，他们就不能互相帮助。然而，自分工确立以来，各时代各社会中，有思虑的人，为了避免这种不便，除自己劳动生产物外，身边随时带有一定数量的某种物品。这种物品拿去和任何人的生产物交换，都不会被拒绝。然而，不论在任何国家，由于种种不可抗拒的理由，人们似乎都终于决定使用金属而不使用其他货物作为媒介。[1]

在对货币演化的这一解释中，我们将想象中的在货币使用前进行的实物交换经济，理解为最初的起点。从根本上来说，货币是解

[1] 亚当·斯密，《国富论》，P24—25。

决以物换物问题的答案。大多数经济学教科书中，这仍然是货币演化的标准解释。

沿着类似的思路，马克思也相信商品货币论。在分析资本的价值形态和演化的过程中，“一般等价物”的出现是关键性的一步，它是商品的度量衡。根据其所处时代的历史情况，马克思指出，作为有别于所有其他商品的特殊商品，黄金（或白银）发挥了一般等价物的作用。这意味着黄金成为衡量所有其他商品价值的标准。就连纸币的演变，也仅仅是这个过程的延续，因为纸币是黄金价值的象征：

> 正如商品的交换价值通过商品的交换过程结晶为金货币一样，金货币在流通中升华为它自身的象征，最初采取磨损的金铸币的形式，而后采取金属辅币的形式，最后采取无价值的记号、纸片、单纯的价值符号的形式。[1]

关于商品货币论，有一个说法简单易懂，引人关注。黄金（或其他贵金属）具有内在价值，这使得人们普遍接受它用以交换其他商品，其使用价值取决于交易的环境。例如，肉类的使用价值，可

[1] 马克思，《政治经济学批判》，P149。

能取决于潜在买家的直接饥饿程度。一辆自行车的使用价值，可能取决于潜在的买家是否已经拥有一辆自行车，或其他交通工具。诸如此类，不一而足。就这样，黄金成为货币的基础。黄金本身可以以硬币的形式进行流通，这一点使它既是具有内在价值的商品，同时又成为象征价值的货币形式。也就是说，这一点使它既具有真正价值，同时又成为代表符号。我们在这里看到，价值和价格之间的差异，呈现形式很简单。作为纸币或记账货币，实在和象征分离开来，黄金仅仅起到一个真正“顶梁柱”的作用，来保证价值的符号表现形式的可信度。在这个阶段，价值与价格之间的差异已演变成一种更高级的形式。

然而，如果我们开始探究黄金本身的价值，事情就变得更加复杂，而实在难以捉摸的特性很快开始凸显。黄金不仅仅是价值与价格之间差异性的形成源，也正是这种差异性的失效点。斯密谈到了“不可抗拒的原因”，人们最终确定由黄金和其他贵金属作为执行货币功能的特殊商品，斯密谈到了导致这一现象的“不可抗拒原因”。马克思谈到了黄金和白银的美学特征，使这些天然材料成为豪华装饰，出现在盛事盛宴中，简而言之，代表富足，象征财富。它们出现时，就像从地下世界自然散发出的光芒。[1] 这似乎是黄金的魔性，

[1] 马克思，《政治经济学批判》，P211。

使它成为“商品之主”，引人注目。[1]

事实上，马克思未能清晰地描述黄金的价值。马克思指出，这些材料的属性是黄金固有使用价值的基础，除此之外，他有时也将劳动价值理论应用于黄金。根据这一理论，商品的真实价值，体现在商品生产过程中所付出的抽象劳动时间上。就黄金而言，商品的真实价值用开发和处理材料所需要的劳动量来表示。劳动的价值用劳动力再生产所需要的商品数量来表示。马克思的劳动价值理论所追求的目标，是把抽象劳动时间作为价值的“金本位”标准。

> 现在我们假设，一个劳动工人每天需要6小时的平均劳动，来生产日常必需品。此外，我们假设，用相当于3先令的黄金量，实现了6小时的平均劳动。那么，用货币来表现那个人劳动能力的每天价值，就是3先令的价格。如果他工作6小时，他每天生产的价值，足够用来购买日常必需品的平均数量，让自己继续做一名劳动工人。[2]

从抽象劳动的角度来衡量黄金的价值，让问题变得更复杂，却

[1] 马克思，《政治经济学批判》，P166。

[2]《马克思恩格斯选集》，P211。

没有解决货币与黄金之间的矛盾关系问题。在这句引言中，马克思的推理引发出了一些问题。首先是一个简单的问题：为什么先有人努力把金子从地下挖出来？如果商品旨在最终服务于劳动力再生产，那么究竟是什么让作为一种商品的黄金，在其中确保利益呢？的确，黄金可以用来购买劳动力再生产所需的商品，但只有在黄金被当作货币的情况下才可以进行。此外，劳动时间作为一个抽象的价值度量衡，要求我们区分开劳动活动和非劳动活动（休闲、消费、再生产）。这就提出了第二个问题：我们如何能够知道，劳动者满足平均“日用品需求”进行的生产，或者价值 3 先令黄金的生产，需要进行 6 小时的劳动，而不是 8 或 10 小时的劳动呢？在衡量生产一种商品的劳动数量时，我们如何知道什么时候开始，什么时候停止计时呢？又是用货币本身来解答这个问题。当工人开始得到报酬时，我们就开始计时，当他不再得到报酬时，我们就停止计时了。货币本身作为区分劳动时间和非劳动时间的标准。此外，黄金的货币价值直接用先令表示，只能通过这一无可争议的假设，才能提供劳动价值的货币表现形式。这给我们带来了第三个问题：只有在指定黄金作为货币的货币体系业已存在的条件下，才可能不再用先令表示黄金符号吗？我们看到货币以黄金的形式出现，这一点无法用劳动价值论解释。

最后，我们要问一下，体现在普通劳动者的日常生活必需品生产中的劳动时间，等于生产3先令价值黄金所需的劳动时间。反过来，3先令黄金又等于生活必需品的价格，如果现实与这一假想情况不相符，马克思的货币和黄金的理论又会发生什么变化？这一点颇具吸引力。如果在6小时内，可以生产价值300先令的黄金，而每日生活用品的价格仍然是3先令，那又当如何？黄金的真正价值，是否仍然是体现在生产中的6小时抽象劳动？通过用黄金交换日常必需品，可以再生产出600个小时的劳动吗？

这里的基本问题是，如果不同时涉及为价值确定设置标准的某种象征体系，就不可能谈论价值。即使黄金可能确实拥有马克思所列举的品质，只有存在某一象征体系，让我们能够比较黄金价值与其他商品的价值，在此前提下，才是可能谈论黄金是有价值的。即使生产一定量的黄金需要一定的劳动时间，这也不能说明黄金作为货币的价值。正如我们就金融市场讨论过的内容，“实际价值”或“内在价值”的概念难以表述。确定实际价值的前提，是有能够进行定价的象征系统。就货币和黄金而言，这会导致一种悖论，为了挑选黄金作为有价值的商品，从而履行货币的功能，要求能够进行估值的货币体系业已存在。这种悖论的另一种说法是，黄金的确履行一般等价物的功能，为所有其他商品的估值设立标准，但它不能作为黄金自身估值的标准。

马克思还写到，只有“非使用价值必需的那部分产品”，才能发挥一般等价物的功能。[1] 在这段话语中，说的不是什么优化使用价值，而是不再具有直接使用价值，这对黄金来说尤为重要。不再具有使用价值使得黄金被排除在普通商品消费交易之外。这种排斥不一定是因为黄金的内在属性，而是因为交换系统内部自身运转的需要，就像一位国王能成为王，不是因为他的内在品质，而是因为他的臣民认为他是王。

> 马克思写道："一种商品处于等价形式，是且只是因为它被其他一切商品当作等价物排挤出来，这种排挤最终限制在一种特殊的商品上，从这个时候起，商品世界统一的相对价值形式才获得客观的固定性和一般的社会效力。"[2]

我们在这里看到，作为货币的黄金，既被包含在商品交换之中，同时又被商品交换排除在外。同样地，分裂的主体既被包含在象征之内，又被排除在象征之外。黄金是一种"分裂商品"。它体现了货币的符号功能和商品的实际价值。

---

[1] 马克思，《政治经济学批判》，P168。

[2] 马克思，《资本论》，第一卷，P42。

黄金无价

就主体而言，象征体系的崩溃，是因为它无法预示谁“真正”是主体。对主体存在的每一种象征描述都不够充分，因为主体强调主体内容“不止这么多”。然而，象征化的不可实现同时又是象征化成为可能的条件。正是象征化的崩溃，使得主体将自身想象为一个独立的主体。我们可能会想到，通常人们解释自己是谁，并不是通过列出用来定义自己的一系列特性的方式，而是指出这些象征定义中存在的诸多矛盾之处：“我是虔诚的，但我不相信基督教的上帝；我是一个经理，但我不喜欢告诉别人该做什么；我喜欢吐司，但要削掉外皮；等等。”沿着这些思路，齐泽克提出以下有关主体的定义：

> 实质上，主体毫无现实性，它是次要的，只有通过分离过程，克服预先假设，主体才会应运而生，这些预先假设也仅仅是自身对同一克服过程的溯及力。于是，出现了这样的结果……我们正在定义的实体的核心，嵌入了失败或否定的烙印。如果主体身份完全是“过程主义”，这就意味着，通过每一次失败主体自身才能充分得以实现。这又带给我们带来了类似的主体的形式定义：一个主体试图

> 通过表意链自我阐明（表达），而这种表达失败，借由此失败，主体概念出现了：主体是象征表示的失败。这就是为什么拉康把能指的主体写成 $，表达“隔绝的”。[1]

当我们试图按其使用价值象征性地给黄金估价时，类似的不可能发生了。尽管黄金可能确实有某种使用价值，“这些天然材料成为豪华装饰，出现在盛事盛宴中”，但这似乎没有给黄金加上特殊价值。就像黄金强调价值“不止于此”。用普通商品的内在价值形式，无法表达我的价值。在第一章中，我们看到齐泽克界定实在“排斥在象征之外”，“是导致象征失败的绊脚石”。[2] 这些定义完全符合黄金与货币的关系和在商品交换中的角色。

货币的标志特征是可以定价各种资产。在金融市场的分析中，我们已经明白价格函数如何作为价值的符号表达。就黄金而言，这个功能失效。在以黄金为基础的货币体系中，一定量的黄金定价只不过用黄金本身表述黄金的身份。货币的定价功能同义反复。这只不过是表述了一公斤黄金值一公斤黄金。这意味着，与其他所有资产不同的是，黄金的价值无法用黄金价格来表示。黄金的价值是无

[1] 齐泽克，《生于末世》，P232。

[2] 齐泽克，《意识形态的崇高客体》，P69、P169。

价的。

然而，这个同义反复并不意味着系统崩溃。齐泽克对主体的定义是象征化的失败，是主体存在的前提。真实主体存在的充分象征的不可能性，产生了主体想象性的自我认识，成为自己的行动、情绪和思想起源的特定主体。因此，象征化的不可能性是主体性成为可能的条件。在黄金作为货币的情况下，一个类似的辩证法在发挥作用。对黄金价值充分叙述的不可能性，产生了黄金的一个虚构幻觉，黄金被赋予了超越普通使用价值的某种价值形式。甚至在马克思的著作中，我们亦已看到这种想象在发挥作用。马克思是一位真正的犬儒主义（cynicism）大家。

借由提出黄金特殊的审美特性——用马克思的话来说，“这些天然材料成为豪华装饰，出现在盛事盛宴中”。“它们出现时，就像从地下世界自然散发出的光芒”——只是我们自身的幻觉投影的反射；反过来，该特性又源于货币体系中黄金的特权地位的内容。以这种方式，黄金提供了齐泽克所说的“对真实的应答”（answer of the real），这一论据可能进一步。齐泽克定义了这个有关沟通的概念。

> 偶然存在着的一小块真实……证明了交流的成功……某物要想具有意义，其意义就必须由“一小片偶然的真

> 实”(some contingent piece of the real)来证实。可以把“一小片偶然的真实”解读为“记号”(sign)。在这里，记号不是指任意的标记，相反，它属于“对真实的应答”：“记号”是由原质赋予的。它的存在表明，至少到了某个时刻，把真实与符号网络隔离开来的深渊会暂时填平。[1]

在货币的背景下，黄金象征着价值的真实和交换的象征之间的空洞已经缝合。值得注意的是，真实和象征之间的空洞不是通过代表关系来缝合的。对真实的应答存在于真实和象征之间的模糊地带，从而建立了所谓的“节点”（或缝合点 points de capiton），将真实融入现实世界的脉络中。这些节点反过来成为象征与真实在之间所有其他代表关系的前提。

黄金作为一般等价物在货币体系中占有一席之地，尽管这可能具有任意性，但只要这种任意性被隐匿，它就只是对真实的应答。我们可以想象，在货币系统中黄金之所以有着特殊的地位，就是因为其固有的真实特性，而不是正好相反，就会发生这种情况。齐泽克解释了这种逻辑的适用情况：

[1] 齐泽克，《斜目而视》，P31—32。

如果某个客体（替代品）在力比多空间（libidinal space）中占据一席之地，它就必须隐匿它的下列特性——它可以由别的客体随意替换。主体不会对自己说："因为客体是可以任意替换的，所以我可以随心所欲地选一个，以之作为我驱力追逐的客体。"客体必须是被发现的，必须是作为驱力的循环运动（drive's circular movement）的支撑物和参照系出现的……任何客体都可以占据原质的位置，这是真的；要占据原质的位置，只能借助于下列幻觉——那客体早就在那里了。即是说，那客体不是被我们放置的，而是作为"对真实的应答"被我们发现的。尽管任何客体都可以充当欲望的客体——成因，只要它释放出来的迷人力量与它自身无关，而是它在结构中占据某个位置的结果，但基于结构上的必要性（by structural necessity），我们还是必须成为下列幻觉的牺牲品——迷人的力量属于客体本身。[1]

欲令黄金作为发挥货币系统节点的作用，必须保有一种幻觉，就是关于黄金内在价值的幻觉。黄金的价值似乎为我们"发现"，

[1] 齐泽克，《斜目而视》，P32—33。

而不是我们“设置”黄金为指定货币。在商品货币论中，黄金是实际价值的体现。马克思指出，只有成为“有别于所有其他商品的特殊商品”时，黄金才发挥了一般等价物的作用，这一点我们已经看到。因为被排除在普通商品流通之外，黄金只能成为极端情况下的价值体现，这一点自相矛盾。我们倾向于认为，黄金之所以被存放在银行的金库，是为了提供安全保障，用以担保银行的未偿债务。实际的原因也许完全相反。黄金被排除在日常交换和商品消费之外，是为了掩盖这样的事实：超越我们对其神奇能力形成幻觉这一表面现象，它实际上是一个几乎没有实际使用价值的普通商品。

总之，商品理论是基于这个观点，货币的价值建立于真实的基础之上。由于物质的本质特性，黄金被提升到货币的地位。这些品质使得黄金成为市场参与者中一个非常普遍的欲望对象。不是每个人都渴望土豆，但每个人都渴望黄金。

货币法定

> 如今所有的文明的货币，都是国家货币，没有发生纠纷的可能性。[1]

[1] 凯恩斯，《货币论》，P4—5。

商品货币论有几个问题。一个很重要的问题是，这个理论在历史上是错误的。把货币描述成从原始的物物交换系统发展起来的，这不仅可以在亚当·斯密的古老的描述中发现，仍在经济学上的当代教科书中使用，这在人类学上是毫无根据的。在对易货的广泛研究之后，人类学家卡洛琳·汉弗莱写道："未曾有一个纯粹而简单的实物交换经济的例子被描述过，更不用说由此衍生出的货币；所有的《民族志》指出，从未有过这样的事。"[1] 正如戴维·格雷伯指出的，简单的物物交换社会以及由此衍生出的货币，不过是某些经济学家想象的奇幻世界。[2]

我们讲述货币起源的方式，对于我们思考货币的运作方式有着深远的影响。作为对所谓"双重需求偶合的问题"可行的解决方案，货币观念的意义之一就是，它把货币作为一种市场的自发创造。货币仅仅是诚实的生产者和商人之间的一种中介，他们通过生产和出售具有内在价值的商品而谋生。在这一点上，货币的价值是由我们在市场中发掘的价值所支撑的。因此，商品货币论试图掩饰货币的创造过程中权力和政府的作用。[3]

国家货币论的核心就是对商品货币论的否定，它提出货币本质

---

[1] 汉弗莱，《物物交换和经济解体》，P48。

[2] 格雷伯，《债务》，P23。

[3] 哈德逊，《货币的考古学》。

上是法定货币。在格奥尔·弗里德里希·纳普的《货币的国家理论》中[1]，可以发现对货币的经典论述。正如我们看到的，凯恩斯详引了纳普的论述。事实上，大部分的凯恩斯主义经济学是基于法定货币的理论。在莫斯勒、贝尔和雷伊的著作中，我们还发现了对货币国定论较新的表述。[2]

货币国定论的基本观点是："货币是法定产物"。因此，"货币的灵魂不在于单个货币的物质属性，而在于规范其使用的法律条例"。[3] 显然，这种方法是与商品理论截然相反的。一个客体的"货币性"不是来自客体的内在品质，而是事物作为货币的象征性指定。宣告某物为货币，本质上就是由有足够的权力来制定和执行法律的权力机关实施的。货币国定论者通常把公元前 600 年在丽迪雅（现在的土耳其）出现的铸币作为第一个法定货币的实例。[4] 在当时的社会中，这种货币的发行机关当然是国家。

当作为一种支付手段被宣告作为国家货币时，现代意

[1] 纳普，《货币的国家理论》。

[2] 莫斯勒，《充分就业和价格稳定》；贝尔，《税收和债券供给了政府支出吗？》；雷伊，《了解现代货币》。

[3] 纳普，《货币国定论》，P1—2。

[4] 凯恩斯，《有关货币的论文》，P10；格雷伯，《债务》，P224。

> 义上的货币就出现了。名义上的价值的单位，是由作为法律的守护者和维护者的国家命名的。[1]

货币国定论与商品货币论不同，它首先是一种现代货币理论。在现代国家的背景下，发现法定货币最纯粹的形式。然而，纳普坚持认为，任何一种货币必然包括国家货币的元素。他把物质基因（hylogenic）货币和自生（autogenic）货币进行了区别。如果支付手段被接受，是因为它的“实际使用”的可能性，这是物质基因的货币；如果支付手段被接受，仅仅是因为它可以进一步在流通中传播，那就是自生货币。例如，金币是物质基因的，而纸币是纯粹的自发。但即使物质基因的支付手段也需要国家货币的元素，从而成为货币。“在交换过程中加以使用，这是一种法律现象”。[2] 只有当某些客体被宣布为有效的支付手段和债务的结算方式时，它们才是货币。黄金并不只是因为材料的本质特性而成为货币，它之所以成为货币，是因为它被宣布为在一个主权国家的法律范围内使用的货币。在这个意义上，货币国定论并不否认商品货币的存在。然而，这种形式的货币只是国家货币的一个小类。这是物质基因的国家

---

[1] 纳普，《货币国定论》，P38—39。

[2] 同上，P7。

货币，这不是自生的国家货币，我们可以视其为纯粹的法定货币形式，因为它的价值是由其法律地位维系。

当国家或另一个至高无上的权力机构，宣布某些客体是货币时，它要有双重举动。仅仅宣称“从现在起黄金就是货币”是不够的。只有在经济交易中的付款方式与国家的付款方式确认支持时，这个宣称才有经济效应：

> 现代国家可以选择任一物品作为货币，从而建立它的价值，不必与黄金或任何支撑实物挂钩。发表一个简单的声明，比如把什么作为货币，是不够的，即使有国家绝对主权的支持、宪法的凭据，这一点确实无误。但如果国家在支付税款和履行其他义务时，愿意接受推荐的货币，这一招就奏效了。每个对国家有义务的人，愿意接受这张纸片。他可以用这张纸来履行义务。其他所有的人也都愿意接受这些纸片，因为他们知道，纳税人等这些人反过来都会接受这些纸片。[1]

因此，国家货币不必依赖一个货币对象的实物属性。甚至在一

[1] 莱纳，《作为国家生物的货币》，P313。

个国家里，金币被宣布为法定货币，这些金币的价值并不必然取决于人们对黄金的兴趣。人们在意的是由于没有交付税款而被投入监狱。因此，货币国定论能够用来解释从金属货币到由金属支持的纸币的演化，甚至向非自由兑换的纸币的演化。既然货币的真正价值并不是取决于内在的价值，而是取决于国家宣告，那么用毫无价值的纸张来搞点什么伎俩，就没有什么可神秘的了。

当国家宣布某些客体是货币，在支付各种款项时可以被接受，如罚款、关税和租金，最重要的是税金，就会产生对这些客体作为一般支付手段的需求，这种需求不仅事关国家，而且关系到个人[1]。对比商品货币理论，我们看到，货币国定论是和主权相伴而生的。货币不是市场自发的产物。相反，货币和市场依赖于主权政府的出现。

在经济中，货币事实上是用黄金、白银和其他贵重金属制造的，这些硬币往往以高于这些金属的市场价格流通。这种现象被称为“信托”（fiduciarity）。[2]这一现象背后的机制不同于马克思的剩余价值理论的描述。按照马克思的理论，通过劳动的使用价值和交换价值之间的差异，形成资本主义剥削。在劳动力市场，劳动力以

[1] 格雷伯，《债务》，P49—50。

[2] 西福德，《货币和早期希腊思想》，P136—146。

某价格进行交换，这是基于劳动力的实际使用价值的价格。劳动的使用价值是创造新价值的生产能力。剩余价值是劳动的使用价值与交换价值的区别。剥削是剩余价值的挪用，资本家在消费市场上出卖劳动成果的时候，产生了剩余价值。

类似地，我们也能理解信托是货币定价差异的结果。我们不从使用价值和交换价值方面谈论这种差异，而是用两种不同的价格来更好地设想这种差异。正是因为对有价值的金属钱币的两个不同的定价系统的共存，信托才产生了。一方面，按照它们的材料特性，这些金属钱币可以作为商品定价。另一方面，按照它们的基准性能，即它们发挥货币的功能的能力，这些金属钱币可以作为货币定价。信托是第一种和第二种价格之间的差异。我们可以认为这种差异是一种货币的剩余价值。如果我们继续沿着马克思的思路走下去，我们应该问一个简单的问题：这种货币的剩余价值是从哪里来的？

钱可赚不可创

我们已经看到，当政府依法宣告某物是货币，是国家可以接受的支付手段，法定货币的价值就产生了。不过，这并不能正确解释这一货币背后的价值构成。为了了解价值构成，我们将借用齐泽克有关法律、欲望和享受之间的关系的观点。乍一看，法律似乎是禁止我们接近某些对象和行为的。我们可以把法律作为一种制度，惩罚野蛮的和失控的欲望以及禁止的事情，比如其他人的财产（“不许偷盗”）或越轨性行为（“不可奸淫”）。按照这种思路，一个没有法律的社会将是一个无政府主义、到处混战的社会，每个人都在损害别人，满足自己。

然而，齐泽克认为法律具有潜在功能，构建我们作为主体的存在，因为法律首先构筑我们的欲望。当法律告诉我们不要做这个或那个时，它带有一个潜在的幻想信息，承诺在法律禁止的东西之外有可以满足主体欲望的东西。如果法律不禁止我去追求我的欲望，法律中所固有的是可能会发生的幻想。

在齐泽克的法律概念的情况下，注意到齐泽克的幻想概念是如何与这个词的通常意义有所不同，这一点很重要。请看齐泽克是如何解释的：

> 幻象通常被设想为可以实现主体的欲望的场景。这一基本定义是相当恰当的。但这样说有一个前提条件，即我们要在字面意义上谈论它。幻象所展示的，并非这样一个场景，在那里，我们的欲望得到了实现，获得了充分的满

> 足。恰恰相反，幻象所实现的，所展示的，只是欲望本身。精神分析的基本要义在于，欲望并非是事先赋予的，而是后来建构起来的。正是幻象这一角色，会为主体的欲望提供坐标，为主体的欲望指定客体，锁定主体在幻象中占据的位置。正是通过幻象，主体才被建构成了欲望的主体，因为通过幻象，我们才学会了如何欲求。[1]

通过法律和幻象之间的互动，能够创造出一个既是欲望客体又是欲望本身的东西，国家货币的创造就是一个最好的例子。宣布某一特定物是货币，必然蕴含着不许私人印制货币的禁令。如果有人模仿政府制币，比如通过印钱，印制出与政府的货币相像的货币，他就会被认定为造假者，受到严惩。法定货币的制度就是禁止无限制地获得货币。

创造国家货币的同时也形成了对金钱的欲望。这是信托货币剩余价值形成的源泉。这一法定货币制度形成了对金钱的欲望，这种欲望远远大于单纯货币材料。就纸质货币而言，这一点尤为明显，因为它几乎没有物质价值。我们渴望货币，即使它没有实物价值。正如我们已经提到过的，法律意味着一种幻象的阴影，用于构建主

[1] 齐泽克，《斜目而视》，P6。

体对被禁止的客体的欲望。就国家货币制度而言，法律的双面性取决于“生钱”的双重含义。表面上法律说：“禁止造钱。”但在同一时间，它含蓄地说：“必须生钱。”

由于在交税和其他对国家的义务中，接受国家货币是法定货币制度的一个重要组成部分，假设国家货币是一种债权债务关系似乎就是合理的。事实的确是这样，只不过它采取了一个令人好奇的形式。乍一看，国家货币似乎代表着国家信用。比如，英镑的钞票上印有：我承诺按支付持有人所需的数额为多少多少的货币。紧接着是一定面额的特定纸币。然而，我们不能以我们通常理解信贷的方式，把货币理解为信贷。

首先，谁实际负责赎回隐含在法定货币中的信贷，这一点并不完全清楚。确实我们可以使用法定货币对国家支付债务，更多情况下，法定货币用以在市场上购买商品或服务。即使商人和制造商纳税时，这些货币最终会回到国家，但大量的货币仍然在市场流通，没有被赎回。从这个意义上说，似乎是市场而不是国家在赎回法定货币的价值。

其次，如果货币使用者同时作为债务人被质询，那么对法定货币的持有人，国家只能行使债务人的功能。这就是国家的双重运动所发生的情况。国家宣称某件东西（金、银、钞票等）是货币，同时宣称公民有义务将这笔钱的一部分偿还给国家。即使我们认为法定货币是国家开具的信贷，这种信贷也只是代表被免除债务的权利，这笔债务最初是由国家加在了货币持有人头上。当国家从公民那里购买商品和服务的时候，货币被投入流通领域，这似乎是一种普通的商品和货币的等值交换。但这种交换以另一个行为为先决条件，国家借此利用法律和权力把债务强加给公民。第三，即使我们忽略了上述因素，把法定货币作为赊欠国家的信贷，这也只是一种只能由法定货币本身赎回的信贷。只要法定货币受金本位制下的兑换率管控，货币的持有人就能选择通过转换成黄金赎回其信贷。但一旦放弃兑换，法定货币以其绝对形式出现，赊欠国家的信贷本质上不能兑现。下面斯蒂芬·金塞拉的实验阐明这一点的意义：

> 在英国，与货币有关的一些语言很有趣。在5英镑上印有这一声明，“英国银行：我承诺按需求支付货币持有人5英镑。”5英镑的什么？如果你在街上问任何人，这张钱是5英镑，他们显然不是在谈论重量的单位，那么这一声明可能意味着什么呢？我决定去伦敦市中心的英国银行要求他们兑现他们的承诺。他们会做什么？交给我另一张5英镑的钞票来换回我提供的那张？我被门口的保安拦住了。我解释说，我这张钱上写着，银行会按照我的需求给我5英镑，我在此要求他们履行他们的诺言。他解释说，

如果不穿一件三件套西装，并有“公务”，我是不可能通过前台的。柜台后面的人对我没有了耐心，他告诉我，如果我去拐角处的英国银行博物馆，也许会找到一些资料。所以我离开了，去了博物馆，那里确实真好。我向馆长解释发生了什么，我感兴趣的是，找出这句话到底是什么意思。很显然，这不是一个支付我5英镑的承诺，银行甚至不会让我进门！馆长消失在一个后面的房间里，她终于从只有上帝才知道的地方找到了一份旧复印件，试图用它解释“我承诺支付货币持有人”这句话的意义。我拿着这几页纸回家，试图弄个明白。显然，这家银行现在还是主张，语言只是意味着，也仅仅曾经意味着，有义务用正在流通的新英镑纸币替代不流通的旧币。是的，这就是“我承诺按需求支付货币持有人5英镑”的意义。[1].

这个实验用以揭示，国家是如何只能以国家货币的形式偿还其对货币持有者的“债务”的。换言之，债务只能由等价债务偿还。此处的作用逻辑很奇怪，有点像拉康对爱的定义：“爱就是把你没

[1] 金塞拉，《有趣的货币》，P12。

有的东西给了不想要的人。”[1] 当国家发行货币时，它发行的是一个承诺，最终给予某物作为交换这种货币的回报，该物并不为其所有。幸运的是，接收者并不想要这些据称被货币代表之物。大多数货币使用者（不包括金塞拉）都很乐意拿到这笔货币，而不需履行国家的承诺。国家以信贷形式发行货币，除了更多的货币用来支持该信贷外，别无他物。

> 顺便说一句，金塞拉运用的策略是齐泽克的“穿越幻想”概念的完美典范。据齐泽克说，幻想指定不成文的框架，告诉我们如何理解法律条文。有时候，至少，真正的颠覆不是为了潜在的幻想，漠视明确的法律条文，而是坚持法律条文，维持它的幻想。[2]

遵守英国银行规定的法律文字，金塞拉揭示出这一法律不可能实现，“我承诺按需求支付货币持有人 5 英镑。”纳普已经意识到这种法定货币固有的悖论：

[1] 齐泽克，《暴力》，P48。

[2] 齐泽克，《幻想的瘟疫》，P29。

> 表面上，他们会承认它们是债务，但如果这些债务不是为了进行支付，它们事实上就不是债务。就纸币而言，国家没有提供其他的付款方式，因此，它并不承认隶属国家的债务，即使这一点明文规定。[3]

令人好奇的是，即使法定货币不是一般意义上的债务，但它仍然可以作为交易的手段。其原因在于，正如我们已经看到的，在国家宣布货币也作为市场交易的一般介质的情况下，国家货币制度不仅仅是公民个人与国家的关系。国家货币制度还意味着某一特定价值标准单位制度，一个特殊符号，作为该社区其他所有价值的通用符号。这个名义上的单位就是货币，在某些情况下，它被命名为一个特定的符号如$，£，¥或€。这些符号代表什么？

我们已经谈到拉康精神分析中的主体符号和美元符号之间的相似性。在拉康的精神分析中，$代表意指失败。在象征中真正代表主体的唯一途径，就是借由符号象征作用自身的崩溃。齐泽克用一封情书的例子来说明这个悖论：

> 主体试图在能指链中自我阐明（“表达”），这种阐

[3] 纳普，《货币国定论》，P50。

> 明无法实现，借由此主体就出现了：主体不能用象征表象——这就是为什么拉康把$作为主体的能指符号，表示“禁止”。在一封情书里，正是作者无法以清晰有效的方式明确表达他的宣言——他的优柔寡断，情书的断断续续，等等——本身也能证明（也许是必要证明以及唯一可靠的证明），证明其声称的爱是真实的：这里无法准确传递信息，就是其真实性的符号。[1]

“我无法向你言明我是多么爱你”，这是告诉我的伴侣我多么爱她的唯一方式。类似的悖论适用于$制度，或其他具有货币价值的名义单位。为了解释齐泽克的话，“货币不能用符号象征表象。”$（美元符号或任何其他货币）是无法用符号象征价值的能指。$不代表任何特定价值的化身。即使在金本位制下运作的一个货币体系中，$也不代表黄金价值。显然信托现象清晰阐明了这一点。金属硬币的符号象征创造了剩余价值，只有诉诸符号象征本身才可以解释这一点。

我们回到主体的象征意义上来，齐泽克又说：

[1] 齐泽克，《生于末世》，P232。

> 过度象征掩盖了一个根本性的缺失。能指的主体正是这个缺失，也就是找到一个可能是“它自己的”能指的不可能性：它的表象失败是肯定条件。主体试图用一个能指表象来阐明自己；无法进行表象；形成了一个缺失而不是一种丰富性，而这个由失败开启的空洞就是能指的主体。反常的是，能指的主体是其自身表象失败的反馈作用；这就是为什么表象失败是充分表象主体的唯一途径。[1]

就纸质国家货币而言，很明显，这种货币的价值只不过是象征性的。但更深一步而言，国家货币象征的价值，就是通过符号象征化本身所创造出的剩余价值。将一个货币体系引入世界，引入的并非一个记录了业已存在有价资产的象征系统。再次转述齐泽克的话：“能指 $ 的价值，是其自身表象失败的反馈作用。”

这种价值的产生蕴含着幻象投射的成分。我们不能正确地解释货币象征符号形成的剩余价值。象征意义失败开启了幻象空间，幻象认为货币是一种特殊价值的化身，超越了“普通”商品中可见的“普通”价值领域。货币的价值是崇高的。事实上，货币在实用商

[1] 齐泽克，《意识形态的崇高客体》，P175。

品交换过程中充当一般等价物，尽管事实是货币本身完全没有使用价值，只是增加了金钱神秘的吸引力。

国家宣称法定货币用以支付税款、罚款等，我们可以将此理解为广义金钱欲望的原初动力。首先，没有人会为了金钱而渴求金钱。国家用税收的形式表述其金钱欲望，将偿债的义务强加于公民的身上，这样做就足矣。然而，这种货币整合一旦开始实施，很快就成为一个自我驱动体系。即使货币的个人用户可能不相信货币代表某种价值，他们仍然要一直面对这样的市场，在那里货币一直被看作好像真能代表价值。货币的个人用户不一定要信任货币，只要他认为，其他人相信货币，他们在商品交易或债务结算中会接受货币，这样就行了。货币的个人用户不一定必须信任货币，尽管如此，只要他表现得似乎他信任货币，这样就行了。换句话说，货币并不在乎人们是否信任它。也许是货币相信人，而不是正好相反。

尽管货币国定论显然与商品货币论相矛盾，在这里重提商品理论，似乎将其作为法定货币的一个必要幻想成分。从逻辑上和人类学视角来看，货币体制可以解释为由国家或其他政府机构创造而来，该体系似乎具有创造环境的内在功能，在这一环境中，人们使用货币，仿佛货币本身的确是有价资产。如果我们想知道的不仅仅是法定货币如何工作，还要知道为什么工作，那么用货币国定论替代商品货币理论可能过于简单。在凯恩斯的著作中，我们发现下面的隐喻性评论：

> 货币是价值尺度，但视货币本身有价值就有这一观点的痕迹，即货币的价值由造币材料价值调节，这与混淆了演出和剧院门票有雷同之处。[1]

也许这个比喻很不准确。法定货币的作用不是剧院的门票，国家没有提供任何拿了这张戏票可看的表演。我们还拿剧院做比喻，恰当的比喻是，视货币自身有价值（很明显，这里凯恩斯嘲笑的对象是商品理论），就像混淆了戏剧表演与现实生活中的事件。然而，这种混淆是剧院本身的内在组成部分。没有这种混淆，剧院就不会是剧院。即使观众很清楚舞台上发生的事件只是一个表演，但是他们仍然在情感上投入舞台上发生的事件之中，仿佛这确实是真实的事件。这同样适用于货币的运作。即使我们可能很清楚，货币本身并不具有价值，但我们仍然认为它有价值。帕尔盖和赛卡西亚所言极是："商品货币的概念是一种错觉，这混淆了货币的物质支持和货币本身。"[2] 然而，他们忘了补充，这种错觉本身是对货币的一种

[1] 凯恩斯，《评论》，P418。

[2] 帕尔盖和赛卡西亚，《货币的信用理论》，P106。

必要的意识形态的支持。

当英厄姆阐述熊彼特对"实际货币金属论"和"理论货币金属论"的原始区分时，他捕捉到了商品货币理论的意识形态功能：[1]

> 作为一种货币理论，"实际货币金属论"一直是国家试图使该国货币被接受的手段之一。通过赋予构成货币的信贷社会关系以国家身份，商品货币论发挥了具有说服力的意识形态作用。理论金属货币论认为货币的起源和价值，存在于用来制造或代表货币的贵金属的内在交换价值中。[2]

意识形态并不是扭曲"事情本来面目"，再次重申这一点对齐泽克来说至关重要。相反，意识形态是以"事情本来面目"出现的一个必要的前提条件。这意味着金属货币论作为意识形态的一个组成部分，用以使国家宣布的货币发挥货币的作用。只要人们相信，国家发行的货币是"实际价值"的替代品，这些货币就能真正进行

[1] 熊彼特，《经济分析史》，P274—276。

[2] 英厄姆，《资本主义信用货币的出现》，P188。

流通，仿佛事实上它就是“实际价值”的替代品，从而形成事实上就是“实际价值”的替代品的效用。货币的最终使用价值不是放在国家金库或中央银行地下室中的黄金，而是同样使用货币的人们自愿用该货币交换的实际物品。

驳斥理论金属货币论未必是决定性的规范论证，用来反对金本位或其他商品标准在实际货币系统中的贯彻实施，这一点需要我们注意。主张金本位回归的当代货币改革的支持者，通常被主流经济学家称为“黄金坚果”，在这些经济学家成长的体系中，黄金早在四十年前就被废除了。黄金是理论金属货币论的表现方式，如果读一读赞成这种说法的论点，那么根据本章中的论点，“坚果”这个称呼似乎是合理的。然而这并不排除这一可能性，重新恢复金本位在实用货币金属论中的重要性。在这一前提下实际货币金属论可能具有先进性。

黄金并非货币价值的唯一真正的化身，相反，在本国范围内，国家不受经济活动调节超额发行货币的能力，为货币可兑换为黄金的制度褫夺。一方面，对国家来说，实际货币金属论和货币作为黄金的幻想，可能是构建造币能力的一种方法，从而加强国家掌控货币用户的能力。另一方面，即使金本位也许“只是”一种意识形态的幻想，一旦货币体系已经形成，发挥效力，这个幻想就可以被货币使用者调用，使得货币的创造者负起责任，并将权力的天平从货币的制造者手中转移到用户手中。

在我们回顾关于货币思维的第三种方式——信用理论之前，我们要停下来，总结一下商品货币论和货币国定论在本体论三方面存在的差异，这三个方面是实在、象征和想象。在商品货币论中，当一种特殊的商品，如黄金，被提升到货币的地位时，货币出现了。提升这种特殊商品的地位，源于内在实际属性。例如，黄金在其他商品中脱颖而出，因为它在现实中的美学性和材料属性。一种商品作为货币的象征意义，仅仅是对该商品真实性质的记录。商品货币同时是一种实际商品，是价值的象征，但在最后一个例子中，货币的价值依赖于商品的实际价值。货币商品论建立在现实主义本体论基础上，因为一个客体的“货币性”是客体实际属性的反应。

与此相反，货币国定论是货币的社会建构主义理论。特定客体被确定为货币，并非由客体的实际属性决定。客体可能具有内在价值（如黄金），它也可能没有价值（如纸）。货币的起源在于象征。无论法律的社会规范如何看待将货币算作货币。货币是一种社会建构。齐泽克对货币的两种解释分析已经证明，象征与真实之间的联系最终如何不可能实现。商品货币论和货币国定论必然依赖于某些幻想，为了发挥作用，这些幻想超越了直接认识论。

尽管存在本体论的差异，商品货币论和货币国定论有一点达成共识。货币在本质上是一种事物。二者的区别在于，货币性和事物的价值是否由真实或象征确定。这正是信用货币理论与商品货币理论和货币国定论相背离的地方。

第四章

信用货币与银行业理论体系

银行创造货币的过程太简单，简直无须长考。[1]

当代资本主义货币概念中的一个关键组成部分，就是对银行创造货币方式的理解。我们已经明白，传统经济学如何依靠想象来解释货币的起源和运作。让我们再想象一个情景，旨在解释银行如何生钱：

约翰是一位金融企业家，他制造了一台印刷机，能够印制出面值100美元的假钞，这些假币与美国联邦储备银行发行的真钞难以区分。约翰印制了10万张纸币，名义价值为1000万美元。他不只消费了这些钱，还把钱借给同城里的人们。借出这笔钱有一个条件，一年内偿还，

[1] 加尔布雷思，《货币简史》，P18。

利息10%。这个计划完美实施，一年后，约翰共计收到1100万美元还款。这部分钱中有些是他自己伪造的货币，有些则是美联储发行的真钞。

约翰借给他的同城市民的钱被充分利用。许多借款人用它来设立小企业或改善现有的企业。即使是直接用于消费也帮助了社会，因为这种消费活跃了当地经济。约翰成为一个受人尊敬、广受欢迎的社区成员。

然而，想到欺骗了这座城镇里的好人们，约翰深感内疚。有一天，他发现自己伪钞上有一处错误。他在画像的一侧下面误印了“摩根”的名字，而不是“富兰克林”。钞票已经分发，但没有任何人注意到这种差错。这让他有了一个主意。为了使自己心安，他在当地报纸上登出了一则广告，透露了他的计划，即用联储的真钞兑换全部的假钞。虽然许多钞票已经在当地社区以外流通了，但约翰的话传出去后，所有的假钞最终都被回收，兑换为真钞。

结果，约翰被带到当地的法官面前，被指控伪造货币。看到他承认了自己的罪行，还赎回了那些假钞，法官只是给予警告就让他回家了。显然，约翰慷慨的贷款行为对当地经济产生的积极影响左右了法官做出这个决定。

> 约翰一回到家里，他的罪恶感随即消失。这使他可以舒适地坐下来，考虑一下用自己现有的100万美元联储真钞做些什么。

以上场景围绕着“生钱”的双重含义展开。就“生钱”而言，最初印制10万张伪钞是一个简单的例子。随后用这笔钱收取利息，是在挪用世界上现有资金库中的一部分来“生钱”的案例。该场景的重点是，即使伪钞被回收销毁，另一部分真钞仍然在约翰手上。他设法通过印钱生钱。为了理解这个游戏的逻辑，我们回过头再看看该场景，看看第三种货币理论：信用理论。一旦提出这个理论，我们要回过来谈谈约翰的故事。

货币反映的是债务关系

> 信用，也只有信用才是货币。[1]

真实形成商品货币，象征形成法定货币，信用理论的起点

[1] 英尼斯，《货币是什么？》，P393。

是假设货币首先是纯粹的想象。货币不一定是一种“物”，以货币为中介的交换不需要货币客体的物质存在。也许在艾尔弗雷德·米切尔·英尼斯的著作中，我们能找到纯粹意义上的该理论构想。英尼斯在1913年和1914年发表了两篇文章，提出了他的货币理论。

正如我们已经看到的，通过讲述在实物交易中交易者的故事，商品货币论试图解释货币的起源。交易者想到用单一的商品作为价值度量衡，而不是拿面包交换肉，拿鱼交换羊毛。英尼斯没有把这个故事当作神话。相反，他提出了货币来源的另一种解释：

> 许多世纪以来，具体是多少世纪我们已无从知晓，主要的商业媒介既不是硬币也不是私人的代币，而是账目。拿一段方榛木，上面以一定形式的刻痕来表示购买额或负债数额。债务人的名字和交易日期被写在榛木的相对两边。然后从中间竖切一分为二。按这样一种方式，两个账目上都显示名字和日期。在距离底座一英寸的地方，在割开的木片上横切一刀，这样其中一片比另一片要短一点。其中一片称为“库存”，发给卖方或债权人，而另一方称为“存根”或“反库存”，由买方或债务人保管。因此，这两半木片就是贷方和借方的完整记录，债务人的存根保

护了他，令他的账目不受欺诈性仿制或篡改。[1]

尽管英尼斯没有提供准确的历史资料作为依据来支持他的论点，但他对商品货币论中内在隐含的人类学批判研究，随后在更多新近调查证实中得以证实。[2] 在英尼斯的阐述中，支持或反对信用货币理论，并不取决于历史上出现的第一种货币形式是账目还是黄金。英尼斯认为，即使在古代社会中，如古希腊，那里以流通中的贵金属硬币作为支付手段，这些硬币的重量和纯度都很不均等，于是其固有的价值就不能作为一个稳定的价值度量衡。[3] 这意味着即使在流通金币、银币和铜币的经济体系中，这些硬币的作用是价值的标记符而不是商品。这些硬币的价值取决于其名义面值，而不是其内在使用价值，前者由其发行人确定，如最高统治者或政府。

要对英尼斯的描述与商品货币论进行比较，首先要注意的是，刻在木头上的账目没有任何使用价值，甚至没有打算要有使用价值。该账目只是记录了买卖双方的债权债务。对信用货币的运转来说，不必要求记账工具的物理存在。如果没有物理的记账工具，债

---

[1] 英尼斯，《货币是什么？》，P395。

[2] 汉弗莱，《易货和经济解体》，P48；哈德森，《货币考古学》；格雷伯，《债务》。

[3] 英尼斯，《货币是什么？》，P379—388。

务关系也可以通过记账系统完成。

当账目的效力不再受限于原买卖双方之间的关系时，账目开始发挥货币的功能。债权人不一定要求最初的债务人偿还债务。他可以让渡，通过第三方交换商品，处理债务。而第三方可以再次让渡。只要账目作为商品交换的支付手段被普遍接受，它就得到了一般交换媒介的地位。英尼斯如下总结货币信用理论：

> 简单地说，信用理论就是：购销一种商品。从这个主要理论可以引出次要理论，后者认为，信用或货币价值不取决于任何金属或合金的价值，而是取决于债权人要求“支付”的权利，即债权获偿，债务人“清偿”债务；或者反过来，债务人有权偿债，免除自己的债务，债权人有义务接受偿债，履行自己的债权。[1]

最终，信用货币的价值来源于债务人偿还债务的能力。从事经济活动的人们，既是买家和卖家，又是债权人和债务人。在英尼斯的描述中，当原始债务人作为债权人达成其他债务关系时，债务就可以结清了。债务的产生是买卖双方信用交换商品的结果。甚至卖

[1] 英尼斯，《货币的信用理论》，P152。

方即现在的债权人，有时也是商品的买方。例如，一家制造公司必须购买劳动力、原材料或机械，以生产出销售的产品。相反，该产品的买方有时也是卖方。例如，这买方可能是一个消费者，但同时也是一个出卖自己劳动力的劳动者。原来的债权人产生的新债务抵消了原债务，债务问题就解决了。对这种债权债务复杂的流通过程，英尼斯提供了词源解释：

> 动词“支付”的词根含义是“安抚”“平息”“满足”。债务人必须履行对债权人的还款义务，信用的真正重要特性不是“还款”的权利，而是被授信人用各种方式还款的权利，这是全社会公认的权利。通过购买，我们成为债务人，通过出售，我们成为债权人。我们既是买家又是卖家，我们都是债务人和债权人。通过向自己的债权人确认他发生的数额相等的债务，债务人可以勾销对自己债权人的债务。例如，A 从 B 购买价值为 100 美元的商品，A 是 B 的 100 美元的债务人。A 可以通过卖给 C 同样价值的物品，并从 C 获得 B 对 C 的债务确认书。A 拿着确认书给 B，就可以迫使 B 免除他的债务。这是他的基本权利。[1]

[1] 英尼斯，《货币是什么？》，P392—393。

在商品货币论中，假定每个人随时接受黄金以换取各种商品时，黄金就拥有一种独占地位。根据英尼斯的货币信用理论，正是信用占据了这个位置。信用是所有人寻求的最有价值的财产，这是所有商业的最终目的。[1]

货币就是欠条

货币的信用理论是一个很妙的理论。它的起始想法违反常理，没有在货币系统本身之外的任何有价值的东西在支持货币。读者一旦习惯了这种想法，就好像再也不可能用其他任何方法对货币进行重新思考。理论的简单性使得它很有说服力。从商品货币论到货币信用论的转移与错视的经历相当，比如一个老太太和一个漂亮的年轻女人同时出现。第一眼，你看到了老太太，但当你的眼睛看到了年轻女子，就很难再回头看老太太了。

正如我们所看到的那样，商品货币论依赖于一系列关于黄金价值的假设，这些假设听起来很奇怪，远不能令人信服。为什么每个人都会接受一个美丽的金属物件来交换各种有用的商品呢？即使这

[1] 英尼斯，《货币是什么？》，P393。

些金属对于大多数人而言毫无用处。在信用理论中，货币的价值似乎并不取决于任何物质商品的价值。该理论不必做出这样的假设。然而，正如哲学辩论所揭示的，信用理论并非没有提出自己的假设。下面我们将观察一下为数众多的这些假设。

尽管差异明显，商品货币理论和货币信用理论都认为货币自发产生。根据英尼斯的说法，商人开始采用信用交易时，易货状态就被超越。这讲的就是木制账目的事。但是，我们可能会问，在世界历史上木刻账目第一次记录的信用是怎样的？是不是："B 欠 A 两只羊？" 如果是这样的话，交换只不过是一种简单的借贷形式，因为只有通过偿还 A 两只羊才能偿还债务。为了使账目成为债务符号，超越 A 与 B 的关系进行流通，必须指定其为一种抽象货币。我们就应该这样说："B 欠 A 10 克朗。"然而，这也意味着，从债务人和债权人之间的直接关系中，我们不能解释货币的起源。在这种关系中创造货币的前提是存在一个抽象的记账标准。

这里提出的哲学问题，堪比维特根斯坦在他所谓的私人语言论证中提出的问题。[1] 维特根斯坦认为，独立的个人不能发明一种私人语言，因为正确使用单词和短语的准则，是以抽象的规则集合为先决条件，抽象的规则只能由共同的语言使用者认可和维持。同样

[1] 维特根斯坦，《哲学研究》，P243。

地，A 和 B 需要一个抽象的记账标准，允许他们以价格（10 克朗）表达商品（两只羊）的价值。在直接商品关系中，这个价值标准不能被特别地虚构。信用理论并不能解释抽象的货币账户的来源。[1] 我们可以看到，这个问题不仅事关货币演变的历史解释，它对我们理解货币的总体运作也有重要的影响。

信用理论中缺少的当然是对政府在货币生成过程中所起作用的解释。正如我们在讨论法定货币理论中看到的那样，当国家或政府的权力机构宣布某物成为货币时，它还提供了一个抽象的记账单位。它提供了用以衡量特定商品价值的货币。这使得市场代理商 A 和 B 指定 B 欠 A 的债的面值时，使用货币的形式而不是商品的形式。当信用理论认为货币是市场代理之间的信用时，只有存在一个抽象的账户标准的情况下，才是真实的。这个抽象标准为代理人提供了用货币方式来说明债务所需的语言。

到目前为止，我主要从信用理论与商品理论的差异角度来介绍信用理论。信用理论和货币国定论之间的差异是很微妙的，但也十分重要。在信用理论中，不仅债权和债务存在对称性，债权人和债务人也存在对称性。

在货币国定制度下，参与生成货币的两个代理人之间的关系

[1] 英厄姆，《资本主义信贷货币的出现》，P181。

是不对等的。一方是国家，另一方是货币的个体使用者。诸如硬币或纸币，代表了一种国家信用，这种信用只能采用一种更原始的债务形式赎回，这种债务是国家强制的。这种原始的债务不涉及最初的任何商品兑换货币的交易。因为最初公民收到了特定数量的商品，所以他们没有纳税义务。公民有义务纳税，原因在于法律规定如此。关键的一点是，正是因为公民的原始债务并不是指前一种商品的交换，国家可以立即用一种抽象的标准账户的形式来表示这种债务。

在信用理论中，信用的货币表示要以商品的价格表示为前提。这种情况产生悖论，与我们在商品理论中发现的悖论相同。在市场上的代理人能够开始以价格表达商品的价值之前，商品定价的系统必须业已存在。然而，在货币国定制度下，最初货币并不意味着潜在商品的价值。由于法定货币仅仅意味着自身是一种客体，符号象征化运作并不奏效。当国家发行货币时，事实上只是告诉公民，“你什么也不欠我，因此你没有什么可以回报我以清偿你的债务。同时，我会提供这些客体给你，你必须使用这些客体，以支付定期分期付款来清偿你的债务。”

换言之，法定货币客体的个人持有者拥有的信用是象征性的。它代表了一个特定的数额，随即转化为市场上一定数量的各种商品。与这一点相反，公民对国家的原始债务是实体性的。我们可能还记得齐泽克所描述的双向运动，借此真实出现：

> 在第一种运动中，真实是不可能存在的核心，我们无法直接面对这一核心，只有通过大量的象征性虚构和虚拟形式反映。在第二种运动中，这一核心是完全虚拟的，实际上是根本不存在的，它是一个未知数X，只能从大量的象征性形式中进行逆动重构，而这些象征性形式就是“事实一切”。[1]

法定货币的创造可以被描述为完成了双向运动，虽然这两种运动是逆动。在第一种运动中，公民作为国家的债务人受到质询，国家代表了社会。这种债务的性质是一个“未知数X，只能从大量的象征性形式中进行逆动重构”。解答公民欠国家的债务问题的唯一途径，就是在他们的有生之年，国家对其强制征税、罚款，以及强加给他其他的要求。即使一个人终其一生都在尽职尽责地缴税，还是会意识到，这样做并没有使他摆脱所欠社会的原始债务。在第二种运动中，金钱本身就体现了一种真正的价值，我们要直面这一点，只有通过大量的象征性虚构反映，那就是，货币在市场上用来

[1] 齐泽克，《视差之见》，P26。

交换不同种类的众多商品。信用理论仅仅解释了第二种运动，商品是如何交换才能形成信贷。但它没有认识到，该运作是以第一种运动为先决条件的，借由第一种运动，抽象的价值标准源自于一个不对等的原始债务制度。杰弗里·英厄姆对英尼斯进行批判，这就相当于提出一个类似的说法："正如英尼斯所断言，货币来源于债务。而原始的债务是社会的债务，在这种债务关系中，我们必须由此形成的抽象价值设定货币。[1] 在信用理论中，货币源于我对你的借据，这等同于你对我的借据。在货币国定论中，货币源于它对你的借据，形成这一点的基础是一个你欠它的原始借据。这个从"我"到"它"的运动，这一点也为齐美尔的构想记录：货币只是建立在社会基础上的需求，这是理论的核心真理。所以说，货币以一张汇票的角色出现，这张汇票没有注明付款人姓什名谁。[2]

银行并非集市

国家在货币生成过程中的作用，并不是唯一在信用理论中被淡

[1] 英厄姆，《资本主义信贷货币的出现》，P184。

[2] 齐美尔，《货币的哲学》，P176。

化处理的内容。在下面的章节中我们会看到，隐含在信用理论中的银行概念处理过于简单，以致在信用货币的形成过程中，我们都无法捕捉到银行的功能。如果把货币视为黄金，我们自然会认为银行是人们存贮持有黄金的地方。作为回报，储户收到票据证明他存放在银行的黄金的数量。随后这些票据可用于交换商品。黄金储蓄的所有权也随票据兑换易手。换言之，根据商品货币论，银行的功能是为了免除人们随身携带黄金的不便。

货币信用理论意味着对银行的另一种思考方式。与历史上对记账系统的描述相联系，英尼斯说明了如何将集市建立成定期场所，商人在此相聚解决他们彼此间的债权债务问题。人们发现，在历史不同时期，在中世纪的欧洲以及世界其他地方，这些集市行使票据交换场所功能。正像记账构成了信用理论中的货币的原始形态，集市构成了银行的原始形态。银行实际是债权债务清算的票据交换所。

> 在实践中，债务人不必既欠同一人之债，同时又成为其债权人。我们都是买家和卖家，所以我们同时又都是彼此的债务人和债权人，通过奇妙的高效银行机器，我们向银行出售信用，银行从而成为商业票据清算中心。整个社区的债权债务被集中起来，相互清算。因此，在实践中，

任何良好的信用都可以用来结清债务。[1]

我们已经看到私人借据是如何作为货币发挥作用的，当它们与原初信用分离开来，作为流动性的交换手段开始流通时。从这个角度来看，银行只是促进信用货币流通的机构，由于银行提供切实可行的安排，使债务的结算更方便。然而我认为，在信用货币方面，银行的作用不仅仅是提供方便的问题。

英尼斯提出反驳商品理论的论点是，在基于贵金属硬币的古代货币系统中，这些硬币的重量和纯度不均匀，以至于系统的稳定性不可能是建立在其金属含量的内在价值上。英尼斯认为，甚至是金、银或铜制成的硬币，实际上也是信用的基本表征。[2] 然而，这可能会提出一个类似的论点，与他自己的货币信用理论相悖。想象一下这个场景：商人 B 从农夫 A 那里买了两只羊，形成了 10 克朗的债务。现在 B 走近乞丐 C，一个没有财富的可怜的人。B 提供给 C 一顿简单的饭食，作为 10 克朗赊账的交换。尽管这远远高于一顿饭的市场价格，C 还是接受了这一主张，因为他非常饿，反正也没有什么钱。现在 B 又回到了 A 处，用给 C 的信用，偿还购买羊

[1] 英尼斯，《货币的信用理论》，P152。

[2] 英尼斯，《货币是什么？》，P380—381。

的原始债务。

显然，这种情况不会在实际中产生，因为A不会接受用C的债务清偿B的债务，因为C是一个乞丐，他偿债的可能性十分渺茫。C并不具备这样的地位，有可能与其他任何代理机构形成信用关系。这一脚本显示出的一般性问题是，债务的价值取决于债务人的信用等级。

的确，英尼斯深知这个情况。他指出：

> 信用的价值不取决于支持它的任何金、银，或其他财产的存在，仅仅取决于债务人的“偿付能力”，仅仅取决于债务到期时，他是否持有他人所欠的足额信用，来抵消他的债务。[1]

然而，英尼斯无法接受这一见解引起的后果。如果潜在的信贷关系随原债务人的偿债能力而发生波动，怎么可能找到一个稳定的信用货币体系呢？如果债务的定价需要深入了解原债务人的财务状况，如何在原债务人和债权人之间的直接关系之外流通债务呢？如果两个债务的实际价值的差异，取决于当事人的信用等级，怎么可

[1] 英尼斯，《货币是什么？》，P394。

能有人通过转让第三方持有的类似名义金额的信用，向债权人清偿他的债务呢？

在货币商品论中，从物物交换向货币交易的演化过程中，黄金与所有其他商品的“分离”是至关重要的时刻。英尼斯未能认识到，为了产生信用货币，也需要一个同样至关重要的时刻，上述提及的货币信贷论的问题就源于这一事实。银行与所有其他债务人的分离就是这样的时刻。银行作为一种高级票据清算中心，功能仅仅是调和债务人和债权人之间的关系，英尼斯所说的这种银行幻象，没有认识到银行本身就是债务人这一重要的功能。换句话说，银行不是一个集市。尽管货币的信用理论和商品货币论有明显的差异，银行在货币信用体系中的作用，在很多方面堪与黄金在货币商品体系中的作用相媲美。正如我们看到的，银行和货币之间的关系，比黄金和货币之间的关系更为神秘。

英尼斯自己提供了一个场景，让我们审视银行在货币创造中的作用：

> 在今天的美国，在任何指定地区都有许多不同美元面值的货币在使用。假设我把票面价值相同的多张即期汇票，带到我所在的银行，比如说新奥尔良的银行吧，一张汇票由分行开具，一张汇票由城市的另一家著名的银行开

具，一张汇票由郊区一个不起眼的商人开具，一张汇票由纽约的一家著名的银行开具，一张汇票由芝加哥有信用的商人开具。对于分行和城市银行开具的汇票，我所在的银行可能完全按照票面价值贷款给我，但其他的汇票兑换的价格与票面价值并不一致。对于纽约银行开具的汇票，我得到的贷款可能会超过票面规定的金额，对于芝加哥商人开具的汇票，我得到的贷款应该会低于票面规定的金额，而对于那个不起眼的商人开具的汇票，如果没有我的背书，我所在的银行可能不贷款给我，即使那样做了，我得到的贷款应该会低于票面金额。所有这些文件代表了不同美元面值的债务，而银行只会收购他认为值得收购的债务。我们买入美元的那家银行，用自己的美元面值对所有其他这些美元面值估价。每个承受某种债务问题的人，都发行属于自己的美元，可能等同于其他任何人所有的货币的美元面值，也可能互不相同。[1]

首先，这一场景说明负债价值取决于原债务人的信用等级。纽约某银行的负债价值高于某“不起眼的商人”的负债。其次，更为

[1] 英尼斯，《货币的信用理论》，P154。

重要的是，这一情景隐含地说明了如何用某种特定形式的信用衡量不同价值的债务。英尼斯构成场景的方式就是，用他所在的新奥尔良银行的信贷，衡量不同的即期汇票价值。这就意味着，这个特定债务人与所有其他债务人区别开来，这样就能成为衡量负债价值的标尺。新奥尔良银行成为“黄金标准”，以此衡量其他所有债务的价值。

场景的构成要素有些令人好奇，因为新奥尔良银行显然不是具有最高信用等级的代理人。“著名的纽约银行”开具的汇票，以高于票面价值的面值兑换新奥尔良银行的贷款，这表明纽约银行的信用比新奥尔良银行的信用更好。场景的构成要素似乎暗示着，这些债务人中的任何一个，都可以作为标准分离出来，用来衡量其他负债价值。这是一种误导。

相反，我认为货币信用体系的运作以及演化的前提是，存在有发行债券能力的核心代理人，债券的交换价值相当于票面价值。这个代理人就是一家银行。我们可以把一家银行作为一个债务人，它的信用一般被接受为商品交易和债务清算活动的名义价值。债权人赋予银行非凡的信任。在货币信用理论的一个较新设想中，帕尔盖和赛卡西亚将银行定义为杰出的债务人。

> 在经济活动中，其债务为所有其他代理人接受，作为

> 清算自己负债的支付手段。人们认为银行有资信，银行债务持有人中，甚至没有人会要求用某种方式偿还，或者用其他代理人的债务偿还。[1]

换句话说，这个银行发行的货币和其他银行发行的货币一样信用良好。

然后，我们看到这里所说的银行与商品货币论中的黄金相似。马克思把黄金叫作“商品之王”，同样我们也可以将银行称为“债务人之王”。使黄金具有货币属性的特殊品质是，这种特殊的商品在任何情况下都可以被所有人接受，用于交换任何一种商品。黄金的价值和流动性不依赖于人们直接形成的饥饿、口渴、寒冷感觉，或接受人的其他特质欲望。黄金的价值得以从特定交换背景中抽象出来。类似的性质也适用于银行信用，因为人们一般都是以表面价值接受这种信用形式。银行信用的价值和流动性得以从特定交换背景中抽象出来。在理想情况下，在经济交易中使用银行信用，并不需要对银行的财务状况进行严密细致的审查，也不取决于深入认识银行的道德规范。当然，在某些情况下银行可能偏离这些理想，但他们可以偏离多少是有限制的。如果一家银行与理想银行偏差太

---

[1] 帕尔盖和赛卡西亚，《货币的信用理论》，P3。

多，它就不能发挥银行的作用了。一家得不到实际和潜在的债权人完全信任的银行，就不再发挥银行的作用了。

在以上内容中我们已经看到，在商品货币论中黄金的货币作用如何引发了一个特殊的悖论。一方面，黄金被赋予了一种特殊的交换价值，使它能够充当衡量其他所有商品价值的一般等价物。另一方面，黄金本身的实际使用价值也让人难以捉摸。回顾马克思的著作，我甚至认为，黄金与其他商品区分开来的基础是黄金是无用之物，而不是有用之物。而且，类似的悖论也适用于银行的功能。

特定代理人的信用等级不仅取决于其借贷的当前余额，而且取决于他在未来获得信贷的能力。工人的信用等级取决于他在未来出卖劳动力的能力。公司的信用等级取决于公司未来的生产力和盈利能力。商人的信用等级取决于他未来的购买能力，以较低的价格买进商品，以更高的价格卖出商品。就工人、公司或商人而言，信用等级取决于未来将商品变成货币的能力（包括以劳动力形式存在的商品）。由此形成一个悖论，信用等级最高的特定类型代理人，正是产生完全无用之物的代理人，即银行。同样地，黄金被排除在具有直接使用价值的商品领域之外，银行被排除在生产使用价值的代理人领域之外。银行不直接参与交换和生产普通商品。反过来，银行有特别的生钱能力，能够无中生有。普通经济代理人通过生产使用价值生钱，将使用价值转化为交换价值。银行只需创造交换价值：

> 因此，银行机构享有自由发行债务的能力，不受外部资源约束。这意味着当他们给非银行代理人提供信用时，银行可以无中生有地创建这些债务，而这些非银行代理人必须花费这些信用才能获得真正的资源。[1]

根据英尼斯的信用理论，创造货币不是银行独有的特权。所有的经济代理人在形成债权债务时都创造了货币。然而，非银行代理人之间的交易中创造的货币，只是一种衍生形式的货币。由于一个非银行代理人的债务，只能按照与破产风险相应的票面价值折价交换，所以非银行信用的“价值状况”并不完备。信用的价格和价值之间不一致程度颇高。相比之下，就银行信用随时可以以票面价值进行兑换而言，银行信用具有完全流动性。英尼斯提出，银行仅仅作为古代集市高级形式的幻象对人们极具误导性，因为这一点没有认识到银行在信用货币系统中的体制职能。银行信用是信用货币的高阶形式，其价格和价值保持一致。这就使得银行信用发挥了货币

[1] 帕尔盖和赛卡西亚，《货币的信用理论》，P103。

信用体系等价物的作用。

银行主要作为一个清算债权债务的集市的幻象，虽然可以在理论基础上予以反驳，但有关银行功能的内容还是有些道理。在我先前对法定货币的讨论中我们看到，中央银行可以直接拒绝银行货币的私人持有者偿付这些票据价值的请求。金塞拉的实验阐释了这一点。就信用货币而言，事情没有那么简单。银行客户希望把银行信用兑换为其他货币类型，以这种形式取出银行存款，商业银行无法主动拒绝这一请求。恰恰相反，客户认为这一交易特权随时开放，这一点对银行的经营来说至关重要。如果这种信任受到质疑，可能会对银行运营造成毁灭性的挤兑，造成银行关门停业。银行的运作依赖于顾客对银行抱有幻想，即银行里的货币实际上并不是信用货币，归根到底是由其他货币形式在背后支持。这正是银行作为集市的幻象所传达的幻想。

在集市上，每只股票都有一张存根。每一笔信用都对应着相当数量的债务。集市的作用只是将它们互相匹配。如果我们将这一原则转化为银行的幻象，那就意味着，银行只不过是一个资金过剩之人与资金不足之人相聚的场所。每当银行借出 100 美元给一个债务人，这笔钱最初由债权人存入银行。

根据这一幻象，银行并不生成资金。最多只能说，银行可能会暂时把商品货币或法定货币转换成信用货币。银行在本票上记载借方存入的黄金或现金时，就发生了前述情况，随后借方可以用本票直接交换商品，或者兑换为其他支付形式。然而，这些本票的价值仍然主要是由商品或法定货币形成的存款的价值予以支持。

这当然不是当代银行经营业务的方式，这是现代银行业的公开秘密。如果银行信用良好，足以发挥流动性良好的交易媒介作用，即使黄金或现金储备金库中闲置，为什么银行还要将资金浪费在这上面呢？当借款人可以使用银行信用用于偿付时，为什么银行还要把黄金和现金借给他们呢？如果借款方和储蓄者都不要求现金支付，为什么银行的放贷还要受限于存贷比呢？所有这些问题的答案是一样的，他们不会这么做的。银行之所以成功地发行信用货币，仿佛它最终由商品货币或法定货币支持，其中的原因是他们成功地维持了这一幻象，银行最终只不过是一个集市。

通过金塞拉的实验，我们看到，即使中央银行拒绝了那些固执的现金持有人要求赎回自己的法定货币的价值，中央银行仍然运作良好。就中央银行发行信用货币而言，私人商业银行无法享有对等的特权。获得银行信用的人有权以货币的形式变现，通常是现金。当然，这种变现会有时间限制。某些存款提取设置了时间提示条款。一般的原则是，银行信用可转换为法定货币，以及历史上的商品货币。银行不能拒绝这种转换。如果它拒绝，后果是毁灭性的，因为其他债权人会担心银行的偿付能力。如果所有的债权人同时存款提现，就会导致银行挤兑，除非银行背后有更大的银行集团或国家的支持。

和银行里的钱一样

本章伊始，我们接触了有关金融企业家约翰的假想情景。借助货币信用理论，我们现在能够揭示这一情景的逻辑关系。即使该场景纯粹是虚构的，也可以用它来说明生钱过程的内在矛盾。首先是道德矛盾。一方面，约翰似乎是一个金融骗子，是一个依附当地社区诚实、勤劳的公民的寄生虫，通过纯粹的犯罪活动赚取利润。另一方面，约翰的活动对当地社区的经济生活和繁荣有着非常积极的影响。我们可以推测，如果没有让他的道德疑虑阻止他的贷款行动的话，每个人都会生活得更好。终止他的生意只会让他的社区进入经济衰退。

其次是经济矛盾。最后，约翰有 100 万真正的美元。这些利润来自哪里？它来自公民支付的利息。然而，该利息收入大于由于资金注入带来的经济增长所获得的补偿。尽管当地居民最初遭遇了伪币欺诈，但所有人似乎都从欺诈中获益。特别是在伪币兑换成真币后，很难指明谁在欺诈中受损。你可以争辩，注入货币会导致通货膨胀，导致储蓄贬值，最后储户为约翰的获利买单。

第三是理论上的矛盾。我们认为约翰是造假者，这意味着他伪造了法定货币。换句话说，他模仿政府造币。然而还存在另一种思考方式。如果为约翰辩护，我们可以认为，新造的货币不是伪造的法定货币，只是约翰的信用承诺。当人们把约翰的钱贷给别人时，他们贷出的不是现金，而是一种承诺，承诺约翰最终会用真正的现金赎回承诺。可以说，约翰在印钞机上制作的货币不是“我欠你”形式的法定货币，而是债务凭证，相当于“我欠你”形式的信用货币，只不过这里的“我”是“约翰”。

当然，这一切完全是虚构的。现代银行不是靠伪造银行纸币来生钱。然而，如果想象一下后续情节，我们便清楚，它与现实中的银行何其相似：

> 约翰没想好如何处置自己的钱。除了创造可观的利润，在过去一年的时间里，他的放贷业务也让他乐在其中。直到有道德顾虑之前，小城人对他的尊重令他感到自豪。看到钱为社区带来了繁荣，他有一种经久不衰的满足感。他没有将 100 万美元花在汽车和女人身上，他决定使用这笔钱，把自己的生意变得完全合法。
>
> 金融企业家约翰宣布再次开业，以 10% 的利息放贷。

然而，这一次不会是假币，而是真钱。一开始生意惨淡。人们对这项业务都持怀疑态度。他们没有忘记自己以前是如何被欺骗的。但很快消息传播开来，约翰的钱绝对没假。在几天之内，他把所有的钱贷了出去。

人们继续向他借款，但他不得不拒绝他们，因为他已无钱可贷。幸运的是，一些最初的借款人投资成功，用赚取的利润偿还债务。为了满足日益增长的贷款需求，约翰想到了开借据而不是提供现金。他借据的面值为 1000 美元。他还发现了一个使用旧假币的方法。自从他先前的计划崩溃后，这些假币在他的办公室里堆积如山。通过印刷机加工，他把所有的假币都派上了用场，他给每张假币都加了一个大大的红色印记，上面写着“我保证向持票人付款 100 美元”，随后是他的名字和签名。

随着约翰名声的恢复，他的借据开始作为商品交换的手段。有了红色的印记，毫无疑问，这说明是真正的联邦储备银行票据。人们相信借据背后有真正的货币支持，他们使用约翰的借据如同现金。约翰的借据被普遍接受，城里越来越多的人向约翰借款就是证明。这意味着为了还本付息，需要越来越多的借据。

每当城里人需要钱与城外的人做交易，他们就来找约

> 翰，兑现借据。约翰很谨慎，手头总是持有相当于发行在外借据余额10%的现金储备。这足以满足现金兑换需求。
>
> 最终，通过还本付息，约翰收回100万美元的本金。同时，流通中的借据票面价值达1000万美元，每年赚取利息100万美元。只要没有借款人违约，这相当于初始投资百分之百的利润。

约翰的做法正是银行部分准备金业务原则，这是现代银行业务的核心。这一原则允许银行根据准备金规模发放贷款，而准备金只占贷款余额的一小部分。准备金来自储户的存款或者银行的资本。在上面的情景里，约翰一直以1∶10的比例留存准备金。在银行业务中，存款准备金率依据法律规定，现实中低至1%—2%。[1]

只要银行能让信用货币如同现金似的在用户之间进行流通，银行部分准备金业务就可以盈利。如果有人需要现金满足他们所有的经济交易，银行部分准备金业务的盈利能力就会受到严重的限制。以现金发放贷款，会自动导致银行准备金等额减少。实际上，每次贷款获得批准，出纳员本可以进入银行金库，拿出一沓现金。一旦金库空了，就没有更多的贷款可以发放了。这就是约翰做生意的方

[1] 瑞安－柯林斯等人，《货币从哪里来？》，P4。

式，他用自己存储的联邦储备银行货币，发放贷款。

这与银行今天的运作模式大相径庭。当顾客获得银行贷款，出纳员不会用现金支付，他也不必去银行金库。整个操作可以在出纳员的计算机屏幕上进行，包括两种记账操作。首先登记客户为银行的债务人，有责任按照贷款数额支付本金和利息。其次，登记银行欠客户等值金额。这笔金额贷记在客户的交易账户或支票账户的可用资金上，例如可用于电子银行转账，用借记卡购买商品或开具支票。当有人使用信用卡赊购商品时，在购买的当下，钱随即转移到商品卖方的存款账户。

在想象的场景中，约翰的信用货币以借据的形式流通。当代现实社会中情况并非如此，大部分我们进行的交易，包括银行信用货币交易，是用数字形式处理的。不过，基本原理和经济机制是相同的。唯一的区别在于，数字处理更有效，利润更高，因为它降低了货币交易中对现金的要求。如同我们进一步看到的，信用货币的数字本质进一步在意识形态上模糊了现金和信用货币之间的区别。

极其重要的是，我们要注意两件事。首先，如果将货币定义为商品交换随时可用的资金，银行信贷实质上是无中生有创造出资金。银行凭空放贷。当然，这笔钱对应银行同等的债务。当银行在客户的交易账户生成可用资金后，银行要做好准备兑换这笔钱，以备客户再向银行要求兑换成现金，或者向另一家银行转让信用。

其次，只要银行不以现金形式放贷，那么银行赚取的利润，就相当于贷款利率和存款利率之间的利息差。一些消费贷款利率高达30%，而存款利率接近于零，银行业有很高的利润空间。重要的是要记住，这个利润是在银行首先没有这笔钱的基础上。总之，银行资金无中生有，只要信用货币被保存在流通过程中，银行随后就靠利息空间赚取了利润。

在假想的有关约翰的例子里，我们看到，每次他的客户想与另一个城市的人进行交易，外城的人不接受他的借据作为直接交换的手段时。约翰就必须使用他的现金储备赎回借据。现金准备的枯竭，限制了他以既定 1∶10 的准备金率发放新贷款的能力，这种赎回制约了他的生意的盈利能力。在银行信贷业务中，当借款人将款项存入交易账户，以便从非该银行客户进行商品交易时，类似的事情也会发生。如果借款 10 万美元以上的人，直接将从银行借得的钱付给一家汽车经销商，比如开一张 10 万美元的支票来支付一辆新车费用，汽车经销商随后到银行，用这张支票兑换现金，贷款就会导致银行准备金等额减少。只要借款人能归还贷款，银行仍然可以从原始贷款的利息中赚钱。但获得新的现金准备消耗的成本（例如补充资本，或吸引新的存款），会抵消部分银行利润，现金储备的减少抑制了银行发行新贷款的能力，导致利润损失。一旦通过发放贷款创造的信用货币，以现金需求形式重新回到银行，银行就不能再对这笔无中生有的钱收取利息。银行只能对实际拥有的现金收取利息。虽然后者是一笔不错的交易，但它毕竟不如。

（对银行来说）幸运的是，比如在上述的例子中，购买一辆汽车，导致经销商立即将用信用货币兑换为现金，从而导致银行的储备减少，这并非是典型的情况。在当代银行业的演变中，我们可以确定这样一种有增无减的趋势，即信用货币的创造和流通与法定货币储备脱节。这种趋势拓展了银行靠无本买卖生成资金收取利息的能力。在第五章中，我们将回归到当代银行的运作话题，回顾这些趋势。此刻，让我们进一步深入探讨银行部分准备金业务的哲学性质。

银行部分准备金制度

银行部分准备金业务的哲学机理取决于货币两种形态的差异。一方面，存在构成存款准备金的货币类型。这是以政府发行现金形式存在的法定货币，或是以黄金或其他贵金属形式存在的商品货币，也可能是两者的结合。存款准备金可以由债务构成，为此，存在一个稳定的流动性市场，可以将如政府债券这样的债务即时兑换成现金。另一方面，存在银行开具的借据。这就是信用货币。银行部分准备金业务开展的前提是，存款准备金（法定货币、商品货币或流动性债务）和银行信用货币之间的区别，对货币用户来说没有什么意义。银行部分准备金业务的盈利能力，取决于银行保持其信用货币如同商品货币或法定货币那样行使功能的能力。

在两个涉及企业家约翰的情景中，他都是把他自制的货币当作真正的货币去赚钱。在第一个场景中，真正的联邦储备银行的货币和假币之间的区别，被简单的骗局掩饰过去。这个计划之所以成功了，是因为实际上人们认为假币是真币。第二个场景，实际上不存在骗局。人们清楚地知道，盖有大红色印章的借据并不是实际的联邦储备银行纸币。尽管如此，他们还是用这笔钱，好像它确实是实际的法定货币。约翰的借据和联邦储备银行货币的区别，对货币的使用者来说没有什么意义。这不是简单的骗局，在这里起作用的机制，是齐泽克的意识形态概念，这里套用以下概念定义恰如其分：

> 意识形态把不可能转化为一个特定的历史阻塞，从而维持了终极实现的梦想——最终完成与真实的相遇。另一方面，意识形态也作为一种方式，调控与这种邂逅的距离。它维持在幻想的层面，这正是在现实层面上它需要避免的……所以，意识形态既包含维持我们和真实相遇的可能性，又在竭力避免和真实真正遭遇。[1]

[1] 齐泽克和达利，《与齐泽克对话》，P70—71。

银行部分准备金业务的悖论在于，存款准备金只占银行发行在外借据的一部分，与此同时这些借据流通，就像它们的价值完全由银行的准备金担保。银行部分准备金业务的意识形态可以应对这一悖论，通过上述定义描述的双向运动的方式。同时用准备金赎回所有借据的不可能性，在该意识形态中被解释为一个实际问题。从个人存款人的角度看，商业银行信用货币与中央银行的货币几乎没有差别。只有当银行挤兑发生时，这一差别才变得明显，因为每个人都想把他们在商业银行的钱转换为中央银行的钱。银行业的（意识形态）逻辑是这样的："我们没有足够的存款准备金，来担保所有客户存款，因为不存在我们应该这样做的原因。人们执行他们的货币交易，并非都需要这种现金，因此，百分之百的现金储备会在我们的金库里闲置。然而，我们仍然有足够的存款准备金，服务那些来我们这里要求现金的客户。如果一个人想要这样做，他可以随时把自己的信用货币兑换成现金。"虚拟的信用货币可以随时兑换成真正的法定货币，意识形态支撑着这个幻想。同时，这种逻辑有助于避免将信用货币兑换成现金。通过说服存款人，他们可以随时把自己的信用货币兑换成现金，实际上银行就使得这种转换可有可无。银行部分准备金业务的意识形态，支持了自由兑换的幻想，同时在真实层面又避免了自由兑换。

存款准备金与商业银行信用货币之间的哲学关系，对应于我们在齐泽克思想中发现的真实和象征之间的关系。准备金是否由商品货币、法定货币甚至流动性债务构成，这一点并不重要。我们不应该被这个事实迷惑，即法定货币本身是一种象征性货币，重点是存款准备金开始发挥实际价值化身的作用，而信用货币的价值似乎只是衍生于准备金的价值。从个人存款人的角度来看，信用货币似乎只是真实货币准备金的一个符号代表。记录的储蓄金额似乎代表了真实货币准备金的所有权。然而，信用货币金额大大超过了真实准备金额，这正是银行部分准备金业务的本质。形成信用货币的过程同时在象征层面产生了多余，且与真实层面不对应。银行部分准备金业务构成在根本性缺乏之上。这种缺乏被虚构的自由兑换的幻象所掩盖。正如我们从齐泽克的思想中知道的，幻觉完全通过在真实层面产生的效力发生作用，它又抵消了这些效力。在部分准备金这种情况下，自由兑换让信用货币产生一种幻觉，好像它是的确拥有实在价值的真正货币，从而使实际兑换的需要显得多余。

从这个角度看，自动取款机是一种真正的意识形态装置。随时随地，自动取款机可令我们把自己存款账户中的信用货币，变成真正的可触摸的现金。这种转换的便利性产生的效果，说服我们这两种货币形式之间真的没有明显的区别，从而消除货币使用者的疑虑。

正如我们已经提到过的，银行挤兑的例子说明，当意识形态幻觉不再支撑银行的价值时，信用货币就崩溃了。当意识形态瓦解时，存款准备金与信用货币的本体论之间的差异就变得明显。也就是说，当存款准备金与信用货币的本体论差异的确发生作用时，银行挤兑就会发生。

我们也可以发现这种意识形态发生作用的方式，就是大多数人看待货币的方式。如果你在街上问一个人，“什么是钱？”一个典型的反应可能是，这个人把手伸进他的口袋，掏出现金纸币或硬币说，“这就是钱”。实物现金也许是今天货币的原型。因为大多数人使用现金交易在总货币交易中所占比例极小，所以这种说法是个悖论。除非你是一个毒贩，一个银行抢劫犯，或是一个做了很多兼职的工人，大部分你进行的货币交易，可能是通过信用货币汇入或汇出你的银行账户。正如已经提到的，很少有人以纸币的形式存放自己的积蓄，把它们藏在床垫下面，或放在其他安全的地方。在当代社会，绝大多数货币以银行信用货币的形式存在（我们在第五章将重新论及这一问题）。

不管怎样，我们倾向于将货币视为国家政府发行的实物现金。我们倾向于认为，自己银行账户里的储蓄，最终代表了我们支付的现金。我们日常购物时使用现金还是信用货币，只不过是关乎方便性的问题。信用卡非常方便，因为信用卡让人们不必携带大笔现金，去超市之前也不必先光顾银行。从存款人的角度来看，商业银行的信用货币相当于政府发放的现金。当我们从消费者的角度来看货币时，情况也是一样。对于个人消费者而言，“选择现金还是信用卡”这一标准问题，只不过是方便性的问题。即使是世界上绝大多数的货币，都是银行发行的信用货币，我们似乎还是认为，货币就是现金。银行信用货币系统是一种无现金的货币系统，但是只有在我们仍然相信货币本质上是现金的情况下，这个系统才能发挥作用。现金是信用货币意识形态的崇高客体。

将信用货币与法定货币现金之间的差别，简化为便利性问题，这不仅出现在对于货币的广义思考中，也是新古典经济学解释货币演变方式的一个内在特征。[1] 如同我们所见到的那样，主流经济学倾向于把货币看作一种方便的主要交换手段，使得人们进行尽可能有效的商品交换。这种解释始于无货币实物交换经济的想象。有关这种解释形式最典型的参考文献，就是杰文斯的经典货币理念，这是解决需求双重耦合问题的方法。[2] 根据这一概念，根本上来说，货币是一种协调买家和卖家的满意度的手段，到底何种媒介执行此功能最有效，也就成为一个社会中最盛行的形式。例如，这个理论可以用来解释，为什么在历史上的某一段时间，黄金、白银和青铜

[1] 托宾，《货币》。

[2] 杰文斯，《货币与交换机制》，P51。

制成的硬币上升到了货币的地位。[1] 如果我们用这种思路看待今天的问题，信用货币盛行的原因在于，这种货币是处理我们普通货币交易的最方便的货币类型。

同样地，对货币的常识理解，是基于个人存款人或个人消费者的视角，新古典经济学本质上是基于“方法论上的个人主义”。[2] 这种方法论上的个人主义是意识形态的一部分，用来掩盖信用货币和法定货币之间存在的本体论差异。但当我们把视角从个人存款人或个人消费者，转向集体经济共同体时，政府发行的现金和银行发行的信用货币之间的关键差异，就显露出来了。

银行部分准备金业务不是一个新生事物。英厄姆认为，信用货币的创造是资本主义自身的构成要素之一。他声称，这一原理的起源可以追溯到至少 500 年前，16 世纪的拉丁美洲，使用可转让汇票作为支付手段；还可以追溯到 17 世纪的荷兰和英国，随后发生的私人存款业务的演变。[3] 因此，银行部分准备金业务的存在，本身并不是当代货币范式的一个独特特征。尽管如此，伴随布雷顿森林体系的崩溃而产生的当代货币范式，意味着银行部分准备金业务生成条件发生了一个明显的转变，这种转变使得这一业务的实践操作

[1] 弗格森，《货币崛起》，P24—24

[2] 英厄姆，《货币的性质》，P23。

[3] 英厄姆，《巴比伦疯狂》；英厄姆，《货币的性质》，P107—133。

成倍激增。我们将在第五章和第六章深度探讨这个问题。

终极手段的信奉者

如果我们回到想象中的金融企业家约翰的例子中，我们可以看到，他用自制的借据（信用货币），刺激小镇经济活动的能力，受到多方面限制：在任何时候，约翰都必须保有足够的联邦储备银行真币，以备借据清偿。这意味着只有在现金储备支持的范围内，他才能发行借据，构成现金储备的是他最初的投资，以及后来的还本付息回笼资金。正如我们所讨论的，发行在外的借据和准备金之间的比例不一定是 1∶1。决定这一比率的是客户的实际需求，反过来说，客户的实际需求又是由经济活动决定的。在这段阐释中，约翰确定，1∶10 的比率就足以满足这些需求。

从哲学的角度来看，这种对约翰发行新借据能力的限制，发生在真实层面和想象层面的交集。以现金法定货币形式赎回信用货币，不仅服务于银行客户的实际需求。现金货币也可以作为“真实层面的一分子”，信用货币的价值基本上是和现金货币一样的，从而消除货币用户的疑虑。比如支付其他城镇人的款项时，人们真正实际需求的现金货币，与信用货币地位的意识形态确认相互交织。

我们可以通过接续的场景来说明这个问题：

星期五，一群不寻常的客户来约翰处清偿借据。在邻近的小城镇上，那个周末会有一个大型集市，每个人都想要现金，这样他们就可以在那里进行交易，度过愉快的时光。市场上甚至有一个赌场，有些人渴望赌一把。约翰满足他们的需求，他的现金储备在减少。他知道到了星期一，在市场出售股票和产品的所有农民将会回到他这里，用现金来偿还债务。还有，那些赌场上的幸运儿将用赢来的钱解决债务。这意味着，只要他能挺过这一天，他的企业将会生存下来。

在停止营业前的五分钟，约翰兑付了最后一张联邦储备银行纸币。在这一天中，约翰一直保持着令人愉悦的风度，不向客户显示任何担心的迹象。但既然他现在已经没有钱，他就开始出汗和颤抖。他一会儿盯着时钟，一会儿望着窗外，等待即将光顾的客户。在下班之前的一分钟，镇上的那个爱说长道短的人走进了约翰的办公室，坚持要把他的100美元的借据换成现金。自从清算假冒货币计划之后，他已经决定永远不会欺骗任何人。所以他告诉这个人事情真相：他没办法给这个人一分钱，因为所有的现金都被人兑换了。取而代之的办法是，约翰打消他的疑虑，如果他能等到星期一，会有大量的现金支付。这个人似乎接受了这种解释。当他离开办公室时，约翰的心情却不能平静了。

在这一情景下，可能发生两种情况。资金不足的问题可能仍然只是真实层面的一个实际问题。即使那个爱说长道短的人决定与城里其他的人分享他的经验，这些人可能选择将问题设想为一个临时事件，就好像有一天因为每个人都决定做蛋糕，杂货店突然没有鸡蛋了，他们会做出的选择一样。但是，这一偶发事件也可能在想象层面演变成一个问题。如果人们普遍对自由兑换约翰的借据失去了信心，如果兑换率的幻觉被打破，这种情况就会发生。这当然会引发银行挤兑。在星期一上午，迎接约翰的就不会是想要还债的几个农民和赌徒。相反，他会遇到一群愤怒的人，要求立即用现金兑付他们的借据。

让我们想象一下约翰的生意存活下来的情况。假设没有人想听那个老家伙的流言蜚语，或是因为他们知道他是一个爱说长道短的人，或是因为他们在这个市场上忙于做生意、喝酒、赌博，无暇处理无聊的银行事务。让我们想象，到了星期一，有足够的人会以现金偿还债务，这样约翰就恢复了正常的准备金率。这起偶发事件对约翰来说仍然是一个惨痛的经历。他决定采取措施，减少甚至消除银行挤兑的风险。作为企业家，他也认为，出于同样的原因，他也许能提高企业的盈利能力。约翰有两个想法。

银行挤兑的风险，是由于客户需要取钱花在邻近的小城镇，于是约翰首先接触了邻近小镇的银行家。实际上，那里的银行已经建立了一个与约翰的业务原则上相同的体系，因此，银行家正经历着与约翰同样的挑战。每当约翰所在的城镇有一个集市，邻近城镇的人们就会取出大量的存款，拿着现金在市场上消费。当这种情况发生时，银行有时面临流动性风险。两家银行就迅速达成互惠协议。邻近城市的银行同意以票据面值接受约翰开出的借据，以此支付债务或利息，或进行存款。反过来，约翰同意接受邻近城镇银行开出的借据。此外，两家银行相互授予对方信用额度，按照各自收到的借据，彼此相互抵消，并按年用现金结清余额。达成协议条款，两家银行的合作便公之于众。两个城镇的所有银行客户获悉，他们现在可以接收其他城市的银行的借据，用于支付商品或服务。他们充分相信，自己的银行会结清借据。该协议是友谊和信任的标志，每个人都会从两个城镇增加的贸易和旅游中获益。

协议带来的影响是，如果下一次在邻近的城镇有一个集市，那么约翰不会经历任何现金从他的储蓄金中流出的现象。人们也不再要求将借据兑换成现金，他们和附近的城镇，甚至赌场中的所有商户一样，乐于以票面价值接受约翰的借据。该协议似乎不仅降低了银行挤兑的风险，它甚至让约翰能发行更多的借据，将他的未清偿债务现金比率提高至1:20，因为他的借据现在有更广阔的流通领域。

看到贷款业务对城市繁荣的积极影响，市长对约翰的业务变得非常赞成。建立在良好意愿的基础上，约翰能够说服市长，在巩固该项业务这件事上他们有着共同的利益。约翰企业的崩溃不仅是约翰个人的灾难，也是整个小镇的灾难。因此，市长认为，市政局应该维持约翰企业的流动性。他们同意，在约翰再次现金储备告罄的时刻，市政局将立即提供一系列的信贷，约翰从中可提取现金，以满足客户清偿借据的需求。

按银行业术语，市政局的职能就是“最后贷款人”，这是美联储扮演的角色，也是许多其他国家的中央银行扮演的角色。用哲学术语来说，市政局是“他者之他者”。当城镇上的人们使用约翰的借据，仿佛借据事实上就是货币，这些借据就导致了这个结局。通过大他者的信念维护了借据的货币性。系统的可持续性的关键，并不是个人货币用户是否认为借据是货币。系统是通过一种广义的信念维护的，它不能降格到只是任何个人货币用户的信仰。货币的使用者需要相信，一些假想的他者主体相信借据的货币性。只要个人货币用户相信，所有其他者主体可以在商品交换中随时接受借据，作为对大宗商品或者债务的支付，他自己是否相信借据的货币性并不重要。换言之，货币的使用者只需相信大他者信任借据的货币性。

银行挤兑的机制是齐泽克的意识形态概念行使功能的完美例子。因为意识形态不是对现实的扭曲补充，而是现实的有机组成部分。意识形态的崩溃不会给我们留下“像它实际那样”的现实。当债权人丧失对银行的偿付能力的信心，到最近的一个分行挤兑，以现金形式取出存款，这并非因为他们发现该银行已经无偿债能力。事实上，某种形式的无偿债能力正是建立银行的准则。大致来说，有足够的现金储备用以支付发行在外信用的银行，根本就不是银行。只有当银行开始发行不以现金为支持的信用时，它才是真正的银行。从这个意义上说，在本体论上银行是无偿还能力的。这意味着，银行无偿还能力时不一定发生银行挤兑。而是倒过来的情况。银行挤兑产生了影响，而正是这些影响诱发了挤兑。用海德格尔的术语来说，银行挤兑就是把一个本体论的破产变为本体的破产。

通过齐泽克的“被假设为相信的主体”的概念，我们可以理解银行挤兑相关意识形态的破灭。齐泽克通过展示在社会主义前南斯拉夫实际发生的持续卫生纸短缺，说明这个概念：

> 我们假设的出发点是，市场上有充足的卫生纸。但是突然卫生纸缺货的谣言弥漫开来，出乎人们的意料，因为这个谣言，人们开始疯狂采购，结果当然只能是卫生纸的真正缺货。乍看上去，这似乎是一个简单的机制——预言自我实现的机制，但它发挥作用的有效方式稍微复杂一些。每个参与者都做了如下推理：“我既不天真也不愚蠢，我心里很清楚，商店里有充足的卫生纸；但可能有一些天真和愚蠢的家伙，他们会相信这个谣言，他们会严肃对待，据之行事，他们将开始疯狂购买卫生纸，这样最终就会真的造成卫生纸的缺货。所以，即使我很清楚卫生纸很充足，但快去多多买些不失为明智之举！”[1]

为了应用此例子来说明银行挤兑的情况，我们将其本末倒置。齐泽克演示了被假设为相信的主体的观念（卫生纸缺货），如何在

[1] 齐泽克，《意识形态的崇高客体》，P185。

卫生纸充足的情况下形成短缺的局面。银行挤兑的起点是短缺的局面。银行没有足够的现金来实现每个人的要求。然而，这种认识本身不足以引发一次银行挤兑。每个债权人可能知道这一点，但因为每一个债权人仍认为其他债权人相信银行的偿债能力，这个系统还是可以维持的。债权人可以以银行信用为手段进行交易和支付。在此我们看到，被假设为相信的主体的观念（银行偿付能力的问题），在（现金）短缺的情况下形成了（信用货币）充足的局面。触发了银行挤兑的不是债权人不再相信银行的偿付能力。事实上，他们可能从来没有相信过。推理如下："我既不天真也不愚蠢，我心里很清楚，银行里有充足的现金；但可能有一些天真和愚蠢的家伙，他们会相信这个谣言，他们会严肃对待，据之行事，他们将开始疯狂兑现存款，这样最终就会真的造成资金短缺。所以，即使我很清楚现金充足，但快去兑现我的存款不失为明智之举！"

银行挤兑是对大他者的信念解体的征兆。储户奔赴银行，因为他们怀疑大他者是否还信任一个特定银行的信用货币。中央银行作为商业银行的最后贷款人，他们展示他们无条件信任这些银行发行的信用货币的货币性。而商业银行只有发行信用货币的能力，央行还有创造新的法定货币的能力，并把货币借给他们支持的银行（市政局支持约翰的贷款商业，这一假想场景过于简单，因为市政局没有制造新的法定货币的能力。因此，市政局的支持限制在现有的现金储备配置的范围内）。在这个意义上，中央银行作为一个他者的他者出现了。“货币制度”不再仅仅依赖于货币的使用者的信任，相信大他者信任信用货币。信用货币是由不同的商业银行发行的。只要对大他者对法定货币货币性的信任得以维系，这便足以维系整个系统。法定货币的大他者开始行使功能，成为支持信贷系统的大他者。换言之，中央银行开始行使功能，成为信用货币制度的最后一道防线的拥护者。

肮脏的货币

> 货币于我们的生活之中是如此常见，它的存在以及为人接受已经让我们习以为常。用户可以感觉到，货币的生成必须是这样，要么作为经济活动的结果自动生成，要么作为某些政府行为的结果。但这一现象是如何发生的往往仍是一个谜。[1]

摘自一篇文本的这段有关现代货币的基本功能的引语，指出了

[1] 芝加哥联邦储备银行，《现代货币理论》，P3。

有关货币的表象悖论。几乎所有的社会成员都会立即接受和使用货币，而与此同时，几乎没有人能解释它是如何被引入这个世界的。第一次阅读这个悖论可能意味着，尽管绝大多数的用户对货币都缺乏理解，但货币仍在发挥作用。在直接描述层面上，这一理解很可能是真理，只要货币确实在发挥作用，也许有一个更深层次的逻辑上的必然真理隐藏在这一悖论后。

商品货币论、货币国定论和信用货币论这些理论概念得以发展，人们很可能就会尝试撰写一部现代货币的简史。在中世纪欧洲，货币的主要形式是商品货币，因为大多数流通手段都是贵金属硬币。由于其内在价值，这些硬币用来交换商品的价值和普遍接受程度得以留存下来。随着中央银行的演变，以及国家货币以银行纸币形式的发行，商品货币逐渐被法定货币所取代。在这一发展过程中一个关键的事件是，随着 1844 年银行章程的颁布，英格兰银行（英国央行）获准在英国发行银行货币的专有权力时，政府权力与私人银行相融合。最初，这家银行的货币是受金本位制支持的，因此可转换为贵金属。然而，英格兰银行以及随后的中央银行却逐渐放松了最低准备金要求，在危机时刻甚至暂停这一要求。1971 年布雷顿森林体系的崩溃，就使该历史暂告一段落，当时国家货币与黄金之间的联系，还发挥着所谓“黄金窗口”的权威功能，尼克松关闭了“黄金窗口”。一方面，这一事件意味着纯粹形式的法定货币出现，解除了与潜在商品价值的所有关联；另一方面，布雷顿森林体系的崩溃似乎已经开启了全球金融市场的爆炸性增长。由于这种增长是由私人信用货币发行量增长所推动的，当代我们的经济似乎受制于信贷规则，而不是法定货币规则。

这样的理由对历史事件的解释太粗糙，过于简单，除此之外，在哲学上也是站不住脚的。在这一章中我们已经看到了，在货币的三种理论中，每一种理论对货币构成现象的解释都不够全面准确。相反，每一种理论似乎只是捕捉到了货币现象的几个基本的维度。与此同时，这些理论似乎必然是相互交织的。没有货币国定论引入的象征性标准，商品货币就不能存在。没有把商品当作货币的幻象，法定货币就不可能存在。商品货币和法定货币似乎都接纳信用系统，想象的信用货币的存在，使得真实货币和象征货币在该系统中兼而有之。反过来，信用货币就不能以一种单一的形式存在，因为它必须依赖于幻象，即信用货币的价值最终由商品货币或法定货币所支撑的，诸如此类。这意味着我们不能把货币的历史理解为，一种形式的货币承接了另一种形式的货币，货币的三种形式总是共存于历史上某种具体的配置体系之中。货币不能以任何理论上的单一形式而存在。从哲学角度上说，货币总是肮脏的。

如果大多数人不知道货币是如何产生的，不知道什么是货币的基本功能，那不是因为他们是愚蠢的。相反，货币的基本构成似乎是不可知的。货币的构成不能适用于任何一种衍生理论。在这个意义上讲，货币的本体论可与量子物理学中量子粒子的本体论相媲美。量子物理学的一个基本谜团蕴含在尼尔斯·玻尔提出的互补原理之中，该原理认为一个粒子可以有不同的性质，根据普通经典力学，这些性质似乎是相互排斥的。[1]

最著名的例子是波粒二元性，这意味着光可以同时显示波的性质和粒子的性质。量子物理学是对经典力学范式的根本性突破，包括爱因斯坦的相对论，因为它不再将自然视为存在者，可以在本质上为人类智力充分理解。如果我们不能理解量子粒子的行为，那不是因为我们还没有发现可以理解它们的理论。那是因为它们超越了人类的理解。这几点不适用于任何连贯的理论解释。关于量子力学，可以引用玻尔曾经说过的内容："如果你认为你对之完全理解，那就只说明你一窍不通。"[2] 关于货币，同样的话恰如其分。

当然，这并不是说，我们无法认识货币。如果情况是这样的话，这本书的全部追求就会付之东流。此外，本章对商品货币理论、货币国定论和信用货币理论的审视，目的不在于明确地驳斥其中的任何一种理论。这些理论中的每一种都捕捉到了货币本质属

[1] 诺瑞钱德，《判决》，P101—104。

[2] 霍根，《科学的终结》，P91。

性。利用齐泽克的哲学思想来审视这些理论，我们可以看到，每一种理论都将货币的基础置于不同的本体论之域。商品货币论认为，货币最初源自商品固有的实际价值。货币国定论认为，货币是在法律的象征层面中创建的。货币信用理论认为，货币最终是建立在想象层面中，是基于债务和未来偿还债务的观念。

我也用齐泽克的主体理论作为货币的概念化模型。齐泽克理论的一个关键点是，我们不能把主体降格为三种中的任一本体论之域。我们不能将主体性解释为，仅仅只是神经化学在大脑的真实层面中传输的结果。主观性也不只是在话语的象征层面存在的一种社会建构。当然，我们对于我们是谁的个体虚构幻象，也不应该被当作主体性构成的真实描述。主体性质能被理解为这三个维度之间不断的相互作用和置换。

成为主体的构成因素是不能完全地了解自己。如果这个主体完全知道它自己是谁，它将不再是一个主体。非知是构成主体性的构成因素。在货币的运作中，也存在一个类似的悖论。货币最迷人的特点之一就是，人们使用货币的方式错综复杂，但是对货币本质的了解却知之甚少，甚至是错误认知。即使是小孩子也能进行复杂的货币交易。在与经济学有关的内容中，我们已经涉及了这一问题。可以说，新古典经济学企图在该学科中具有支配地位，成为主流学科，而它在根本上却对货币是什么这一问题基本无知，甚至对该问题存在误解。

也许在货币的运作和非知这一对似是而非的悖论后，还存在着一个关于货币的真相，又或许真相就存在于这个事实中，那就是根本就没有悖论。缺乏关于货币基本构成的知识，这恰恰是货币运作的一个基本特征。货币发挥作用，并不是因为我们知道它是如何发挥作用的，知道它是如何产生的，而是因为我们不知道它是如何发挥作用的，它是如何产生的。我们可以用齐泽克的理论总结这一点：

> 交换过程的社会有效性是这样一种现实，它只有在这样的前提下才是可能的，即参与其中的个人并没有意识到它的正确逻辑。就是说，它是这样一种现实，它的本体的一致性暗示出参与者的某些非知。如果我们知道得太多……这个现实自身就会自行消解。[1]

在这方面，货币与许多生活中的其他基本现象很相似，如语言、爱情和思维等。我们不应该提出什么是货币的问题，以期我们会达成某物的形式理论。这不仅徒劳无益，而且形成误导。主流经

[1] 齐泽克，《意识形态的崇高客体》，P20—21。

济学思维和这本书构建的这种货币哲学之间的区别，不在于经济学家不知道什么是货币，而哲学家知道什么是货币。两种定位的区别在于，前者不知道自己不知道，后者知道自己不知道。本章中对三种货币理论的审视，不是要将其解读为对货币问题的总结性答案，我建议使用它作为一个分析框架，用来理解在特定的社会和历史背景下的货币问题和现象。因此，这本书的第三部分和最后一部分的目的是诊断当代金融资本主义的货币范式。

第三部分

后信用货币时代

第五章

无现金货币

1971 年 8 月 15 日，美国总统尼克松宣布关闭“黄金兑换窗口”，而那时以前，美国财政部授权美元以固定汇率兑换黄金。随后被冠以“尼克松冲击”之名的这一事件，有效地终结了国际布雷顿森林协议，而该协议自“二战”后对西方各主要货币（包括日元）之间的兑换率实施系统管理。“尼克松冲击”以及布雷顿森林体系解体带来的直接后果，就是浮动货币价值，货币间的关系值取决于外汇兑换市场。

从长远的历史视角来看，这一事件还预示着货币与黄金之间的最终分离。事实上，不支持黄金本位的条件下货币依然存在，这种情况不是第一次。例如，过去一个多世纪以来，英镑都是国际主导货币，金属的兑换经历了连续多次的暂停和恢复。人们总是将多次的暂停行为视为特殊安排，在紧急状态中，这一点得到验证，而战争就是一种典型状态。1971 年，美元以及与美元挂钩的其他各大主导货币支持金本位，这并非暂时性的意外事件，而是一项全新的永久指令制度。布雷顿森林体系的崩溃预设了货币发展史上的一种范式转换。

本书的第一部分和最后一部分用来理清这种范式转换的意义，调查研究当代货币体制的含义。在前述内容中，我已经提出货币的本体论问题，例如货币是什么情况？引导随后调查研究的是这一问题在历史发展中的变体，即今日的货币发展到什么情况？

无黄金支持货币的终结

在此之前，我们对货币以及不同货币理论进行了分析，谨记这些分析，我们就应该慎重地理解，从布雷顿森林体系向后布雷顿森林体系货币过渡的哲学意义。最直接的诠释自然暗示着，布雷顿森林体系解体意味着商品货币以及典型纯粹法定货币的终结。然而，这种诠释存在一定问题，即使美国的黄金兑换窗口仍然发挥效力，从哲学观点来看，货币也并非商品货币，因为其价值靠所谓的黄金内在价值维持。在第三章中，由于货币商品理论无法解释黄金内在价值，而据推测货币价值需靠黄金内在价值维持，所以我们看到，究其本质该理论多么令人质疑。而且，货币理论主张，最终支持货币的从来不是其固有金属价值，而是国家。运用信用理论，最终我们可以认为，即使联邦储备委员会授权美元与黄金汇兑，这也不能为流通中的全部美元提供支持。即使联邦储备委员会现在确实持有足够黄金储备，来支持流通中的每一美元（不过目前它没有），决定性的关键点依然并非是美元黄金实际汇兑，而是大众普遍深信美元的价值，其他所有人也信任美元的价值，因此接受它作为一种汇兑方式、一种偿还债务方式、一种储备价值。

当然，这并不意味着“尼克松冲击”以及布雷顿森林体系解体并不重要。这些事件在意识形态层面的重要性至关重要。我们可以借助一个笑话来理解，转换为后布雷顿森林体系货币在意识形态的含义。这段笑话节选自恩斯特·路毕斯奇于 1939 年执导的电影《异国鸳鸯》：

> 一个人走入餐馆，告诉侍者：“请来杯不加奶油的咖啡。”侍者回答：“很抱歉，先生，我们的奶油用完了。可以来杯不加牛奶的咖啡吗？”[1]

运用这个笑话中包含的逻辑，我们可以设想，《布雷顿森林协议》规约下的货币等同于不加奶油的咖啡。让我们回顾一下《布雷

[1]《祖班西的复述：泛泛之谈》，P173。

顿森林协议》的历史。

《布雷顿森林协议》是规约西方世界主要货币的体系，在第二次世界大战即将结束时确立。[1]《布雷顿森林协议》基于两大原则：第一，成员国货币与美元挂钩，允许交易价浮动区间维持在1%范围内。通过成员国中央银行在市场中进行战略性的货币买卖，与美元的挂钩政策得以维系。为防止出于投机目的进行货币兑换交易，于是对资本实施管制，这进一步支持了挂钩政策。第二，美元以固定的适用汇率与黄金挂钩。维持这种挂钩主要通过黄金兑换窗口，美国财政部做出许可，在一定条件下黄金与美元以固定汇率进行汇兑。同时，世界市场的黄金价格的制约，则通过布雷顿森林体系成员国的中央银行进行战略性货币买卖。建立两大国际机构，即国际货币基金组织和世界银行，监督和承担布雷顿森林体系内的关键职能。

整个19世纪以及20世纪初期，英国是世界经济的中坚力量。英格兰银行在全球货币体系的运转中起到了至关重要的作用。英格兰银行发行的英镑最初支持金本位，授权货币与黄金汇兑。和其他几家中央银行一样，19世纪英格兰银行多次中止了其票据兑换黄金，多数情况下是爆发战争和经济危机的时期。[2]

---

[1] 艾钦格林，《资本全球化》，P91—133。

[2] 史密森，《货币经济学前沿：论证与反思》，P85。

《布雷顿森林协议》标志着一项转折，即世界经济中心从英国转至美国。这一体系将美元置于世界经济中心位置。美元这种货币将整个体系与黄金联系起来，对黄金兑换窗口实施行政管理的正是美国财政部。即使美国在布雷顿森林体系中起主导地位，该体系依然表明，过去由单一民族独立国家维持系统的国际化。在布雷顿森林体系中，经济的稳定性被视为相关国家共同承担的责任。

虽然尼克松关闭黄金兑换窗口决策的实施，事实上令布雷顿森林体系其他成员国感到震惊，（事先并未征询他们的意见，因此“尼克松冲击”）难以被视为他们自己自发形成的主权决策。该决策更应该视为危机爆发的顶峰，过去这一危机一直长期在布雷顿森林体系内上演。在 20 世纪 60 年代的发展过程中，美国收支逆差日益增加，逐渐侵蚀了人们对美元以及美元与黄金汇兑的信心。美国不断增加越战支出进一步加剧了这种趋势。结果，黄金的开放市场价超越了美元汇兑价，因此增加了黄金本位运转风险。[1] 再加上 1958 年资本管制放松，控制外汇汇率波动在 1% 范围内变得更为困难。[2] 在 20 世纪 60 年代的发展过程中，所谓欧元市场的出现，以及国际投机资本流动的扩散，增大了对布雷顿森林体系的压力。[3] 欧元是

[1] 艾钦格林，《资本全球化》，P122。

[2] 同上，P112—114。

[3] 萨克斯森，《金银岛》，P66。

以元为特定名称的信用货币，由海外银行发放。首先，过去欧元市场交易地在伦敦，现在依然如此，市场允许该银行信用货币的发行及流通不受境内银行法规的管控。换而言之，该市场允许银行和投机商规避布雷顿森林体系的资金管控，因此对当今货币价格起决定作用的庞大外汇市场有利。

到了20世纪70年代，美国财政部经历了一次黄金外流的严峻威胁，几欲耗尽其准备金，起因是个体投资人以及其他国家对美元的持续价值失去信任。“尼克松冲击”便是应对危机的方案，借此它在事实上破坏了布雷顿森林体系。外汇汇率的持续管理延续时间不长，直至其波动区间也从1%扩大到2.25%。这仅仅延后了最终解体的时间，至1973年，该协议管辖的所有货币实行浮动汇率，相对兑换率由金融市场决定。这些货币的浮动迎合了新古典金融学的支配地位以及金融市场理论模式的发展，在其表述中，就货币的真实价值回归而言，这些市场是有效市场，因此也是可靠市场。

尤其是从布雷顿森林体系崩溃的视角出发进行考量，该体系阐明了黄金本位限定了货币价值的矛盾之处。根据商品理论，黄金是内生价值的物化，作为货币体系的外在标志。符号货币的价值最终建立在黄金的金属价值基础之上。就布雷顿森林体系而言，美国财政部调停货币与黄金之间的关系。黄金兑换窗口就是齐泽克所称的一个剪羊毛的工具，将真实融于货币体系的符号层面。

美元是一种可以直接兑换为黄金的特定货币形式，这一事实设定，美元在布雷顿森林体系中所发挥的作用不同寻常。不论何时对美元价值产生争议，财政部会将黄金作为真正解决问题的答案，来证明美元的价值。

马克思主张，黄金之所以成为货币，是因为“它作为所有其他商品的等价物，而与其他商品分离开来”。当美元作为所有其他商品的等价物，而与其他商品分离开来时，相似的机制在布雷顿森林体系中发挥作用。美元是衡量所有其他货币的标准，美元自身价值用黄金衡量。换而言之，这种配置将美元确立为货币体系的意符，因此使得美元“等同于黄金”。此处的矛盾之处在于，美元兑换黄金的价格与黄金自身的物质材料不会自动相符。黄金作为美元价格标签的身份并非与生俱来。就布雷顿森林体系中的黄金作用而言，美元的价格由美国财政部操控，在此体系存续期间，价格固定在每盎司 $35 美元。换而言之，美元的黄金标准由条令确立，即由国家宣布。美元价值并非真正建立在黄金内生价值的基础之上，而是建立在美国政府以及布雷顿森林体系中其他关键机构做出的承诺基础之上，用以保持每盎司 $35 美元固定价格的兑换率。

不但用美元表征的黄金价格不能靠推理得出，就连黄金本身的价格也成为货币体系自身的体现，这一事实使得该承诺变得更为复杂。而且，黄金并非是一个毫无歧义的外在标志，由于黄金价格首先是在货币体系的象征层面下不同机制作用的结果，这使得整个体系易受自我延续机制的影响。一旦对系统可持续性产生怀疑，由于系统中的行为人预期未来货币贬值，所以会将其美元储备兑换为黄金。这自然而然地导致开放市场中黄金价格的上涨，这进一步激励了美国财政部，授权以固定利率将美元兑换为黄金。最终结果，黄金从财政部储备中流出，最终为质疑该系统可持续性埋下伏笔。

我们已经了解到，在齐泽克的解释中，内生机制作为支持象征符号性机制的现实答案，发挥着维系目标的作用：

> 确实，任何物体都可以占据事物的真空区域，实现这一点的唯一方式就是，幻想该物体是一种已然存在，亦即它并非由我们设置，而是我们发现它作为一种“现实答案”存在。虽然任何物体都可以充当意志的客观原因，因为其施展的魔力不在于其直接属性，而是源自其在整体结构中所处位置，由于结构必要性，我们一定深受这种幻想所困，认为这种魔力属于物体本身。[1]

在布雷顿森林体系存续期间，支撑起这样一种幻象，认为该物

[1] 齐泽克，《斜目而视》，P32—33。

体（黄金）已然存在，亦即它并非由我们设置，而是我们发现它作为一种“现实答案”存在，这一点变得越来越困难。例如，在 1961 年，包括美国在内的八个成员国，将一部分黄金储备投入伦敦黄金储备市场，旨在对于开放的黄金市场进行战略调停，避免黄金的开放市场价格偏离美国财政部设置的固定兑换率。他们不仅通过黄金兑换窗口政策对黄金的固定价格进行调控，而且还对黄金的“自由市场”价格进行调控，这种尝试过于敏感。这种努力尝试仅仅持续到了 1968 年，但却清晰地阐释了，黄金价格不会影响黄金的固有属性，而是受到“黄金在整体结构中所处位置”的影响。黄金价格“已然存在”的观点不过是个幻想，掩盖了符号结构在价格决定中所起的作用。较之于黄金兑换窗口的说法，或许“黄金映射镜”这种说法更为恰当，因为黄金未能在货币体系之外提供与一种价值形式的稳定联系，反而仅仅成为体系自身状态的一个反射物。

通过这种方式，布雷顿森林体系崩溃以及“尼克松冲击”，并不意味着失去了货币体系的外在标志。路毕斯奇的笑话围绕“不加奶油的咖啡”与“不加牛奶的咖啡”之间的非同一性展开。构建二者之间差异是通过脱离其存在的事物，而并非是它们的正性特征，即都是纯咖啡。当尼克松宣布终止黄金兑换窗口时，他实际是在说：“很抱歉，先生们，但是我们不再使用黄金。”或者说：“很抱歉，先生们，但是我们不能再将这种幻想附加于货币之上，认为是黄金支持货币价值。”终止黄金兑换窗口并没有导致货币自身的崩溃。1971 年 8 月 16 日，美元依然是兑换的功能形式。这似乎暗示着，除了失去黄金支持的货币之外，美元还可以提供其他功能。笑话中的侍者无法提供不加奶油的咖啡，他建议如下，“不加牛奶的咖啡怎样？”如果在布雷顿森林体系下的货币成为失去黄金支持的货币，那么我们应该如何理解布雷顿森林体系崩溃后的货币呢？如果在布雷顿森林体系下黄金不再支持货币，那么支持今日的货币的又是什么呢？

简单的答案就是，布雷顿森林体系崩溃标志着无现金货币时代的开端。所以用货币来解释那个笑话，就变成：“抱歉，先生，我们没有黄金了，使用现金可以吗？”在本章余下部分以及下一章节中，我们将探讨这到底意味着什么。

美元享有的超级特权

20 世纪初，英镑兑换的中止意味着英镑在国际货币秩序中的地位削弱。当尼克松关闭黄金兑换窗口时，他实际上解放了联邦储备委员会，以便为商业银行的部分准备金制度提供无上限贷款。在金本位下，发行美元本身就受某些准备金制度所限。如果流通的美元数额过大，货币使用者可能会开始担忧货币的持续兑换，因此担忧货币的兑换率。这种担忧将导致黄金储备持续增加。在私营商业银行的背景下，法定货币发挥的作用相当于支持发行信用货币的准备金。在布雷顿森林体系的金本位背景下，以美元形式发行的法定货币自身由黄金储备予以支持。黄金储备为法定货币提供了以商品为基础的支持。

显然，未偿付的美元与黄金储备之间并不是一一对应的关系。正如私营商业银行可以发行的信用货币，远远超过了它们的法定货币储备，所以联邦储备委员会可以发行的法定货币，远远超过了美国的黄金储备。我们已经注意到，布雷顿森林体系不只是平等的成员国之间制定的一份相互间的国际协议。虑及美元的核心作用，该体系巩固了美元在战后经济体系中的核心地位。这意味着美元不再只是美国的货币，与此同时美元成了世界的货币。在国际贸易中，美元成为受人青睐的兑换方式，还被其他国家中央银行留存作为准备金。[1] 这种情形赋予美国特殊的地位，法国前财政部长将这种特殊地位称之为“超级特权”。[2] 这意味着，通过制造世界通用的货币，美国可以获益无限。换而言之，这种超级特权为美国联邦储备

[1] 艾钦格林，《资本全球化》，P111—115。

[2] 艾钦格林，《超级特权》。

委员会实行银行部分准备金制度提供了最适宜的条件。

套用齐泽克的理论，布雷顿森林体系中的货币构成了一系列主要对等成分：£，DM，¥，₤，₣，$，等等。所有这些成分都成为某一特定国家的赋值形式符号。然而，这些成分中的某一成分不仅仅是这一系列中的一个独立成分，与此同时它也是确定整个意义体系的主体符号，当然这个符号就是$。我们可以通过黑格尔提出的“具体普遍性”概念理解这一点。齐泽克对此解释如下：

> 分裂普遍性的具体性内容并非是众多具体性内容的中性架构，而是其本质上的分裂性：普遍性总是打着某种具体性内容的旗号，宣称直接体现该内容，排除仅仅体现为个别性的所有其他内容，这有悖黑格尔提出的普遍性特有概念。[1]

在布雷顿森林体系背景下，这种悖论终结，因为美元一方面是单一民族国家货币系列中的一种特定元素，另一方面又普遍构建了该货币系列。正如法兰西银行将法郎投入流通，联邦储备委员会将美元投入流通。与此同时，美元还是衡量其他所有货币价值的通用

[1] 齐泽克，《敏感的主体》，P101。

基准，是国际交易中的优先通货。无论何时，世界上的其他国家想要超越自己所属的单一民族国家的界域，美国就会制造他们所需使用的货币，这就是美国的超级特权。所有其他货币都具有国家属性，而美元同时兼具国家属性和国际属性。用黑格尔的理论解释，美元是通用货币的具体体现。

令人感兴趣的是，凯恩斯最初的构想集中在，将布雷顿森林体系设想为一种全新的货币——班科。[1] 这种货币相当于国际清算同盟发放的信贷。然而，美国谈判代表否决了有关班科的构想，他们坚持主张美元成为整个系统的核心货币。或许这是黑格尔的具体普遍性战胜康德的纯粹先验普遍性的一个实例。

我们可以将关闭黄金兑换窗口，以及随后发生的布雷顿森林体系的崩溃，理解为某种银行挤兑的后果。除了美国提供世界储备货币的超级特权外，个体投资人以及外国政府还开始质疑美国维护美元黄金兑换的可持续能力，这对美国的黄金储备构成压力。当尼克松最终屈从于压力，关闭黄金兑换窗口时，可能有人会认为这会成为美国货币霸权的终结。事实上，该事件引起美元相对于德国马克以及其他欧洲货币的贬值。但是，就削弱美国的超级特权而言，以对改变美元无与伦比的国际货币地位而言，“尼克松冲击”并未形

[1] 艾钦格林，《超级特权》，P45—47。

成显著的改革效果。

事实上我们主张，“尼克松冲击”最终强化了美元在世界经济体系中的作用。在金本位制还存在时，这一点加强了说服力，世界各地使用美元的人相信，美元最终由黄金支持，因此给予美元特殊地位。与此同时，这抑制了联邦储备委员会的造币能力，因为过量生成美元最终会导致新一轮黄金挤兑。关闭黄金兑换窗口使得联邦储备委员会保留了前者的效力，而免于后者形成的影响。金本位是最初构建美元在世界货币中霸权地位的核心要素。第二次世界大战末期，美国的黄金储备占据世界总量的60%。这是支持美元处于布雷顿森林体系核心地位的论据之一。但是在战后，一旦世界经济体系围绕具有霸权地位的美元进行组构，那么金本位可能会被清除，却不会改变该体系的指向。

尼克松关闭黄金兑换窗口，非但不是美国在货币环节中无行为能力的一个信号，反而展示了美国的超能。通过汉斯·克里斯蒂安·安徒生的童话故事《皇帝的新装》，可以解释这种逻辑转换，当小男孩喊出皇帝什么也没穿这一显而易见的事实时，故事达到高潮。小男孩的呼喊并未揭示新的所知内容，因为人群的所有人都已经意识到皇帝赤身裸体。然而这一声呼喊产生了影响，将行为主体中每一个个体的所知转变为所有人共享的所知。这个男孩的呼喊使得大他者意识到皇帝什么也没有穿。

较之于安徒生童话中的（意识形态）逻辑，今日美国的帝国地位又有所发展。关闭黄金兑换窗口揭示了这样一个事实，美元的价值并非由黄金支持，揭示出美元赤裸裸的本质就是纯粹的法定货币。这一点并未将美国置于令人尴尬之地，反而确认了美元的优势地位，因为这表明，没有金本位的幻象美元依然可以发挥影响。“我们被赋予优势地位，是因为我们拥有的黄金数量最多”，这一逻辑不再成立。在关闭黄金兑换窗口之后，适用逻辑转变为：“我们的优势地位如此显著，我们甚至不需要金本位的支持来维护我们的特殊地位。”布雷顿森林体系之后，美元的地位仅仅靠这一事实维持，美元已经确立了世界主导货币的地位。我们可以将这一点设想为，美元的政治基础向后政治基础的转变。[1]

今日美元的霸权地位堪比微软视窗的霸权地位。虽然有众多操作系统可供选择，这些系统性能更好，价格更低，更可信赖，但是微软视窗依然是世界上使用范围最广的操作系统。微软的主导地位并非由其软件的质量决定。相反，一个完全循环逻辑正在发挥影响。大多数人使用的 Windows 系统成为大多数人使用的 Windows 系统，这就是原因。换而言之，大他者使用 Windows 系统。

[1] 齐泽克，《捍卫失败的事业》，P268。

将联邦储备委员会从金本位的限制中解放出来，扩展了其造新币的能力范围。联邦储备委员会不再担忧，以固定汇率兑换为黄金的需求形式回拢货币。当然，这并不意味着，联邦储备委员造币可以不计上限。“尼克松冲击”使得联邦储备委员会可以忽略美元对黄金的价格，因为相对其他所有商品的价格。这种不受局限的货币创造最终形成了通货膨胀效应，借此货币的购买力也会恶化。然而，这种暂时的潜在通货膨胀效应受到众多条件的限制。

这些条件就包括这样一个事实，作为优先储备货币的美元被国外中央银行广泛使用。人们认为美元或者美元为主的国库债券是“最终价值贮藏手段”。[1] 包括中国、日本、英国及巴西在内的各大中央银行持有大量美元储备以及美国国债。美元还是国际贸易中的优先通货。[2] 这生成了公司对美元的稳定需求，以清偿对国际贸易伙伴的责任，美元因此成为外汇市场的主导货币。自从 20 世纪 70 年代以来，OPEC 各国已经以美元定价石油出口，任何违背这一路线的企图都会受到强烈抵制，这一点很重要。[3] 而且，美国依然拥有市场上规模最大最重要的金融市场，这成为美元使用和流通的另一重要出口。

[1] 格雷博尔，《债务》，P365。

[2] 艾钦格林，《超级特权》，P123。

[3] 格雷博尔，《债务》，P367。

但是，维护美元超级特权地位的最重要条件，或许就是没有选择的余地。艾钦格林主张，在欧元区，欧元还缺乏一定的政治整合性，打造一个事实上的可替代形式。中国的人民币并未被整合到全球金融体系之中，其在国际贸易及投机交易中的使用也很有限。最后，国际货币基金组织（IMF）所建立的特别提款权（SDR），目前对全球货币秩序的影响甚微，仅仅用来清偿政府之间的债务，或者对 IMF 的债务。[1] 只要美元保持了作为美国国家货币的特权，同时还保持了作为国际货币的特权，这就授予美国联邦储备委员会极大的权力。在这一点上，除了联邦储备委员会的名称外，实际上它并不是一个政府机构，这一点很重要。它是私营银行财团的组成部分，享有可以造新币的公共特权。[2] 这一安排将美元的“超级特权”形成的部分利益，授予附属于联邦储备委员会的私营银行公司。我们将会看到，布雷顿森林体系的崩溃，不仅导致了单一民族国家货币之间关系的重新配置，随后还改革了商业银行形成信用货币的条件。

[1] 艾钦格林，《超级特权》，P121—152。

[2] 格雷博尔，《债务》，P364—365。

背离货币乘数的银行业

布雷顿森林体系将国家和法定货币置于货币创造的核心地位，在该体系崩溃后的四十年时间里，我们已经目睹，货币体系的重心转移至私营银行创造信用货币上来。在第四章中，我们调查了银行造币的方式，我们还探讨了银行部分准备金制度的哲学特征。与约翰这位金融企业家有关的虚构场景，旨在阐释私营商业银行发放的信用货币与中央银行发行的现金之间的关系，以及存在的某些一般原则。从个体货币使用者的视角来看，现金法定货币与商业银行信用货币之间的差异似乎无关紧要，银行挤兑的产生是该银行的表现意象，这一点也令人质疑，显明这两点很重要。将银行部分准备金制度运用到现实银行业的实践之中，与此方式相关的众多问题在这一虚构的解释中尚悬而未决。这也是我们在随后部分要调查的问题。我主张，布雷顿森林体系的崩溃标志着，在宏观经济层面不同主权货币彼此间的关联方式发生转变。这一崩溃还发生在重大历史时刻，此时我们可以确定，商业银行业的实践及私营银行的造币方式也发生了转变。

图 3：1991—2013 年丹麦货币供应量

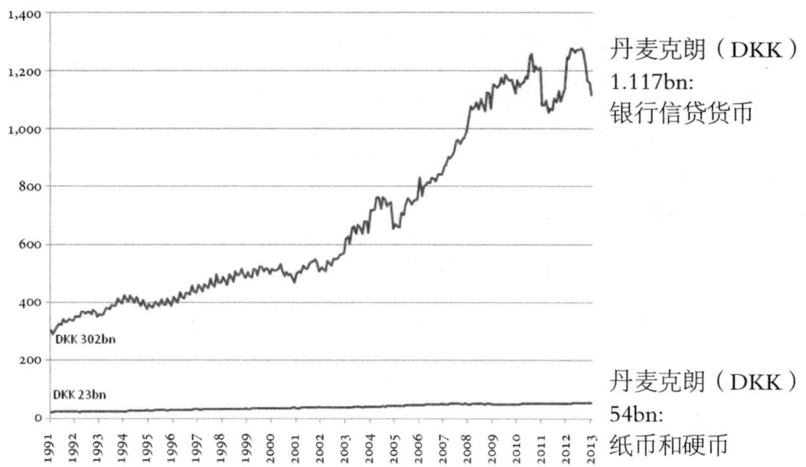

来源：丹麦国家银行。银行信用货币以货币供给量 M3 和以纸币、硬币形式存在的现金量之间的差异衡量。

图 4：1963—2013 年英国货币供应量

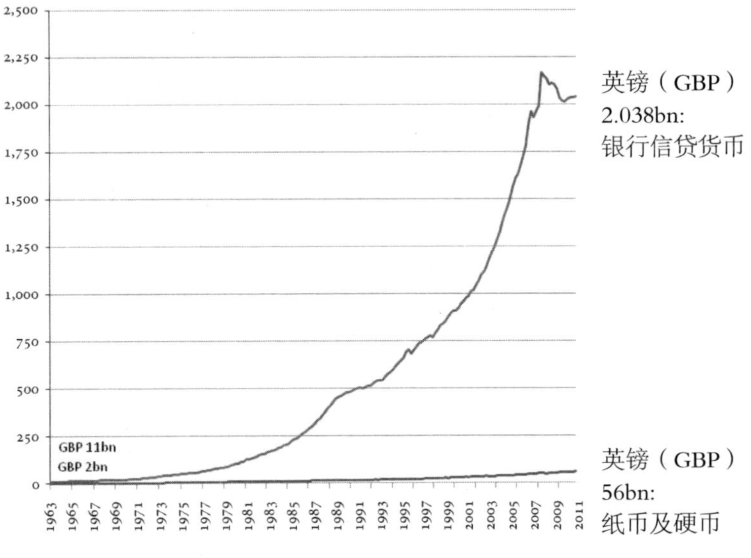

来源：英格兰银行。银行信用货币以货币供给量 M4 和以纸币、硬币形式存在的现金量之间的差异衡量。

图 5：1980—2013 年欧洲地区货币供应量

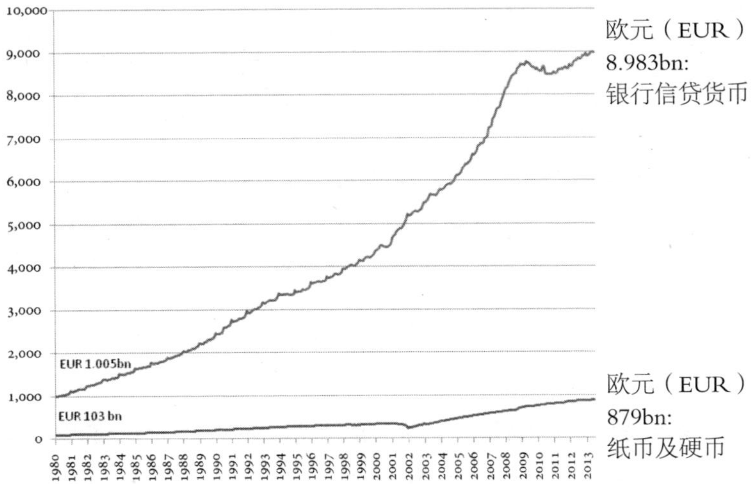

来源：英格兰银行。银行信用货币以货币供给量 M3 和以纸币、硬币形式存在的现金量之间的差异衡量。先于欧元实际实施的数据是欧洲央行（ECB）实验数据。

图 6：1959—2013 年美国货币供应量

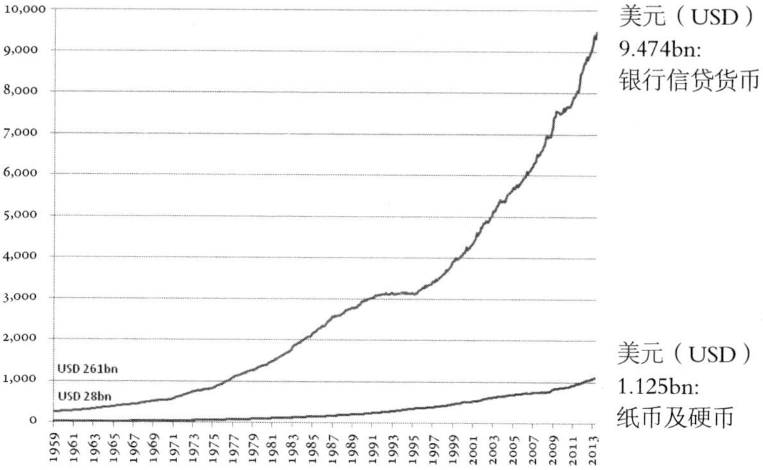

来源：圣路易斯联邦储备银行。银行信用货币以货币供给量 M2 和以纸币、硬币形式存在的现金量之间的差异衡量。

图 3—6 显示了丹麦、英国、欧元地区以及美国货币供应构成的历史变化。该图基于各国中央银行按照不同的货币供应归类以及计算方法采集的数据，这一点很重要。得到数据的时期不同，图形也有所不同。除了这些技术性差异，通过这四个不同的经济实体，我们可能还发觉了一个总体变化趋势。首先我们看到，由国家以纸币和硬币的形式发行的实体货币量，占据了货币总存量的极

小部分。经济体系中流通的货币，绝大多数以商业银行发行的信用货币的形式存在。在丹麦的经济体系中，两种不同形式的货币之间的比值分别为，国家发行的现金占 5%，而私营银行的电子信用货币占 95%。需要提醒一点，不同中央银行的计算方法之间存在技术性差异；其他地区的同比系数，香港分别为 3% 和 97%，欧元地区分别为 10% 和 90%，美国分别为 12% 和 88%。在四个图中存在的另一重要的相似点是，商业银行信用货币量呈现显著增长。这一趋势在英国和美国的图中最为明显，因为这两个图中的数据又向后追溯了数十年。我们可以看到，这一趋势在二十世纪六七十年代如何加速增长。在全部四张图中，我们可以看到信用货币供应量继续呈指数增长。例如，2000—2010 年期间，英国私营银行创造了价值 1.358bn 英镑的信用货币，导致资金供应总量几乎翻了三番。研究美国的情况，IMF 的库姆霍夫注意到，“当今美国的货币体系中，私营机构创造的存款起到了核心作用，而政府发行的货币在数量及概念意义上发挥了微不足道的作用。”[1] 我们可以用这段话来总结货币体系的转变，在众多西方经济体系中这一点引人关注。资金供应的转型不仅仅是数量转变，还标志着货币体制方面的性质转变，发生这种转变后，商品信用货币的生产和流通，与国家法定货币的生

[1] 拜纳什，库姆霍夫，《芝加哥规划修正案》，P10。

产和流通分离开来。

对银行标准教科书式的描述，以及中央银行货币和私营银行信用货币之间的关系，呈现同一家银行的两种不同意象。[1] 第一种意象是储蓄银行。这种银行只吸纳存款而不发放贷款。银行的作用仅仅是一个存放人们现金的安全之地，而并未创造出任何新的货币。第二种意象是银行部分准备金制度。运行中的储备银行在接收储蓄的同时发放贷款。为了发放贷款，银行必须动用部分储户交由其安全保管的现金。这意味着银行不再持有 100% 的准备金，相反，银行仅持有足够的准备金，用以服务储户满足其对现金的紧急需求。在前述引用的曼昆所著经典教科书的范例中，这些需求要求银行保留 20% 的准备金。这允许银行将储蓄的 80% 贷出去。如果储户存入 1000 欧元的现金，银行将其中的 200 欧元存入金库，而将 800 欧元贷出。

货币乘数的原则开始发挥作用。800 欧元的借方会动用这笔钱，支付某个产品或某项服务的费用，而这笔钱的接收者会将收入重新存入自己所在的银行。这使得第二家银行再次重复这一过程。800 欧元现金存入银行。这笔钱的 20%，或者 160 欧元留存作为准备金，余下的 640 欧元贷出。借方再次将用笔钱支付其他人提供的

[1] 曼丘，泰勒，《宏观经济学》，P563—567。

商品或服务，那个人收下这笔钱存入自己所在的银行。第三家银行再次重复这一过程。每次重复这一过程，都会有以借入信贷资金形式出现的更多数量的资本补充到资金供应总量之中。原则上，这一过程可以无限重复，但是由于其数额最终趋近于零，这不会导致资本的数额无限生成。数轮之后，这一过程不再具有任何实际效应。[1]在曼昆的示例中，原初存款为现金 1000 欧元，通过货币乘数的作用生成信用货币共计 5000 欧元。偿还贷款时，它们才退出流通。

信用货币与法定货币相关，事实上，货币乘数根据银行部分准备金制度，成倍生成信用货币，这两种形式的货币之间存在某种联系。通过变更法定准备金比率，中央银行可以对私营银行创造的信用货币供应实施调控。然而，进一步审查货币乘数对银行部分准备金制度原则的论述，揭示出人们过高评价了国家在信用货币生成中的作用，过低评价了私营银行在信用货币生成中的独立影响。瑞恩－柯林斯、格里纳姆、维尔纳以及杰克逊都对这些内容进行了评论。他们对于这些论断的总结如下：

沿袭教科书中有关银行业简单模式的经济学家和决策人假定：

[1] 瑞恩－柯林斯等，《钱从何处来？》，P21。

1）银行仅仅是中介机构，对于经济体系中的资金供应不能进行实际调控。

2）中央银行可以调控经济体系中的货币量。

3）资金供应的增长不可能不受掌控，因为法定准备金率以及基础货币能对其进行精确限制。

很不幸，教科书中有关银行业的模式不合时宜，而且不够精准，其结果是，这些假设不可能为真。

在曼昆所举的例子中，假设私营银行发放的贷款用现金清偿给顾客，在今天这是个例外情况，而非常态。如果一位银行顾客申请到一笔贷款，借款额通常会打入他的活期存款账户，而不是用现金支付。即使顾客开始消费这笔钱来支付商品或服务费用，他也不必预先将他的信用货币转换为现金。他可以使用信用卡、支票或银行转账来执行交易。这意味着，资金要实现从第一家银行转移到借方手中，从借方流入某产品的卖家，再从产品卖家流动到第二家银行，无须使用现金。相反，资金只是在同一家银行的不同账户之间转移，或者在不同银行的不同账户之间转移。当某人用信用卡支付产品费用，这三项交易也同时进行：发卡银行借记贷款；发卡行发放信贷；这笔贷金转入收款方所在银行的账户。执行这些交易不需要使用现金。

此外，货币乘数的解释假设，要生成信用货币，银行必须等待有人存入一笔现金。然而，前述内容暗示，贷款的同时存款也被创造出。正如我们所见，当银行的客户贷得一笔贷款，同等数额的款项以存款形式立即打入他的活期存款账户。正如信用货币不必转换为现金转出银行，储蓄也不必以现金的形式存入银行。存款和贷款仅仅是同一事物的两面。更准确地说，存款和贷款仅仅是同一复式记账操作。在这些文字中，拜纳什和库姆霍夫的建议，打破了当代宏观经济中盛行的有关当代银行业的常规理解：

> 我们提出的理论模式展示了现代经济学中银行的主要功能，其关键特征并非是作为贷方与借方的中介，而是作为货币的创造者和破坏者。现实模型需要反映这一事实，在现今系统中，银行不必等待储户的出现，才进行放贷等中介活动。相反，为了放贷，他们可以自创资金、存款……银行的负债就是货币，它们可以随时被创造，又可以随时被收回。这一事实的极端重要性只在维尔纳[1]以及克里斯蒂亚诺等人的部分论述中有所提及，[2]而在现代宏观经济文献中有关银行业的大部分内容中，似乎消失不见。

[1]《宏观经济的新范式》。

[2] 克里斯蒂亚诺等，《经济波动中的金融因子》；拜纳什，库姆霍夫，《芝加哥规划修正案》，P9。

虚构的有关金融企业家约翰的情景已经涉及此处论及的要点。信用货币不仅仅是现实中的现金货币的替代品。在某种条件下，信用货币本身作为一种交换和支付的手段发挥作用。很明显，约翰的做法与现实中的银行实践有着根本性差异，因为约翰的私营银行用的是手写的欠条，代表信用货币。现今的银行并不采用这种低级形式，他们使用的是电子支付系统及转账系统，但原则上类似于约翰的方式。和约翰自制的欠条一样，银行发行的信用货币仿佛就是真的货币。

在将银行理解为货币和信用的创造者的基础上，维尔纳提供了一种替代教科书中有关货币乘数表述的版本。[1]银行不是将1000欧元存款中的200欧元留存为准备金，贷出800欧元。相反，银行将1000欧元全部留存作为准备金，以便为信用贷款的会计分录做准备。如果假设最低准备金要求为20%，银行就可以发放4000欧元的信用贷款。银行同时记录借方4000欧元的负债和4000欧元的信用额度。如果经济体系具有有效的信用支付系统，支付都通过电子信用转账，则对现金准备金存留的实际需求会极大降低。随后我们会看到，这种情况确实出现在今天最发达的经济体中，这也体现在银行监管机构设定的法定存款准备金比率中，在大多数西方国家中，该比率设定在0—2%之间。在维尔纳所举的范例中，他假设

[1] 维尔纳，《宏观经济的新范式》，P177—187。

准备金比率为 1%，这允许银行在 1000 欧元初始存款的基础上发放 99000 欧元信贷。他对该论断总结如下：

> 关键问题是“99000 欧元的来源是什么”。银行并没有从其他地方调入资金，也没有从经济体系的任何其他环节中转入资金。最重要的是，它看上去是存款，但实际上并没有人存入。银行只是在自己和客户的账户上记了个数字，就这样生出了钱。实际上，银行辩称借款人存入了一笔钱，但实际并非如此。与教科书呈现的内容不同，我们看到，每一家银行发放一笔贷款时，它因此也创造了货币。在教科书中呈现这一事实，不仅引人注目，而且还告知学生们银行的真实面貌：它们从无生出钱。而银行只是宣称，他们有 99000 欧元的信贷额度，将其贷给了某人。如此而已，没有人知道其中的差异。[1]

从消费者个体的视角来看，信用卡、借记卡、网银以及其他电子支付体系提供了替代现金支付的方便选择。然而从宏观经济的视角来看，在货币本体论体制发生的重大转变中，这些系统还是关键

[1] 维尔纳，《宏观经济的新范式》，P178。

环节。这些电子系统提供的货币基础建设，成为信用货币进行流通的可能性条件，信用货币不仅仅是真正现金货币储备的表现形式，它就是货币本身。自 20 世纪 60 年代至今的货币总存量中，相对于纸币和硬币，个人信用货币有所增长（图 3 至图 6 所示），这一方面显示了国家、中央银行，以及私营银行两方之间经济实力关系发生了转移。而这种转变对于货币使用者而言含义深刻，从个体消费者视角来看，这一点不能即刻显现。

在虚构的约翰案例中，银行的重要性日益增长，对于货币使用者而言，这一点可以立即反映出来，因为他们观察到，约翰的欠条在他们支付和货币储备中所占比重越来越大。当然，他们可能依然认为，这些货币形式仅仅是真正联邦银行券的替代表现形式。但是在我们所处的社会中，虚拟、几乎隐形的信用货币，意味着国家创造的现金货币以及私营银行的信用货币之间比例的动态变化更加不明显。关于流通中现金的实际比例与理想比例不一致，英厄姆进行了如下反思：

> “现金”，这个我们可以携带的货币，在 85% 的全部交易中使用，但现在它只占全部交易总值的 1%……换而言之，交换实际媒介，现在在大多数货币体系中已相对不那么重要；但是小规模交易在很大程度上，依然带有强烈

的货币意识。[1]

部分准备金的货币乘数解释，不过是重申了这一流行的货币观。尽管它认可了这样一个事实，个人信用货币的比例超过了现金的比例，但货币乘数解释依然维护信用货币作为“最后一种形式的”现金的来看待。本体论假设还暗示了，基础货币（中央银行货币）与广义货币（私营银行货币）之间的常见差异。这一解释允许现金储蓄多次充当信贷创造之源，因此形成了信用货币的数量增长，但其仍然坚持认为，不管采用货币使用者之间采取兑换的形式，还是以银行之间采取差额结算形式，现金都是必须的。由于系统执行这两种类型支付无须中央银行介入，主张信用货币依赖于现金的货币乘数假说就越来越有问题。

同业银行金融市场

信用货币、借记卡、业内银行以及其他电子支付系统的演化，只是信用货币充当货币进行流通和泛滥的可能性条件之一。另一条

[1] 英厄姆，《货币的本质》，P5—6。

件是同业金融市场。当信用货币直接用作支付方式时，涉及资金从付款人的账户划拨到收款人的账户。如果付款人和收款人是同一家银行的客户，这次转账只需借记前者的账户，同时贷记后者的账户即可。如果双方当事人是不同银行的客户，有很多种转账方式。第一种选择，我们可以设想银行 1 借记付款人 A 账户，然后派一位职员将实物现金从银行 1 带入银行 2。收到现金，银行 2 随后贷记收款人 B 的账户，转账过程完结。很明显，这是一种非常不切实际的业内银行汇划方法。这种方法之所以不切实际，因为它不单要求银行职员往返于银行之间，这很不方便，而且它还要求银行手头存留相当大数额的现金，以便支付其他银行，反过来限制了银行创造信用的能力。

还有一种更为实际的方法，就是所有银行都在中央银行开设账户。当银行 1 的客户 A 用自己的信用卡向银行 2 的客户 B 进行支付时，银行 1 将借记付款人 A 的账户，随后只需向中央银行发出指令，将自己在中央银行账户的同等金额划拨到银行 2 在中央银行的账户中。这一操作通过中央银行简单记账执行。一旦银行 2 收到汇款通知，它随即贷记客户 B 的账户。整个转账过程通过电子方式完成，不涉及跑腿的银行职员。

然而，第二选项仍然要求商业银行拨出一定数额的资产作为中央银行准备金，以便服务业内银行转账业务。商业银行在中央银行存款有几种方式：商业银行业可以将储蓄存款划拨到中央银行。商业银行业也可以按照贴现率，从中央银行借入资金。最后，中央银行可以从商业银行购买金融资产。这些资产构成形式多样，例如政府公债、国库债券，或者高质量的商业债券。回购协议或者回购债券协议，结合了贷款与中央银行购买金融资产。在回购债券协议下，中央银行用现金或中央银行准备金来购买商业银行的金融资产，同意商业银行在一定期限后可以回购资产。这实际上是中央银行对商业银行的抵押贷款。

当商业银行利用在中央银行存款账户进行业内银行转账以及清算时，在某种程度上，信用货币的创造依然受中央银行货币供应的限制。换而言之，我们依然处于传统的货币乘数模式框架之中。然而，转账还有第三种选择，它有令两种货币形式脱节的效果，放松对信用货币创造的限制。当银行 1 的客户 A 向银行 2 的客户 B 进行支付之时，双方银行可以记录他们之间的当前余额，而不是立即通知中央银行清算。或许在上午，客户 A 向客户 B 支付，到了下午，客户 B 又向客户 A 等价支付。这样银行 1 和银行 2 在当天结束前结清他们之间的余额，而不必通过中央银行。

这就是业内银行清算的方式。正如通过信用卡、借记卡、业内银行等实施的电子支付，这一支付系统服务快捷，无所不在，其发展将商业银行逐渐从存留现金的需求中解放出来，于是在一定程度上，一个高效的业内银行市场解放了商业银行，使之脱离了在中央银行存留准备金，以服务业内银行支付的需求。一定程度上，业内银行市场使信用货币的创造摆脱了中央银行的货币供应。

在第四章，在探讨货币信用理论时，为了创造稳定的信用货币，我们预设了一个主要债务人，其信用按名义价值被接受。该债务人开出的信用证，成为衡量所有其他信用的价值标准。我称其为“主债务人”。因此，如果没有中央银行的参与，业内银行货币市场无法运转。于是商业银行之间的清算就成为上述选择二选择三的结合。[1] 高效的业内货币市场的存在，推动了不同商业银行之间的资金拨划。商业银行尽可能彼此清算，有时才需借助中央银行。

业内银行在货币市场中的商业银行网络，决定了这些银行无须借助在中央银行的账户，可以在多大程度上不受它们在中央银行资金中的储备金限制，从而结清彼此之间的余额，创造更多信用货币。换而言之，高效的业内银行货币市场降低了商业银行的法定准备金率。但是，具体银行的规模不同，在网络中的地位不同，其实际准备金率也随之不同。占有市场份额较大的大型银行支付的速度更快，在这里支付的双方当事人都是同一家银行的客户。这意味着它们甚至无须借助业内银行市场结清支付。而规模较小的银行其大

[1] 瑞恩－柯林斯等，《钱从何处来？》，P52—76。

部分支付必须在市场内清算，因此，相对于它们持有的信用余额，它们要在中央银行留存更多的储备。

业内银行货币市场不仅仅是结清余额的场所，还是银行彼此借贷的市场。商业银行可以根据法定和实际需求调整它们持有的储备。持有超额储备的银行可以将资金贷给储备过低的银行，银行因此可以找到最佳的、盈利最多的金融运作方式。业内货币市场具有高度的流动性，各种债券、证券都可以进行交易。银行持有的不是无息现金储备，而是有息债务以及证券，因为通过业内银行市场，银行可以立即将这些资产转换为现金，或者银行所需的任何信用工具。

一方面，业内银行货币市场是一个“市场”，这个市场与其他类型市场相似，物品在这里买卖，价格或多或少受供需规律影响。在业内货币市场进行买卖的“物品”是流动性等级不同的资产。流动性的价格通过业内银行特定市场利率表现出来，例如 LIBOR（英国），the EURIBOR（欧元地区），联邦基金利率（美国）。如果流动性不足，价格就会上涨；如果流动性充裕，价格就会下跌。另一方面，业内银行货币市场与多数其他类型市场区别很大。实际上，银行通过在业内市场中购销不同类型的资金获利，这是它们参与市场活动的主要动机。每一家银行都对自己在业内市场中可以得到的最佳融资感兴趣，对于市场自身的高效运转产生的共同利益，它们的兴趣更浓。

高效的业内市场具有意识形态功能，能够抹杀商业信用货币和国家创造的法定货币之间的差异。中央银行愿意无条件以票面价值兑换商业银行的信用货币，使得流通中的商业银行信用货币好像是真正的中央银行货币。抹杀商业信用货币和法定货币之间的差异的方式众多，例如中央银行接受不同类型的信用和证券，以换取中央银行货币。当中央银行运作高效时，它甚至不必实际执行这些交易，除非有特殊需要。中央银行承诺以票面价值承兑业内任何一家银行的信用货币，这有助于银行彼此以票面价值交换信用，而无须顾虑每一家银行的信用。我们已经提出，中央银行的作用相当于"最后一道屏障"，使得每一家个体银行无条件地彼此信任。

我们看到，在业内银行货币市场中交易的"实物"，即流动性，并没有像常规商品那样遵守供求规律。高效的业内银行货币市场、中央银行的持久承诺以及商业银行对彼此信用的持久信任，为市场注入了整体流动性，从而惠及市场的所有参与者。这是因为，商业银行发行的信用货币被视为流动性现金。追求流动性的业内银行货币市场恰是零和博弈的反面。在危机爆发的年代市场压力重重时，这一点尤为明显。戴维斯和格林向我们展示了2009年金融危机爆发后发生的这一现象：

个体银行的融资利率是业内银行市场对这家银行信心

> 的函数，无关央行融资的价格……银行之间缺乏信任，于是中央银行开始发挥作用，成为货币市场的主要对手和媒介。银行之间并不进行借贷，相反，它们设法通过同中央银行的借贷来管理其流动性。[1]

在这种情况下，这一思想观念揭示了货币与信用货币之间的差异，因此允许两者之间按照票面价值，也就是埃罗德进行兑换。信贷并不是按照业内银行总利率进行交易，其交易价格因发行人“个体声望”的不同而有所差异。经济危机显示了，商业银行信用货币与以国家为基础的法定货币之间的差异，前者的价值最终取决于发行银行赎回贷款的能力，后者的价值由国家的存在和权力提供支持。

援引吉奥乔·阿甘本的思想，我们认为，业内银行货币市场的本质特征是“无差别地带”。[2] 业内银行市场抹杀了信用货币和法定货币之间的差异，国家和私营市场行为人之间的区别也被抹杀了。业内银行市场就是机构交易流动资产、谋取利润的市场，也是中央银行代表国家发行货币从而发挥作用的地方。通过在事实上授权私

---

[1] 戴维斯，格林，《银行业未来》，P41。

[2] 阿甘本，《牲人》。

营银行发行信用货币的能力，使得信用货币发挥真正法定货币的作用，央行的这种垄断不但服务于私营银行的利益，甚至对其自身也造成破坏。当央行赋予私营银行的特权，诸如贴现窗口使用权、最终贷款人以及存款保险，国家和私营市场行为人之间的显著差异变得极其模糊。

美联储就是一个贴切的例子。事实上，虽然原则上服从国会的调控和监管，联邦储备委员会为数家私营银行所有，是美国银行系统的一部分。联邦储备委员会称自己的地位是“政府管辖范围内的一个独立实体”。这种模棱两可的解释说明，联储的政治作用尚待争议，这种争议并非细枝末节。[1] 或者，如一位评论家所指出的，“美国联邦储备委员会与联邦快递公司也无多大差别。”

阿甘本关注涉及例外状态的法律上的悖论。最高统治者宣布某例外状态时，它就动用自己的合法权力中止了法律的权力：

> 如果例外状态的特性在于（全部或部分）中止司法秩序，这种中止如何能够在其自身范围内加以控制呢？这种反常状态如何在司法秩序内进行内接呢？相反，如果例外状态只是一个实际情况，该情况与法律无关，或者违反了

[1] 联邦储备系统管理委员会，《联邦储备委员会为谁所有？》。

> 法律，这一空白点恰恰正是相互关联的关键之处，那么秩序怎样才有可能包含这一点呢？的确，例外状态既不在司法秩序范围之外，也不在其范围之内，对于这一点的界定问题，确实涉及一个阈值，或者说一个漠然区，其界内与界外之间彼此并不相互排斥，而是界限模糊。[1]

就创造货币，中央银行与商业银行在货币市场不断进行协商、谈判。一方面，在创造新货币的能力方面，国家明显具有垄断性。另一方面，其垄断性实际上让渡给了私营机构，由该机构发行的信用货币就相当于货币。法律开启了在例外状态下中止自身的可能性，阿甘本称之为一个“空白点”。在货币体系中，中央银行制度似乎将这个空白点“制度化”。中央银行就是这样一个场所，这里国家运用其主权创造新货币，为的是能使私营银行网络创造新货币。当私营银行系统创造信用货币的地位受到威胁，中央银行就会借助非常措施，来确保该系统得以存活。当前阶段的金融和货币危机为此提供了充分的实例。这包括中央银行充当了最后贷款人的角色，帮助亏损银行摆脱困境，通过购买不良债务（“问题资产”）为市场提供流动资金，或者甚至将贴现窗口范围拓展至投资银行。在

[1] 阿甘本，《例外状态》，P23。

阿甘本的解释中，中央银行的行为以及业内银行货币市场的运作“涉及一个阈值，或者说一个漠然区”，其中国家货币的创造以及信用货币的创造，“并不相互排斥，而是界限模糊”。

提供资金的贴现窗口

高效的支付系统以及业内银行货币市场的出现，降低了对现金以及中央银行储备的需求，因此消除了对商业银行创造信用货币能力的实际限制。但是对于这项能力尚有其他限制。对私营银行，政府和中央银行实施众多政策、法规，以控制资金供给。这些举措包括信贷配给、法定存款准备金规定、贴现率变动。布雷顿森林体系崩溃的那一年，英格兰银行将1971年竞争与信贷管制改革引入了英国银行系统。这次改革旨在推动英国银行业的竞争，不仅是不同银行之间的竞争，而且还存在银行与金融业内其他代理机构之间的竞争。[1] 竞争与信贷管制只是改革的冰山一角，在更广范围涉及经济体中银行业的金融化和全球化。这次改革引人注目，然而因为它涵盖众多举措，这些举措是成功范例，证明类似西方国家的金融政

[1] 戴维斯，理查森，《英国银行系统沿革》。

策实现的转变更具普遍意义。从这一角度理解，我们可以将改革视为更为广义的范式转变的症候。

图 7：英国银行业英镑流动资产与总资产的比例

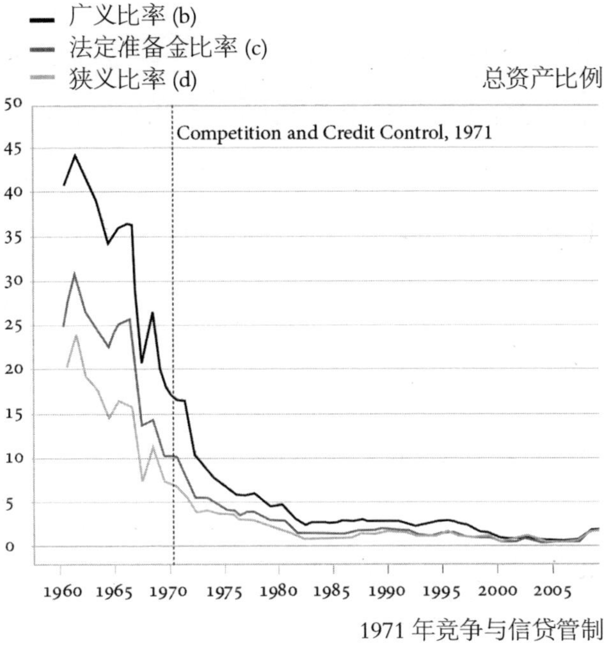

来源：英格兰银行，《银行家杂志》(1960–1968)，银行测算。

(a) 1967 年前数据，仅涉及伦敦清算银行。

(b) 现金 + 英格兰银行存款余额 + 短期存款 + 合格票据 + 英国金边债券。

(c) 英格兰银行存款余额 + 短期存款 + 合格票据

(d) 现金 + 英格兰银行存款余额 + 合格票据

改革的关键举措是放松法定流动性要求，从28%下降到12.5%。在随后数十年间，这些要求逐渐进一步降低，到了今天，实现了银行自愿持有准备金。其他国家依然设有法定流动性要求，但是逐渐放松这一要求代表了西方经济的总趋势。当然，解除管制与实际的历史发展之间的因果关系，常常是一个先有鸡还是先有蛋的问题，但与英国银行系统放松法定流动性要求相伴而来的是流动资产实际持有量的并行缩减。戴维斯和理查森提供了以上数字，用以阐释这一点：[1]

> 从哲学角度来讲，该图显示了法定货币与信用货币之间的关系，阐释了银行可以越来越少地运用国家发行的法定货币，这些法定货币以现金或中央银行储蓄形式存在，创造出越来越多的信用货币。自从20世纪60年代以来，实际法定流动比率稳步降低，预示着造币的实际操控者从中央银行转移至私营银行。

在布雷顿森林体系存续期间，许多中央银行对私营银行直接施加信贷管控，设定许可银行放出贷款的数额上限。然而，20世

[1] 戴维斯，理查森，《英国银行系统沿革》，P328。

纪60年代出现了平行信贷市场，在该市场中，信用货币的创造不受货币的原地管辖。[1]欧元市场尤为如此。在该市场中，总部设在伦敦的银行发放以美元为本币的信贷，规避了美国和英国的信贷管控。随着这些平行信贷市场的出现和发展，在规约资金供应总量方面，直接信贷管控的作用日渐微弱。我们可以将竞争与信贷管制改革视为这一发展的务实对策，因为其另一关键举措是废止直接定量信贷配给。中央银行现在运用中央银行利率（贴现率）的变形形式作为主要工具，用来调控货币供应，并未对私营银行发放信用货币设定明确限定。[2]

流动性需求以及定量信贷配给都是调控货币供应的相对直接的方式，贴现率的变形形式对于货币供应总量的作用较为间接，要通过市场发挥作用。一般认为信贷需求是信贷价格的函数，央行设定一个具体的价格就可以调控信贷的需求。从这种意义上说，货币供应调控措施从前者转移至后者，代表了中央银行政策的金融化。中央银行的作用不再只是压缩市场的影响力以达到政治的目的。相反，促进市场有效运作本身就是一个政治目标。中央银行承诺以一定价格供应市场需要的任何数额的信贷，而不是对信贷供应施加受

[1] 戴维斯，格林，《银行业未来》，P26—27。

[2] 布莱恩－柯林斯等，《货币的来源：英国指南》。

政治意愿决定的限制。

从信贷配给转移至贴现窗口政策指导，是较为普遍的中央银行政策意识形态转移的一部分。正如我们所涉及的内容，在某种程度上，布雷顿森林体系按照凯恩斯主义经济学精心打造，在该体系中，单一民族国家政府有能力、有责任管控重要的经济变量。因此，布雷顿森林体系的崩溃不仅仅是一个实际货币体系的崩溃，而且是一种意识形态的崩溃，标志着宏观经济主导方式以及中央银行的运营从凯恩斯主义向货币主义的转移。[1] 货币主义历史悠远，甚至可以追溯到 18 世纪大卫・休谟的论著，其当代的表述方式通常归因于米尔顿・弗里德曼。[2] 其基本论点在于，遵照通用的供求规律决定货币价格。下面是欧文·费雪经典交易方程式的简单表述。[3] 弗里德曼从该方程式出发，取得了成就，发展出更为详尽精妙的方程式：[4]

$$MV = \Sigma pQ$$

M 代表流通中的货币名义金额

[1] 格雷伯尔，《债务》，P375。

[2] 史密森，《货币经济学的争论》，P40—62。

[3] 费雪，《货币购买力》，P26。

[4] 弗里德曼，《货币分析的理论框架》。

V 代表货币周转速度

Σp 代表购买商品量

方程式的两端代表货币和商品。该方程的基本含义是货币供给 (M) 增加，仅仅导致商品平均价格 (p) 下降。如果这一含义颠倒过来，就可以解释这一现象，即通货膨胀是名义货币供给增加导致的结果。[1] 在货币主义者看来，中央银行的货币政策目标在于提供货币供给，形成较低的、稳定的、可预测的通货膨胀率。将额外货币引入经济体系，其激励作用将被通货膨胀所吞没，其合并效应仅仅是一个不稳定的市场，这对生产力构成负面影响。因此，中央银行的主要目标提供一个稳定的货币框架，在这一框架内，自由市场体系发挥作用。

在一系列政策问题上，中央银行都发挥了影响，但只有在过去的四十年里，在通货膨胀目标是中央银行的重要目标上，人们达成了一致性的共识。[2] 布雷顿森林体系崩溃后，中央银行政策越来越多地接纳货币主义制度，这牵涉一个令人好奇的悖论。我们可以将“尼克松冲击”以及关闭黄金兑换窗口，视为货币价值与商品标准

[1] 弗里德曼，《货币分析的理论框架》，P3。

[2] 戴维斯，格林，《银行业未来》，P31。

逐渐脱节达到的顶点。货币主义的基本设想是，货币遵守供求关系普遍规律，这也适用于普通商品。按照格雷伯尔的理论：

> 布雷顿森林体系崩溃后，中央银行政策接纳货币主义制度的悖论在于，即使货币不再以任何方式建立在金本位基础之上，或者其他任何商品基础之上，政府及中央银行政策主要关注的仍是谨慎管控货币供给，以确保货币表现得好像它还是一种稀缺商品。尽管资本金融化同时也意味着，投入市场的多数资金全然摆脱了与商业生产的联系，变成纯粹的投机。[1]

在全球以及虚拟金融市场中流通的电子信用货币，成为大多数的货币形式，从根本上来说，货币仍然表现得好像它就是一种商品，在这一理论基础上，当中央银行规划其政策时，2007 年至 2008 年爆发的金融危机以及随后的信贷紧缩，令大多数货币政策制定者大吃一惊，这一点没什么好奇怪的。借鉴他们在央行的经历，戴维斯和格林注意到：

[1] 格雷博尔，《债务》，P375—376。

> 引人注目的是，在过去的十年间，很多有关货币政策的讨论，几乎没有谈及金融体系中正在发生的情况，以及对通货膨胀和经济活动造成的影响。早些年间，人们关注的焦点还集中在管控信贷或者货币上，放弃信贷扩张或者货币总量目标作为获得价格稳定的直接路径，似乎造成这样的后果，对部门之间的资金流总量的分析，在数十年前还是中央银行分析的核心特征，而现在它几乎已经退出了人们的视野……就在最近的2006年，我们还甚至有机会读到广受推崇的中央银行对实施的货币政策的反思，而这些反思都未曾提及金融系统的行为对经济体系产生某些影响的可能性，反之亦然。[1]

中央银行接纳货币主义制度，导致了货币的后政治管理体制。按照齐泽克的理论，后政治是“管理体自我合法化，成为彻底的‘技术官僚’，摆出主管行政管理的姿态”。[2]这一定义似乎完全应和了中央银行的独立性，近些年来，这一趋势在一定程度上有所发展，暗示了会开展一场“名副其实的革命”。显然，主权单一民族

[1] 戴维斯，格林，《银行业未来》，P35—36。

[2] 齐泽克，《捍卫失败的事业》，P268。

国家管理货币，是再直白不过的事情，以至于我们非常安心地将之交由技术官僚组成的独立实体处置，这些实体如同普通政府机构，仅在有限程度上受制于民主选举产生的官员。一旦中央银行的主要目标为控制通货膨胀目标，那么执行目标就仅仅是技术专家的事情。在美国，这个问题是如此简单，只需交由私营银行体系中的一个实体处理即可。

从信用货币到后信用货币

本章中，我明确了布雷顿森林体系崩溃后货币体系转型的四方面内容：精密的支付系统，允许银行信用无须兑换为现金作为支付手段进行流通。高效的业内银行货币市场，允许商业银行可以清算彼此余额，只需要符合中央银行货币和现金的底线要求。银行业解除管制，降低了对商业银行持有准备金以及其他流动资产的法定要求。从信贷配给到贴现率变形形式的变化，是中央银行政策的主要目标，消除了由政治决定的对信用货币供应的限制。我想说，这些趋势都显示了货币范式向后信用货币的管理体制转变。图 3 至图 6 阐释了这一转变的数量变化，这显示了与法定货币相关的信用货币比例呈指数增长。然而，这不仅仅是量变，而且还是质变。

我们可以将这一改变理解为国家创造的法定货币与私营银行的信用货币之间关系的转变。关于信用货币，可将其简化视为货币基础形式的又一符号表征，例如法定货币。这是我们在货币乘数模式中发现的思考模式。这该模式下，客户在银行存储1000欧元法定现金时，就创造了初期信用。换而言之，当银行从储户那里借入该数量的法定货币时，他与银行就生成了信用关系。银行为客户“持有”实际现金，该信用是这一事实关系的符号表征。下一步，银行贷出800欧元的现金法定货币。800欧元的贷款现在录入银行账册，借方现在“持有”实际现金，而这笔钱事实上归银行所有，这笔贷款是这一事实关系的符号表征。借方现在将这笔钱存入自己所在银行，于是产生有一笔价值800欧元的信用货币。这笔钱随后用以向另一个客户发放一笔贷款，如同我们所见，这一程序可以多次重复，每一次都以银行储蓄的形式产生一笔额外数量的信用货币。

为了从哲学视角理解这一现象，我们第三次返回讨论齐泽克有关真实的双重概念：

> 在第一种运动中，我们不可能直接面对真实，这是一种非真实的核心，唯有通过大量象征虚构以及虚拟结构折射出来。在第二种运动中，这个核心完全是虚拟的，事实上并不存在，只能在众多“成为它自身”的象征结构中，

一种现象X才得以扭曲重构。[1]

如同货币乘数模式中设想的那样，真实的第一种运动充分体现了现金法定货币与信用货币之间的关系。在该模式下，现金是信贷生成的“非真实的核心”。当资金存入银行，银行反过来利用这笔钱作为生成贷款的基础。原初的实际现金法定货币，现在变成储户持有的银行信用。由于现在银行金库中仅保有初期储蓄的一小部分，这笔钱已经成为储户“不可能直接面对”的货币形式。储户坚持主张“直接面对”自己的资金，就会导致银行挤兑，系统因此崩溃。由于最初的1000欧元的实际现金货币，现在已经成为价值高达5000欧元的信用货币的基础，面对它就需要“通过大量象征虚构以及虚拟结构折射出来”。客户1、2、3可能同时看到自己的账户结算单上写着，他们在自己的储蓄账户上分别持有1000欧元、800欧元、640欧元。这种报表构成了“大量象征虚构以及虚拟结构”。即使因为实际现金的初始数额生成了乘数符号表征，货币乘数模式承认自己有些武断，但它依然坚持主张，最后信用货币仅仅是以实际法定货币现金为基础的符号表征。

如同我们所见，在论及信用货币在当代银行业中的创造方法

[1] 齐泽克，《视差》，P26。

时，货币乘数模式的解释力度不足。无可否认，我们还未进入彻底无现金的社会。然而，我还是主张，在当代社会中现金首要发挥的是意识形态作用，而不是实际作用。本章中确认的四种趋势，都将信用货币的创造、流通、兑换环节中对现金的需求降至最低。通过向某一客户或者同一客户同时发放贷款，存入一笔储蓄，从而创造信用货币，此时无须真实的现金易手，甚至无须现金出现。当借方动用自己的储蓄，用借记卡或其他电子支付形式进行支付时，也同样无须现金。当两家银行涉足交易，利用业内银行系统结清余额，完成这一切也无须使用现金。

真实与象征的关系，有别于货币乘数模式的含义。信用货币并不是实际现金法定货币运动的符号表征。情况正好相反。同时发放贷款和存款从而创造信用货币，这让人联想到，总会有一笔实际现金支持着整个交易体系。齐泽克所解释的第二种运动充分说明了这一点。实际现金根本就不存在，它是“虚拟的，事实上并不存在”。这并不意味着现金的作用无足轻重。为了维护系统运行，保留现金的存在就是为了最终支持信用货币的价值，这一幻想至关重要。然而，支付体系以及业内银行清算系统的效率意味着，无须以任何实体形式的现金存在。相信现金的最终支持作用意味着，即使现金是完全虚拟的，但是现金依然发挥作用。这是中央银行政策的关键。只要中央银行表示，它无条件承诺支持商业银行，它就无须做出任何支持系统的行为。信用货币“一直实际存在”。由于中央银行放弃定量信贷配，青睐贴现率变动，他们承诺，提供商业银行体系所需的任何规模的流动性。从这一层面来说，中央银行的流动性规定响应了商业银行信用发放创造的需求，这一规定就是现象“X”的“扭曲重构”，这是信用货币“众多象征结构”运转所必需的，即使它们“一直实际存在”。

有关真实的解释中第一种运动与第二种运动之间具有差异性，当我们将齐泽克的这一思想运用到银行体系的信用货币中时，我们获悉了信用货币与后信用货币之间的差异。这一差异再次说明了无现金货币的概念，这一点在本章篇首已经提及。后信用货币就是无现金货币。

第六章

货币金融化

月球绕地球旋转，这一点显而易见。地球的重力引力施加作用，对月球运动路径产生影响。在某种意义上，地球也围绕月球旋转，这一点就不那么明显了。月球有其自身重力，吸引地球略微偏离自己的路径。但是，因为地球的质量是月球质量的81倍，地球重力对月球的吸引力也比月球重力对地球的吸引力大得多。两种力共同作用的结果，地球和月球都围绕着所谓“重心”轨道运行，这形成了地球－月球体系重力的中心。虑及两大星体质量的相对差异，月球围绕重心运行的轨道相对半径为384000公里，而地球同样的轨道半径只有4700公里。如果我们假设宇宙中发生某种大事件，借此改变了两大星体质量之间的比例关系，而且还会改变二者围绕彼此运行的线路。如果月球变得比地球大，就会使得地球开始沿更大的轨道绕月运行，而月球的定位也更趋近系统的重心位置。

似乎在短时间内，这样重大的宇宙事件不会发生，尽管如此，我们也可借此来比喻发生在货币和金融世界中的转变。本章中，我们会获知，货币并不仅仅是金融化的媒介。今天，金融市场的逻辑涉及了货币自身体制。

“债务是金融化的氧气”

今天，货币的价格不再由主权单一民族国家政治领域决定，这是布雷顿森林体系崩溃的核心含义。这一点适用于黄金价格、外汇汇率、利率、通货膨胀率。在过去的四十年中，由于金融市场的交易额成倍增长，在政治层面确定和控制货币定价的难度日益加大。在下述发展中，市场对金融衍生产品起到了至关重要的作用：

> 金融衍生产品市场庞大的规模，尤其是利率及通货衍生产品的市场规模，营造了一种流通文化，这里任何一个单一民族国家，甚至联合国，都无法对其货币汇兑值、储备资产特性或跨国资本流动予以调节。[1]

2010 年，尚未平仓的衍生产品合约的名义价值估计达到 1200

[1] 利普玛，李，《金融衍生产品及全球化风险》，P48。

万亿美元，是全世界经济年生产总量的20倍（后者数字仅为60万亿美元）。[1] 在某种意义上，这代表着“金融月球”发展得比“生产地球”大20倍，结果是，就连在生产性经济中，货币价格的活动都取决于金融市场的“重力吸引力”，而不是相反的情况。当然，对1200万亿美元的天文数字不需太过当真，因为衍生产品的名义价值指的是标的物的名义价值，虽然合同并不涉及实际占有标的物。涉及合约的签发和履行的货币实际汇兑，通常仅代表一小部分名义金额。在利率互换的情况下，情况尤为如此，它在衍生产品合约总额中会占很大比例。但是，即使我们不拘于讨论1200万亿美元的那一小部分内容，关键之处依然是——那是很大一笔财富！

在广播访谈中，曾经的交易商萨蒂亚吉特·达斯简要陈述如下：“债务是金融化的氧气。”实际上，这意指金融市场交易在很大程度上靠借入资本运转，例如，靠杠杆投资的方式运转，我们随后还会回到这一话题。过去四十年中，我们亲历了金融化程度以及相应的金融交易呈指数增长，只有通过过量涌入的信用货币，这些才成为可能，这一点极为关键。反过来，只有通过前一章节中论及的银行系统转型，该信用货币的创造才能成为可能。简而言之，朝着后信用货币的政治制度发展的货币范式，涵盖了实现金融化可能性

[1]《每日财经》，“大冒险”。

的条件。

但是，后信用货币创造及金融交易量增长之间的因果关系，在其他方面也发挥作用。在前一章节中，我确定了构成创造后信用货币可能性条件的四个趋势。这四大趋势结合起来，只要根据现在的行情，对该货币的需求依然存在，银行就可以提供信用货币。如果只有那些希望投资新计划以提升自己生产能力的公司，对信用货币存在需求，那么这种需求会为产业经济的增长力所限。如果当真如此，我们可能就不会亲历信用货币供应方面出现的这种急速增长。然而，当代资本主义制度下，信用货币的需求并不局限于生产性投资。创造的信用货币大量投入生产活动，这种生产活动的产出令人质疑，该产出也包括简单消费和金融市场炒作，而这一点就是本章关注的内容。金融市场的一种表象形式显示，金融市场有助于将经济中的过剩资本，倾向于分配给那些最具生产力、盈利最多的投资机会。当然这只是金融市场的一个方面，认为金融市场包含了非生产性的投机因素的主张，似乎同样合乎情理。投资与投机的差异，是关于金融衍生产品的辩论的核心之处。本文随后会回过头来讨论这个问题。

目前，由于金融交易主要以信用货币的形式开展，金融市场规模的扩大还促成了对信用货币需求的日益增长，这一点足以引起关注。金融市场的交易并不仅仅涉及现有货币的重新分配和流通。随着贸易额的增长，为了市场中的服务交易，金融市场本身产生了形成更多货币的自身需求。这意味着，债务和信用货币相当于金融化的氧气，而且金融交易额的增长也导致了货币自身的金融化。本章中我们将获悉，货币金融化不但涉及货币的价格，例如商品价格、外汇汇率及利率，甚至还会涉及货币的真正本质。与主权单一民族国家相关的金融市场，以及与真正货物的生产者、消费者相关的金融市场，其范围和作用不成比例，这意味着“货币是什么”这一问题会在这些市场中得以解决。

下面从金融市场总体以及金融衍生产品个体两大方面进行分析。第一个方面涉及金融市场中货币定价，第二个方面涉及金融化引入的货币体制转化。根据海德格尔理论，从第一个方面向第二个方面的转变，意味着从本体领域向本体论领域的转移。这一观点认为，不但衍生产品市场影响货币的定价，日益增长的交易量显示了货币体制本体论的转化（海德格尔称之为“存在论的建构”）。当布莱恩和拉弗蒂超越了有关对冲投机的讨论，提出衍生产品自身是否就是一种新的货币形式这一问题时，他们也进行了类似的转化。[1]然而，我认同他们质询中的方法论转变，我希望，对代表货币的本体论的衍生产品的含义提出一种不同以往的新阐释。虽然衍生产品

[1] 布莱恩，拉弗蒂，《金融衍生产品和货币理论》，P135。

确实构成了货币创造新体系的一个关键要素，但其并未构成货币的一种新形式。然而，我们解释货币时该将海德格尔的术语延伸到何种程度，这一点应该谨慎对待，由于这个术语最初是为存在的调查研究而设计的，这一研究尝试，将衍生产品概念化为当代金融资本主义制度下货币在世存有的一种存在主义思想。海德格尔展开他对于存在意义的调查研究，这是一项关于存在与时间关系的调查研究，“在世存有存在的原初本体论基础是暂时性”。[1] 这项调查的关键是，在世存有等同为向死而生。[2]

如同我们所见，在过去、现在和未来，衍生产品通过特定配置加以构建。衍生产品显示了当前价位，代表着未来的特定预期，而这衍生于标的物过去的波动性。在决定货币供给及价格的金融市场机能方面，随着这些工具的关键作用日益增强，它们引发了货币自身时间视域的重新配置。将海德格尔的理论转化为货币的研究，我们可以这样说，“货币存在的原初本体论基础是暂时性。”这意味着，衍生产品交易的迅猛发展所形成的货币自身时间视域的重新配置，就是货币自身本体论的重新配置。

[1] 海德格尔，《存在与时间》，P45。

[2] 同上，P53。

1200 万亿美元

如果布雷顿森林体系崩溃标志着一种特定货币范式的终结，随之而起的另一事件标志了一种新范式的开端，这就是为金融衍生产品交易成立了制度化市场。1972 年，芝加哥商品交易所 (CME) 开设了外汇期货市场，1973 年，芝加哥期货交易所 (CBOT) 开设组织股票期权的交易。[1] 这两个市场的开设可以构想为金融理论创新体制的对应举措，在第二章中，我对该理论有所表述。布莱克、舒尔茨及莫顿发现了计算期权价格的方法，现在，这些金融产品有了可以进行系统交易的场所。用衍生产品进行有组织的交易，这一观点本身并不新奇。自从 19 世纪以来，各种农产品以及其他实物商品的期货合约，已经在这两个交易所进行交易。这一观点的新颖之处在于衍生产品创造，其中标的资产并非实物商品，而是金融产品本身。

在接下来的数十年时间里，我们预估金融衍生产品创新对世界经济发展的重要性，无论多么重要都不为过。事后看来，在默顿的《1973 年以来理性期权定价理论》一书引论中，读到他关于期权重要性的反思，颇有点讽刺意味：

[1] 麦肯齐，《一台引擎，绝非照相机》，P147—150。

因为期权是专业化的金融证券，相对来说不那么重要，因此，投入到定价理论发展的时间和空间的额度，或许会受到人们的质疑。[1]

自从那时起，金融衍生产品贸易量以指数方式增长。1970 年，衍生产品债务总额只有几百万美元。随着衍生产品交易开始改善，1980 年这一数目上升到 1 亿美元。1990 年数字接近 100 亿美元，随后到了 2000 年，数字接近 100 万亿美元。[2] 国际清算银行估价，到 2012 年底，场外交易市场 (OTC) 衍生产品的债务名义金额达 632679 万亿美元，据前面提及的一些专家估计，衍生产品的债务总额多达 1200 万亿美元。[3]

金融衍生产品交易的出现及演进，为货币制造显示了一种崭新的范式。有关占有世界上现有货币储备的份额，以及新币问世的过程，由于金融衍生产品的作用至关重要，在此我们应该注意“生钱”的双重含义。我们可能非常容易就看出第一种作用，而后者的作用就不那么显著。通过援引本章之前讨论过的海德格尔提出的本体与本体论范围的区别，我们可以辨别这两种作用的区别。

[1] 莫顿，《理性期权定价理论》，P164—165。

[2] 利普玛，李，《金融衍生产品及全球化风险》，P47。

[3] 国际清算银行，2012 年 12 月底场外交易市场衍生产品半年统计数据。

从当代金融的视角进行回顾，本质上，《布雷顿森林协议》是开放式的美式看涨期权及看跌期权（一种美式期权，赋予股东在发行至到期的任何时间内可以行使合同的权利。这不同于欧洲期权，后者只能在恰好到期时行使权利）。通过授权进行美元与黄金之间的自由兑换，美国财政部有效地为所有人提供“选择而非义务”，允许他们可以在未来的指定时间以履约价格用美元兑换黄金，反之亦然。类似地，我们同样可以将其他西方国家的货币与美元的挂钩视为一系列期权，这些“期权”基本是免费提供。只要通过限定不同货币之间的波动价格以及控制黄金价格，布雷顿森林体系成员国，尤其是美国，对金融市场可以施加管控，由于这些期权的标的价格波动得到了控制，其实际价值接近于零。

理解金融衍生产品的出现，以及其爆炸性增值的直接方式，就是将其完全视为对市场需求做出的反应。现代事物发展的标志就是劳动分工原则，在亚当·密斯的观点中，以及现代社会学奠基人杜尔凯姆、韦伯、齐美尔的观点中，我们可以发现这一论点。伴随后工业化的发展，由于在世界所有地区专门从事生产过程的不同环节中，该原则超越了单一民族国家的界限。我们可以将其解释为资本主义的国际化，因为产品的发明、生产、营销、销售、融资，开始分散在不同单一民族国家进行，公司变得易受不同国家货币价格波动的影响。布雷顿森林体系的崩溃显示了，（西方）单一民族国家在全球化的世界体系中无法提供货币的稳定性。然而，布雷顿森林体系具有国际性，金融衍生产品构成了一个真正意义上的全球系统。一些评论员认为，衍生产品形成了一种全新的货币形式，履行了以国家基础的货币不再提供的功能。[1] 以下是布莱恩和拉弗蒂对转换做出的解释：

> 在截然不同的货币系统背景下，该系统中的外汇汇率的不稳定变化令人费解，这超越了国家的管控能力，系统的货币无法引用国家进行解释，一些现象已经崭露头角，诸如衍生产品，尤其是利率以及交叉货币利率互换。在全球范围内，衍生产品提供了单一民族国家在货币环节无法提供的功能：它们为不同货币单位的相对价值提供了某种程度的安全保障。[2]

由于布雷顿森林体系中的单一民族国家，不再提供免费黄金价格及货币间价格波动的"期权"，衍生产品市场上的私营机构，接

[1] 布莱恩，拉弗蒂，《资本主义的货币，抑或资本家的货币？》；布莱恩，拉弗蒂，《金融衍生产品和货币理论》；普莱克，艾伦，《货币化的时空：衍生产品——货币新构想？》。

[2] 布莱恩，拉弗蒂，《资本主义的货币，抑或资本家的货币？》。

手提供等同于金融产品作用的服务。货币并非建立在市场与国家之间的不平衡关系基础上，相反，现在的货币建立在市场内不同机构之间的平衡关系基础上。对货币的信任是基于互助保险网络的构想，其货币市场上价格波动带来有害影响，这种影响在全球世界的风险管理中分散开来，于是将其对个别机构的影响降至最低。[1]按照这样的理解，衍生产品市场出现，是因为它们在全球化的世界中具有应对风险管理的超强能力。对于市场中受到金融资产价格波动影响的跨国公司及其他机构，衍生产品为其提供机会，对遭受的金融风险进行避险操作。

在芝加哥交易所对衍生产品交易的功能所做的报告中，我们或许可以找到这种思维方式的一个范例。在《市场中的行为》出版物中，芝加哥交易所提出了如下的风险概念：

> 价格风险贯穿于商务活动始终。例如，在农业领域，一场持久的干旱可能影响了一位农民的农作物供应量及其收入。干旱或许还影响了粮食企业对玉米、小麦、大豆及燕麦的支付价格。反过来，这些价格可能直接影响了谷类食品、食用油、色拉调料、面包、肉类及家禽的消费价

[1] 布莱恩，拉弗蒂，《金融衍生产品和货币理论》。

格。对于制造商来说，一次延期的工人罢工或者原材料禁运引起的供应减少，可能导致特定加工产品价格剧增。这些经济因素或许直接影响了生产商及消费者支付的商品价格，范围涉及从汽油、家用燃料油到珠宝的大量商品。对于银行来说其储蓄和贷款，或者对其他金融机构来说，利率的改变就会影响该机构按照存单支付利率。反过来，这也影响了其贷款利率。今日经济体系各环节不同等级的价格波动，即风险，是无法规避的。未来市场中的保值措施会将这些不利价格变化带来的影响降至最低。[1]

正如将货币引入易货贸易的例子所阐释的，此处我们再次分析农民角色。在该情形下，农民所起的作用显示，特定的风险和时间概念，受大自然的可预测性及不可预测性统辖。农民对一份期货交易合同的需求源自这样一个事实，决定农民的生产过程的是，四季循环往复的变化，以及其他农作物的生长时间。从投资的那一刻到作物收获和出售的那一刻，存在着“自然”决定的延时。这段延时期间，令农民置身于其作物最终进行销售的市场中存在的价格波动风险之中。这些风险似乎同样有其自然本源，因

[1] 芝加哥交易所，《市场中的行为》。

为市场上农产品的价格随供应量而上下波动。这些供应量由农作物生长和收获期间的天气状况所决定。援引农民的概念，起到某种“风险自然化”的作用。

芝加哥交易所的报告还为制造商和银行面临风险类型提供了一个范例。令人感兴趣的是，这份报告采用列清单的形式，罗列了一系列大致相当的例子。干旱对于作物价格的影响，等同于罢工对于商品价格的影响，后者又等同于利率对于贷款利率的影响。在农耕、制造及货币自身价格中，似乎存在着相同类型的风险。换句话说，报告预设了实物产品买卖市场、劳动力买卖市场以及货币买卖市场之间的连续性。上述的风险自然化适合所有类型的市场。

鉴于当代金融市场的机能，这份有关衍生产品的报告至多算得上空想，最糟糕的是完全具有误导性。农业和其他商品的期货或许是金融衍生产品的历史前身，但是在今天，以商品为中心的衍生产品交易，占据不足1%的市场份额。[1] 衍生产品市场彻头彻尾地由衍生产品交易支配，交易中的标的物是某种形式的金融指标，与实际生产性经济高度抽象地相互关联。这样的指标包括利率、货币兑换率、不同形式的价格指数、违约率等等。或许应该补充一点，在该范例中，即使农耕的概念也是空想。为了保持竞争优势，当今很

[1] 利普玛，李，《金融衍生产品及全球化风险》，P118。

多农民通过大量扩张、高额投资、将自己的农场转变为农业的产业工厂的方式，已经提高了自己的生产能力。由于这些举措已经在很大程度上通过债务得到融资，构成许多农场可持续盈利性最大风险的，并非是大自然的突发状况，而是全球金融市场中利率增长的可能性。这些农民已经受金融化现象的支配。

以商品为中心的衍生产品以及金融衍生产品之间，不仅仅存在量的差异，还存在显著的质的差异，当把农业期货作为通常意义上的衍生产品的一种模式时，这一点很容易被忽略。农民的例子唤起在金融活动的行为人（卖出期货合同的交易商）及非金融活动的行为人（买入期货合同的农民）之间非对称交易的概念。在这种概念中，期货的作用方式与私人保险的方式相似。正如保险向买方提供一种担保，使他专注于生活中的其他事宜，而无须担忧未来可能发生的意外。期货合同也是这样，使得农民专注于他的核心（非金融）业务，也就是农耕，而无须担忧市场中可能发生的价格波动。

在 2007—2008 年金融危机发生之前，丹麦最大的银行丹麦银行播放了一系列商业广告，这些广告围绕着“尽其所长”口号打造。该广告活动传递了这样的信息，银行会关注客户的（令人厌烦的）金融问题，因此将客户解放出来，在现实生活中发挥自己的才能。这个活动在金融危机开始时终止了。这个广告活动及农民的例子意味着，金融市场和金融产品的概念在本质上服务于真正生产性经济，或者完全服务于现实生活。尤其是金融产品及金融衍生产品，都是复杂的风险管理工具，可以将特定形式的风险，转移至最适合吸收风险的那些当事人。如果这种概念是现代金融的核心，其源头可以追溯到马科维茨关于证券投资组合选择的初步设想。如我们所见，适当的证券投资组合选择，使得投资者不但可以管理风险，甚至还可以通过多样化组合消除风险。当这一概念应用于衍生产品时，人们将其视为对冲维护金融市场效率的工具。普遍性经济也从中受益。例如在 2003 年，联邦储备委员会主席艾伦·格林斯潘在讲话中提出这一概念，这段讲话现在臭名昭著：

> 虽然衍生产品的成本与效益依然是热烈辩论的主题，但是近些年来经济和金融体系的表现力暗示，所获利润大大超过成本……与日俱增的衍生产品系列的使用以及更为复杂的估算与管理风险方法的相关应用，是巩固最大的金融中介机构适应性的关键要素。衍生产品通过提高风险的估算与管理的方式，使得金融产品风险并未绑定……其结果，不但个别金融机构变得不易受到潜在风险因素的冲击，就连金融体系整体也变得更具弹性。[1]

---

[1] 格林斯潘，《公司治理》。

作为真实的风险

在第一章和第二章对金融市场的分析中，借助于齐泽克有关真实的概念，我们明白了风险是如何形成的。金融衍生产品是一种复杂的计算、定价方式，在本质上象征着各种形式的风险，随之使得这些风险可以用来交换货币。这里包含的哲学观点是，符号过程并不仅仅是按照现实的顺序对事件进行客观记录。真实的出现正是符号过程的产物。让我们再次援引齐泽克有关双向运动的解释：

> 在第一种运动中，我们不可能直接面对真实，这是一种非真实的核心，唯有通过大量象征虚构以及虚拟结构折射出来。在第二种运动中，这个核心完全是虚拟的，事实上并不存在，只能在众多“成为它自身”的象征结构中，一种现象X才得以扭曲重构。[1]

这是对风险及金融衍生产品之间关系的精确解释。在第一种运动中，风险以特定金融市场中不可预见的价格波动的形式呈现，这对于依靠市场买卖资产的行为人而言，或许会产生严重的影响。例

[1] 齐泽克，《视差》，P26。

如，对于商业航空公司，原油市场的价格波动或许会产生严重的影响。只有那些涉及不可预见性的元素的事件，才具有风险性。这意味着“我们不会直接遭遇”这些事件，这一点显而易见。有效市场假说的主要影响之一，恰恰就是我们可以说金融市场的价格波动是随机的。任何可预测的与市场资产有关的未来事件早已纳入现行价格。只有在不可预测的事件发生时，价格才会发生变化。在这一假设下，我们无法确定不疑地预测未来原油价格，然而，我们可以通过概率论进行分析。利用原油价格的历史数据，我们可以计算，得出未来既定的一段时间内价格以 10% 的概率增长，不同概率的计算构成了齐泽克的“大量象征虚构”。以这些计算为基础，可能对原油期货进行定价，在市场上作为保险对抗价格增长的风险。另一种活动中，在衍生产品市场上，具体的期货及期权的定价，将对派生衍生产品基础市场进行某种程度上的预估，将其投射于该市场。如果原油期货价格上涨，这就是一个市场上原油出现不稳定状况的信号。该信号不但可以通过衍生产品市场上的贸易机构加以解读，还可通过原油基础市场的贸易机构加以解读。在很多情况下，这些机构同时在这两个市场上进行交易。对应衍生产品市场中的交易行为，极大影响了基础市场中的交易行为。这意味着，如果原油价格开始突增或巨跌，我们就不可能确定，这是原油的实际供需发生变化带来的影响，抑或这仅仅是市场内生机制作用的结果。在这种活动中，价格波动是“完全是虚拟的”，这是因为其“只能在众多象征结构中得以扭曲重构”。换句话说，价格波动只能用市场自身范围内发生的符号象征变化进行解释。

1987 年 10 月发生了著名的股市崩盘，那天也被称为“黑色星期一”，金融市场的外生性及内生性风险，可能与某一不易察觉的时刻相对应，这次崩盘对该对应方式进行了经典诠释。崩盘发生那天，财经新闻上并未报道发生了任何重大事件或反常事件。不管怎样，遍布全球的金融市场经历了突发的急剧下跌，道琼斯指数下跌了 22.61%。这在道琼斯工业指数的历史上仍是最大的一次相关单日跌幅。这次崩盘的真正原因尚未达成共识，这一事实本身就暗示了这一事实，“只能在象征结构中得以扭曲重构”。

其中，唐纳德·麦肯齐提出，所谓投资组合保险的广泛使用对危机的影响至关重要。[1] 投资组合保险是海恩·利兰于 20 世纪 70 年代构设的一种交易策略，以布莱克、舒尔茨及默顿的期权定价理论为基础进行构建。[2] 如果客户的股票价格跌破预设最低额，该理念为他们提供了投资损失险。客户为该项服务支付佣金，保险公司因此盈利。通过构建所谓的复制股票及现金的投资组合，以此反映

[1] 麦肯齐，《一台引擎，绝非照相机》，P179—210。

[2] 伯恩斯坦，《投资革命，源自象牙塔的华尔街理论》，P269—294。

客户投资组合的看跌期权派息，投资组合保险公司进行了避险操作。复制资产组合根据相关价格波动不断进行调整，于是，不管股票价格何时下跌，保险公司都会将股票转换成现金；同样地，不管股票价格何时上涨，保险公司都会将现金转换成股票。如果股票价格跌破预设最低额，保险公司已经将其持有的全部股票变现，可以用下跌时其所获盈利对客户进行补偿。

此时，股票期权进行系统交易的方式，并不能让客户用其整个资产直接购买期权。通过创造这些“综合”看跌期权，为投资组合保险开辟了一个市场。1982 年，芝加哥商品交易所建立了一个 500 股票指数期货交易的有序市场。这些期货使得投资组合保险策略的实施更简单更有效。只要投保的资产与股指相关，保险公司就可以用股指期货的买卖代替认购股票的买卖。截至 1987 年，投资组合保险已经成为大宗业务，涉及股票价值 100 亿美元。[1] 由于投资组合保险的供应商运用同样的理论，来调整他们的复制投资组合，他们的资产买卖彼此保持同步。关于黑色星期一发生的一切，提出了一种假说，即市场发生的微小价格下跌，都会触发一系列投资组合保险供应商同时抛售股票，这一行为反过来进一步促进价格下跌，因此触发进一步的抛售，依此类推。投资组合保险发挥机能的前提

[1] 麦肯齐，《一台引擎，绝非照相机》，P182。

之一是，市场价格不断变化，这样保险公司就会有充分的时间和机会来调配其资产。然而，市场上数位行为人同时采取行动，会引起价格瞬时发生间断性的剧烈变化。另一方面，这会加强市场的自我推进机制，产生内生性效应，推动价格下跌。

即使这个理论可以解释内生性因素加速形成的危机，但或许还存在启动危机的首要外生性事件，这一点不可否认。发端于香港的危机进一步证明了这一点，当时投资组合保险以及程式交易尚未实施。而崩盘的最初起因，可能是在香港或地球上的其他地区，业已发生的某些真实的外生事件，回首往事，很难从市场的象征层面的内生性机制中辨别出这一事件带来的影响。

用齐泽克的真实层面概念阐述风险，揭示了衍生产品与风险之间的矛盾关系。我们已经获悉，某些阐述如何将衍生产品的象征意义预设为风险管理的工具，通过向行为人提供对冲的机会来为金融市场提供稳定的环境。相对于该象征意义，评论家主张，衍生工具自身就是金融市场发生显著价格波动的诱因。根据这一论断，衍生产品产生并助长了风险，而该产品据称有助于管理此风险。

> 自我生成及自然延续的循环是该过程的核心……从事跨国业务的公司，使用衍生工具来抵消货币波动性造成的影响；充分的市场流动性供给需要投机资本的参与，这常

> 常会加剧波动性；波动加剧既增长了公司对冲货币风险敞口的需求，又加大了投机驱使下资本的盈利机会。从这一角度来看，金融衍生产品并不仅仅是对平均值周边的价格波动加以充分利用（就像传统经济学让我们相信的那样），而是积极促使其形成；因此，这些产品并不仅仅是经济现实的表述，而是创造资本循环的核心。从历史发展视角来看，金融衍生产品市场之所以在全球范围内扩张，呈指数增长，是因为它们培植了自身需求的温床。[1]

在此我们看到，生产力经济制度下的现实企业，确实存在对金融衍生产品的初始（实际）需求，这些企业希望能够对冲货币兑换的风险或者其他金融风险。但是当金融市场的衍生产品可以满足这种需求时，该需求就不再仅仅是反映初始实际需求的符号。金融产品的供给造成一种过度决定的局面，最终结果形成这样的情形，初始需求很难与衍生产品自身交易产生的影响带来的需求区别开来。实际上，该情形下的矛盾竟达到这样的程度，人们主张从未有初始需求一说。对于作为对冲风险手段的衍生产品的需求，正是由该产品“成为它自身”的象征形成的。

[1] 利普玛，李，《金融衍生产品及全球化风险》，P38—39。

套汇及市场效率

尽管不尽相同，对冲与投机、稳定性与不稳定性相关的问题就是套汇问题。如我们在第二章中所见，金融衍生产品的出现，开启了利用众多套汇新机遇的可能性。衍生产品市场已经成为涉及基础资产交易市场的某种大市场。这意味着，出现套汇的机会，不仅是相同资产以不同价格在不同市场进行交易时，还会是某种衍生产品的定价与基础资产的市场行为不相符时。我将前者称之为水平套汇，而将后者称之为垂直套汇。金融衍生产品的出现，大大增加了交易商对不同市场进行比较、联络及联合的方式，以便从套汇中获利。

我们注意到，衍生产品也许可以用来开发套汇商机，这一点无可争议。对冲基金美国长期资本管理公司早期取得的成功，通常被视为通过利用衍生产品开发套利的一个范例。设立于1994年的这只基金，不仅因其对金融理论的精妙运用著称，而且还因罗伯特·C. 莫顿及麦伦·舒尔茨真正加入该公司，成为合作伙伴而闻名。LTCM运用的策略之一，就是所谓的掉期息差套汇，[1] 掉期允许一方当事人支付在利率，从而获得加入率，而对方当事人的行为正相反，他们充分利用美国政府公债的利率与美元利率互换利差

[1] 麦肯齐，《一台引擎，绝非照相机》，P291—292。

价之间的价格差异。LTCM 购入公债，收益在利率，通过将债权人所持债券作为贷款抵押的回购，来融资购买，在收到掉期的在利率时，支付掉期的加入率。套汇包括掉期利率与公债利率之间的差价。这是衍生产品掉期（大）市场价格与基础债券市场价格之间进行垂直套汇的一个范例。即使在 LTCM 开启交易时这种价差值最小，该基金也可以举债经营，赚取 3500 万美元的利润。[1]

套利这一概念与市场效率理念关系密切。在有效市场中，套利显然不可能存在。套利固有的无风险利润的缺席，正是市场效率的标准。正如我们所见，有效市场假说在金融理论中的影响具有矛盾性。沿用康德的说法，该理论可以理解为一个解析命题，其内容涉及，市场实证必须顺应的特征方为有效。有效市场假说 EMH 同样可以被理解为一个综合命题，内容有关金融市场实证的现实状况。

有效市场假说的地位，是新古典金融学与行为金融学争论的核心。新古典金融学的拥护者维护的观点是，有效市场假说不仅是一个解析命题,而且还是描述实际市场的具有显著效度的综合命题。[2]行为经济学中的实验表明，现实中人与新古典经济学提出的完全理性行为人的理想相吻合，金融市场中的行为人受制于各种认知偏

[1] 麦肯齐,《一台引擎，绝非照相机》, P219。

[2] 法玛,《市场效度，长期收益及行为金融学》。

差，诸如过于自信[1]、过激反应[2]、损失规避等[3]。当有效市场假说的新古典派拥护者确认了这些试验的效度时，他们主张，即使某些行为人的行为不够理性，但他们的行为比市场上其他理性行为人更重要，后者利用自己通过套汇进行的“错盘”交易，因此市场价格重返有效状态。行为金融学的拥护者就该论点进行争论，市场中的非理性因素会超越套汇消磨的效应。这就暗示了现实中的实证市场并不符合市场效率的概念。[4]

即使行为金融学领域的作者，对有效市场假说作为实证市场综合命题的论断持批评态度，他们的方法仍然延续下来，形成将市场效率视为真实解析命题的理念。行为金融学建立在市场效率及理性的理念基础上，将其作为衡量实际市场及行为人的基准。因此，新古典金融学及行为金融学之间持续的争端，其哲学深度并非像表面看来这般重要。引用罗伯特·席勒的话来说，“从重要性的意义上来说，金融最大化理论及行为金融学相互依存，像是一对姊妹。”[5]将市场效率视为一种与实际市场基本相符的理想状态，这一点很重

[1] 热尔韦，奥登，《如何发展为过于自信》。

[2] 邦德，泰勒，《投资者过激反应及股票市场季节性之深入证明》。

[3] 卡尼曼，特维尔斯基，《前景理论》。

[4] 席勒，《从有效市场理论到行为金融学》。

[5] 席勒，《金融创新的工具》，P2。

要，行为金融学并不排斥这一理念。这两门姊妹学科在视有效市场假说为综合命题的立场上有所差异，但在视有效市场假说为理性解析命题的立场上并存不悖。根据齐泽克的理论，我们可以这样说，新古典金融学及行为金融学之间的冲突仅仅存在表面的争端，争论最终用以树立市场效率是一种意识形态空想的观点。

为新古典金融学及行为金融学争端所困的关键问题在于，金融市场上的交易程度可以对基础经济产生某种影响，随后又对其加以充分利用。有效市场假说及新古典金融理论中的相关部分，是按照股票市场的某种模式进行塑造的。这些观点是那个时代的产物，当时的金融市场的特征与现今迥然不同。在此引用福克斯的话：

> 市场稳定的特征在于，政府加强市场干预，那些大萧条中逃过一劫的人对此记忆犹新。长期市场稳定的时代即将结束，出现了有效市场假说、资本资产定价模型、期权定价模型，还有其他金融学现代理性分析中的主要因素。这些理论对平稳的理性市场具有极强依赖性，在某种程度上，这成为受管制的相对保守的一个金融时代的产物，为违规操作及无序繁荣打下基础。[1]

[1] 福克斯，《理性市场的神话》，P320。

换言之，有效市场的构想，为20世纪70年代以来所发生的众多现象打下基础，诸如金融市场的转型、违规操作以及呈指数扩张。当然在其初始阶段，情况极有可能是，作为衡量实证金融市场状况的基准，有效市场假说确实大有裨益。然而，金融市场与当今基础经济之间的关系变得甚为复杂，甚至用来衡量"价格是否'充分反映'既得信息"的观点，如果不是这样，那么它就具有很大的误导性，也就是它过于简单化。让我们再次回顾法玛提出的有关有效市场假说的最初论断：

> 资本市场的主要作用在于配置经济中的股本所有权。概括来说，理想状态就是，市场中价格为资源配置提供准确的信号，即市场中公司做出决策进行生产投资，投资者假定证券任何时候都会"充分反映既得信息"，在代表公司运营所有权的证券中加以选择。价格一直"充分反映既得信息"的市场，我们称之为"有效"市场。[1]

法玛在1970年撰写这段文字之时，金融衍生产品市场实际上尚不存在，现如今其额度达数十亿美元。这种转型不仅体现在数量

[1] 法玛，《有效的资本市场》，P383。

上。金融衍生产品市场的演化显示，金融市场自身发生了本体论上质的转变。透视“价格‘充分反映’既得信息”这一概念所包含的哲学意蕴，我们会明白其意义所在。

根据布莱克、舒尔茨及莫顿的理论，期权衍生产品的价格传递了信息，诸如某股票、债券或货币兑换率等基础资产的波动性。因此，衍生产品价格“充分反映”了，有关基础资产波动性的全部既得信息，在何种程度上决定了衍生产品的效率。换而言之，衍生产品的价格象征性地传递了基础资产价格波动的风险性。问题在于，基础资产价格波动的风险，是否独立于衍生产品定价和交易时执行的象征性活动。显而易见，衍生产品的价格源于标的物的特征。但是，假设其中的因果规律是单向的，这是否合理呢？

如果我们通过农民避险不可预测的天气的意象，来推想衍生产品及风险管理，那么将衍生产品价格仅仅视为标的物价格波动风险性的反应，就更为合理。玉米期货的定价及交易，对于发生干旱的可能性并不构成直接影响。然而，这里就形成了问题，如果自然现象形式表示的风险概念，拓展到金融衍生产品的定价领域时，其标的物自身受市场行为人之间的社交互动的管辖。有关这个问题，利普玛和李进行了评论：

在金融圈和学术界大多数人中，将自己的核算及全球

> 战略，建立在该风险性概念基础上的那些人，多半将其简单视为，它阐释了当代的普遍对抗，这种对抗具有不确定性。这一观点认为，从远古时代持续至今，世界各地的人一直寻求对风险实施掌控管理，试图消除不确定性，预测未来，使得经济取得成功的机会大大增加……构成该视角基础的认识论前提是，虽然风险与某一时间和地点存在着必然联系，虽然风险必然受当下所限，但是其仍属于知识体系中的文化和历史范畴……这种关于风险的观点，源自自然科学。假定金融界可以通过自然科学模式掌控风险，例如，如字面意义所示，充分体现原子粒子碰撞的方程式这一自然模式。关于风险的自然科学观点极具吸引力，因为该观点允许使用数学统计的方法，反过来，又允许金融界对衍生产品精确定价。但精确并不等同于准确，不管怎样，诉诸自然科学的模式，可能会成为一种无效的错误，运用该模式却是一种无效的错误。[1]

如果衍生产品的价格能“充分”反映基础资产的全部既得信息，那么其不但反映了资产价格波动的内生性风险，而且还反映了

[1] 利普玛，李，《金融衍生产品及全球化风险》，P54。

衍生产品的定价和交易对于基础资产价格的潜在影响。考虑到当代金融衍生产品的交易量，那些认为进行该交易不会对基础资产市场产生任何影响的想法，真是太幼稚了。揭示从衍生产品市场到基础市场之间因果关系的方法五花八门，反过来却并非这样。让我们回顾几个范例：

2004 年原油价格创历史新高，问题变得很明显，原油衍生产品市场 60% 的仓位为非原油业务形成的利益，也就是说，被与原油现货无关的交易商和投资人所持有。[1] 这些投机商只是试图靠预期价格走高谋利。这种投机行为对于原油的实际价格产生影响，由于衍生产品市场的仓位形成了某种对原油的虚拟需求或投机需求，因此倾覆了市场上实际供求规律。交易商会买空原油，以达成衍生产品交易合同，或者衍生产品套头交易合同，于是加大了原油的需求，同时提升了原油的价格。换而言之，衍生产品市场交易，带来或加大了那些套汇机会，那些获悉交易商意图后被充分利用的机会。出于同样的原因，在据称最初创制衍生产品，用其进行经营的基础市场中，原油衍生产品交易形成了市场的风险性和价格波动。衍生产品的核心特征在于，其形成了交易商实施杠杆头寸的固有能力。以相对较低的投资赚取相对较高的利润，因此成为可能。如果

[1] 达斯，《交易商、枪支和钞票》，P30。

股票价格上涨 10%，那么股票持有人期初投资回报率为 10%。而如果基础股票的价格上涨 10%，那么股票期权持有人期初投资回报增长数倍（取决于具体契约）。然而，如果股票价格没有上涨，股票持有人也没有损失，而全体股票期权持有人都会蒙受损失。杠杆效率不但大大增加了投资资本与引发的风险之间的比值关系，而且大大增加了一定量的资本对市场价格的影响力。如果我们旨在通过大头寸交易推动市场中的价格变化，那么与基础市场中的简单交易相比，衍生产品市场的交易方式“廉价”得多。价值 1 亿美元的原油期货对原油价格的影响，比同等价值原油简单交易的影响高出数倍。借款融资投机头寸时，投资资本对受市场影响的比值关系的影响更大。

融资的杠杆效应是对冲基金的一项显著特征。这些基金利用投资资本作为抵押，以数倍于原始投资的代价放款。再加上他们在衍生产品市场中实施投机头寸的意愿，对冲基金利用杠杆效应形成了资本流动，足以在某些市场中推动价格变化。通过杠杆效应，一些对冲基金可以控制充足的投资资本与整个国家的抗衡，努力推动货币价格变化。[1] 在此我们援引最经典的乔治·索罗斯的量子基金为例，该基金推动了 1992 年英镑贬值，以及 1997 年的泰铢贬值，其

[1] 利普玛，李，《金融衍生产品及全球化风险》，P49。

作用至关重要。[1] 在上述两种情况下，在两种货币贬值前，该基金进行大额货币交易，进行抛售做空，由此引发价格波动，据估计，随后其从中获利分别达到 100 亿美元及 75 亿美元。

衍生产品市场不仅仅是映射基础经济的指标。这些市场本身就是市场的关键指标，可以用来为制定经济及政治决策提供信息。这意味着，衍生产品市场的价格波动推动基础经济中的经济事件的发生。利普玛及李对该现象进行了分析：

> 在此举例说明，我们只需看看 2002 年巴西的总统选举，就知道为什么会这样。局势变得明朗，工党的路易斯·达席尔瓦有机会当选，美国媒体刻意将他称为社会主义工党或左翼工党，故意强调其身份，拉丁美洲金融市场的主要玩家开始抛售做空巴西货币。待达席尔瓦当选时，雷亚尔与美元及欧元兑换值下跌超过 30%。美国财政部长保罗·奥尼尔（一家衍生产品业务公司前 CEO）预计，衍生产品市场会继续监控达席尔瓦的表现，直到他“向他们保证，他不会做出疯狂的举动”，而不是想要重新分配财富，达到社会公正（引自《纽约时报》，2002.10.29.3）。

[1] 马拉比，《有钱能使鬼推磨》，P153—167；P198—206。

> 在竞选活动期间，达席尔瓦的对手引用衍生产品市场的反应，作为最具说服力的理由，对他投反对票。[1]

尽管存在衍生产品市场的舆论影响，达席尔瓦还是事实当选。然而在他执政后，由于他可以用来实施社会经济改革的众多基金，不得不用来偿清外债，而且雷亚尔贬值，这些导致外债累增，所以他调整经济政策的空间受到极大限制。从这一层面来说，衍生产品市场自身的价格波动，滋长了对达席尔瓦所持的负面预期，这对巴西的经济带来了巨大影响。这意味着，政客和投票人对政治纲领进行评估时，不仅必须虑及经济举措的直接影响，还需虑及金融市场视角下该纲领效力所形成的间接影响。由于市场秉持的主流观念直接作用于利率、货币兑换率，及其他关键指标，从而直接影响到国家经济，因此金融市场的存在是对还是错，便无关紧要。于是，市场秉持的这些观念便成为一种自我实现的预言。

[1] 利普玛，李，《金融衍生产品及全球化风险》，P58—59。

有关衍生市场的未知的已知

某种衍生产品的价格“反映”了衍生产品涉及的基础市场信息，从根本上说，这一论断意味着衍生产品市场吸纳了基础市场的认识。新古典金融学及行为金融之间的争论可以视为有关该认识如何理性地吸纳“既得信息”的争论。暂且不论该争论的结果，尚有一个更为基础的问题不曾触及。该问题关注包含了金融衍生产品市场知识的认识论。

沃伦·巴菲特提出了一个著名的观点，称衍生产品是“大规模杀伤性金融武器”。[1] 这一类比成为一个契机，唤起齐泽克所称的“拉姆斯菲尔德认识论”，目的在于理解包含了金融衍生产品的某种认知，或者说某些认知。2002 年，唐纳德·拉姆斯菲尔德召开媒体发布会，试图证明美军入侵伊拉克的合法性，罔顾缺乏萨达姆·侯赛因研发大规模杀伤性武器证据的事实。拉姆斯菲尔德在不同知识类属之间制造差异，随后齐泽克重拾此论。以下是齐泽克援引拉姆斯菲尔德的论点及相关评论：

“世界上存在着已知的已知。我们存在着未知的已知。

[1] 巴菲特，《主席致股东报告》。

> 这就是我们知道自己知道的事。世界上存在着已知的未知。也就是说，这就是我们知道自己不知道的事。但是世界上还存在着未知的未知。这就是我们不知道自己不知道的事。”拉姆斯菲尔德忘记补充最重要的第四种情况：“未知的已知”，即我们不知道自己知道的事，这恰恰是弗洛伊德的无意识状态。如果拉姆斯菲尔德所认为的与伊拉克冲突存在的主要危险，就是“未知的未知”，那么我们根本不曾预料萨达姆形成的危险本质，我们的答案是，与之前对比，此处的主要危险就是“未知的已知”，我们不曾意识到的那些为自己所秉承的否定的信念和见解。[1]

布莱克－舒尔茨期权定价法公式的亮点在于，可以在已知的已知基础上为衍生产品定价。公式中全部五个变量都是已知的已知。这些变量在第二章中罗列过：（1）履约价，在期权有效期内认购股票的价格 (X)。（2）至期权到期日时间 (τ)。（3）基础股票当前价格 (S)。（4）无风险利率 (r)。（5）股票价值的方差 (σ)。关键变量自然是基础资产的价格方差这一变量。但是，由于这个变量是一系列的历史价格波动衍生出来的，原则上，我们甚至完全可以在已知

[1] 齐泽克，《捍卫失败的事业》，P457。

的已知基础上对其进行推算。

已知的已知与已知的未知之间的差异，是衍生产品定价的核心。巴舍利耶理论的精华形成了构建这一显著差异的首要条件。我们看到巴舍利耶的陈述，“某一特定时刻，市场认为实际价值既没有上扬，也没有下跌。”[1] 换而言之，市场知道，自身并不知晓价格何时走高，或者何时下跌。期货价格升降的趋势不可预测。与此同时，正是有了这种有关市场认识不足的认知，才能对不同规模的价格波动概率进行推算。这就是巴舍利耶所称的“先验概率”。有关期货的已知未知，使我们利用过去和现在已得的已知的已知，来推算未来不同事件发生的概率。

显然，在认定金融衍生产品市场的未知的未知方面，尚存在着悖论。只有在事实发生后，在危机爆发后，有关衍生产品市场未知的未知才会显现。当某衍生产品的定价将不同风险纳入考虑范围时，我们不曾预料的事件就是未知的未知，但是这些未知确实发生时，其对于市场并不产生深远的影响。市场并不知晓其未获知这些事件发生的概率。只有在市场自身试图领悟某种危机形成原因，而对这些事件进行观察时，事件才会演变为风险。未知的未知事件发生，引发了金融危机。当市场在危机中“汲取教训”，这意味着市

[1] 巴舍利耶，《投机交易理论》，P26。

场开始虑及引发危机的特定类型事件发生的可能性。衍生产品定价整合了这类事件再次发生的概率。未知的未知转化为已知的未知。回顾 1987 年发生的股市崩盘，这便是这类转化的一个实例。

正如我们所见，1987 年股市危机的发生，是因为与投资组合保险有关的多家交易商同时抛售特定股票，引起市场上不连续的价格波动。结果成为曼德布罗特所称的“金融动荡”的一个案例，[1] 引发了互惠内生机制，因此扰乱了市场的“正常”机能。价格波动呈正态分布，这一假设可以界定“正常”与“失常”之间的区别。该假设是布莱克－舒尔茨期权定价法公式的固有组成部分。根据该假设，我们认为 1987 年 10 月 19 日股市崩盘引起的价格下跌程度可能性不大，甚至几乎不可能发生。在 1987 年 10 月 19 日之前，期权价格定位并未虑及道琼斯指数下跌 22.61% 的概率。这次事件就是未知的未知。然而，该事件对期权定价产生了深远持久的影响。1987 年崩盘事件后，出现了所谓“波动率偏离”的现象。某期权的隐含波动率、履约价及时价的价差，这两方面的关系就是波动率偏离。隐含波动率，对应既定市场中期权价格的波动率，用布莱克－舒尔茨期权定价法公式进行计算，根据实际市场价倒推计算出假设波动率，是市场对基础资产波动率进行的评估。如果在布莱克－舒

[1] 曼德布罗特，哈德森，《市场中的不当行为》。

尔茨期权定价法模式，或在某一类似模式基础上，我们计算出的理论价格，与衍生产品交易价格相同，那么全部期权的隐含波动率是相同的，无须顾及履约价。换而言之，某股指将时价 100 美元的指数的期权，以 105 美元执行价格卖出，较之于同一指数的执行价格为 80 美元的看跌期权，两者的隐含波动率相同。

1987 年以前确实存在这样的情况，不同执行价格的期权以市价交易，表征的波动率水平一致。但在崩盘事件之后，情况有所不同。指数股以低于时价很多的价格卖出期权价格，较之于以当前指数价格或高于该价格卖出期权，前者的价格就变得略高。这形成了先前提及的波动率偏离现象。略贵的期权，其隐含波动率略高。关于 1987 年后出现的波动率偏离现象，麦肯齐得出如下结论：

> 期权价格水平及计价体系，不仅反映了指数水平或指数期货价格变化的经验分布，而且将实际并未发生的灾难性的低概率事件概率纳入期权价格。换而言之，价格已经虑及 1987 年崩盘事件再次发生的恐慌。[1]

此处的重点是，较之于崩盘事件发生前，在 1987 年后，市场

[1] 麦肯齐，《一台引擎，绝非照相机》，P205。

开始认为，出现突然性的重大价格下跌现象更令人不可思议。1987年之前，类似价格下跌的风险是未知的未知，1987年之后，该事件成为已知的未知。

从未知的未知转化为已知的未知，意味着市场具有从过去发生的危机中汲取教训的能力。每次重大危机都暴露了，对于所感知的已经成为危机诱因的新风险类型，人们的关注度和敏感度更高。回顾1998年发生的长期资本管理公司崩溃事件，这是又一例证。这次崩溃事件在整个金融体系引起强烈反响，人们对对冲基金的杠杆效率类型相关的清算风险的意识因此日益提高。LTCM利用布莱克－舒尔茨期权定价法，以及莫尔顿的期权定价理论，来确认垂直套汇的机会，利用衍生产品来构建充分利用该产品的对冲投资组合类型。为了从这些套汇机会中获利，LTCM依靠剩余市场逐渐“修正”看似无效的产品，因此使得价格回复到有效市场假说以及理论上的期权定价模式预测的水平上来。

俄罗斯对以卢布发行的债券不予清偿，该事件有时也被视为崩盘的最初诱发事件，[1]LTCM接触俄罗斯市场有限，因此这次违约致使其蒙受的直接损失不大。然而，这起事件的发生令众多其他投资者震惊，他们本期望，俄罗斯不予清偿的是其外币债券，而

[1] 麦肯齐，《一台引擎，绝非照相机》，P229。

非以卢布发行的债券。为了维持清算能力，这些投资者中有一部分人，开始对 LTCM 持有的同类型投资进行减仓。反过来，这引起了流言散播，如同有效市场假说所建议的那样，LTCM 正押注扩容而非平仓。即使理论上来说，这创造了套利的新机会，但也同样对 LTCM 形成沉重的压力。LTCM 自身的投资者开始对基金施压，以减少损失，而且有关基金是否能够存活的疑虑在市场传播开来，导致其他投资者对 LTCM 持有的同类型投资进行减仓，因为他们担心 LTCM 必须清算这些投资，将其资产投入市场。这些有关 LTCM 能否存活的疑虑，成为自我兑现的预言，引起基金资产价格下跌。从交易对手以及票据交易所那里获得的抵押品的兑现需求日益增长，最终 LTCM 倾尽贷款进行支付，来保住他们的资金。基金以“定向爆破”的方式进行清偿，由各大银行及纽约联邦储备银行组成的财团精心组织。事实上，基金的基本交易策略是建立在完善对冲的基础上的，基金不曾预料到这种清偿风险，即使 LTCM 谨慎地避免了传统意义上的市场风险，这种清偿风险最终阻碍了其他投资者，他们的参与会填补“无限”的市场缺口。从长远来看，LTCM 的资金极其有利可图，但是基金面临着扑克玩家里克·班纳特提到的问题，“短期要比大众认知的更长远”。[1]

---

[1] 班纳特，《一个小世界的国王》，P270。

衍生产品是计算及转移风险的复杂手段，用齐泽克的术语来说，衍生产品起到了表征真实的作用。这种表征将不可预测的未来事件，转化为用统计概率设定的风险。但正如我们所知，真实并不会轻易适用于符号表征。每种符号表征都是不完备的，不可避免地形成真实以“对抗符号表征”的形式回归。衍生产品也许可以控制和管理风险，但是似乎同样也能形成新形式的风险。我们可以确定3+1的不同类型的金融风险：（1）市场风险是市场中价格波动的直接风险。（2）信贷风险是一份合同，例如期货合同的对方当事人不履行其责任的可能性。（3）清算风险是指，某人无法完成维持投资持有量所需的清欠（例如，曝光投资持有量的几率增加时抵押附加担保），或者某人无法找到流动性强的市场，来购入或变卖资产。

如同我们在1987年和1998年发生的案例中所见，这三种风险形式并非界限分明，事实上三者之间彼此联系紧密。利用衍生产品对冲这其中的某种风险，可能完全导致置身于另一种类型的风险之中。例如，用股指期货合同对冲价格下跌的市场风险，可能会导致置身于信贷风险，另一方当事人履行他在契约中所承担义务的风险。如果市场上对信贷风险存在很大的不确定性，就可能推动所谓的“求质而战”，这种情况下投资者将资金转移到相对安全的资产，因此减弱了风险需求市场的流动性。这种流动性的缺乏反之引起价格下跌，随之增加了直接市场风险。

这些概念意指，金融市场的不同风险源以及风险之间的相互作用，后者本身就是一种风险源。这为我们形成又一种金融风险类型：（4）系统风险。

> 根据卡夫曼及斯科特提出的定义，系统风险指的是整个系统存在的风险，或者系统崩溃的概率，与个别部分或系统成分崩溃的相区别，系统的多数或所有部分之间的联动就证明了这一点。[1]

系统风险的概念并非实际指定造成金融市场风险的特定类型事件，似乎它只是一个剩余范畴，将所有不适合其他所有范畴的内容统统纳入囊中。首先，它指风险管理滋生形成的风险类型。马克思的革命论点一定是系统风险的最终范例。市场风险、信贷风险、清算风险是指，通过某种精确计算原则上可以规避的风险；而系统风险是指，我们难以预测，有可能严重干扰涉及我们所有人的金融市场利润率的事件。

市场风险、信贷风险及清算风险管理自身，成为系统风险的源

[1] 卡夫曼，斯科特《何为系统风险？银行监管者是减缓还是加剧了这种风险？》，P371。

头之一，这一逻辑与贯穿下述笑话的逻辑相似。该笑话的内容有关前克罗地亚总统弗拉尼奥·图季曼和他的大家族，他们乘坐飞机飞越克罗地亚上空：

> 很多克罗地亚人生活悲惨无幸福可言，而他和亲信们却聚敛财富。获知有关言论，图季曼说："如果我将一张百万美元的支票扔出窗外会怎样？至少可以让一个克罗地亚人，那个接住支票的人幸福吗？"他的妻子恭维道："可是亲爱的图季曼，为什么不扔出两张面值50万美元的支票呢？那样就可以让两个克罗地亚人幸福了。"他的女儿接着说，"为什么不扔出四张面值25万美元的支票呢？那样就可以让四个克罗地亚人幸福了。"依此类推，最后轮到他的孙子，这个公认愚钝的少年不自觉地脱口说出了真话："可是爷爷，为什么不干脆把您自己扔出窗外？那样所有的克罗地亚人就都幸福了。"[1]

构建衍生产品是为了对冲市场风险、信贷风险，在某种程度上甚至为了对冲清算风险，而摆脱系统风险的有效方式，或许就是革

[1] 齐泽克，《脆弱的绝对》，P53—54。

除衍生产品市场本身。

将同一逻辑运用于货币政策之中，这一点极具吸引力。支持自由市场理念的关键人物之一就是米尔顿·弗里德曼，他有一个著名的提议，用从直升机上扔钱的方式来对抗价格通缩。[1]

在智利、玻利维亚、波兰、俄罗斯以及东南亚等地完全执行弗里德曼政策，以这些历史经验来看，我们可以推断，直接将米尔顿·弗里德曼扔出直升机，甚至会是更有效的修复货币不稳定性的措施。[2]

市场风险、信贷风险及清算风险，显现在已知的已知与已知的未知之间的关系之中。系统风险是现有市场知识体系局限性的标志。系统风险是金融市场中未知的未知因素。随着市场汲取既往危机中的教训，开发新的危机管理工具，用来计算和对冲我们觉察到的引起危机发生的某类事件发生的概率，这些先前的系统风险转化为特定的市场、信贷或清算风险的形式。未知的未知就转化为已知的未知。反过来，这些新的风险管理工具也生成新的风险，这些风险可能成为未来危机的诱因。从未知的未知转化为已知的未知，形成新的未知的未知。我们可以对齐泽克的真实定义加以转述，目的

[1] 弗里德曼，《最优货币量》，P4。

[2] 克莱恩，《震荡学说》。

在于将系统风险构设为“对抗风险管理的风险”。

前述部分中，齐泽克指责，拉姆斯菲尔德的认识论未能虑及知识体系的第四类范畴：未知的已知。这属于弗洛伊德理论（或者更精确地说拉康理论）中的潜意识范畴，是“不自知的已知知识”。[1]我们可以进一步沿袭齐泽克的观点，提出全球资本主义对金融市场中的货币流通的依赖日益加深，该体系存在的“主要危险”并非对抗未知的未知，即那些通常情况下长期存在于金融市场的不可预期的事件，而是这些市场中存在的未知的已知，即这些市场中的行为人自身“甚至不曾意识到的”自身“秉持”的那些“被否定的信念及假定”。那么，何为金融市场中的未知的已知呢？

简略解释近来的金融危机，我们可以说，一方面，对于建立在市场效率假定基础上的新古典金融学模式，众多金融学者和金融家是盲从的；另一方面，存在以非理性繁荣及其他无效形式为标志的金融市场。金融危机仅仅是模式与市场不断扩大的失配造成的不可避免的后果。即使这种解释并非完全谬误，但是它忽略了有关金融市场机能的最关键的一点。这种解释假定了一种二分法，一方坚信市场效率，即金融市场中的不知情的无批判力的行为人，另一方是知情的批判人，他们已经认识到金融市场的真正本质，不再相信市

[1] 齐泽克，《解读拉康》，P52。

场效率。然而，这种理念过于简单，无法充分体现当代金融市场的后意识形态基础。

有关现代新古典金融理论以及市场效率本质概念，或许最激进的批判是伯努瓦·曼德布罗特提出的主张。关于金融市场中的价格波动表现具有随意性的假说，以及该波动成正态分布的假说，曼德布罗特将二者区分开来，由此深入这些理论的核心。曼德布罗特承认，就不可预测性而言，价格事实上可能具有随意性，但是他进一步区分了“轻度”和“杂乱”无规则。[1] 第一种无规则符合高斯的概率论假说：价格沿着钟形曲线运动呈正态分布，每一个价格运动都独立于先前的运动。轻度无规则就是，当你多次抛硬币时得到正反面的状态。然而，第二种无规则和这些假说并不一致。例如，杂乱无规则会导致动荡的现象，就像在风中或河流中表现出的情况。当事物进行的层流运动超越了某种极限，就开始强化彼此间的相互作用，随之形成新的更为复杂的模式，不可能将该模式改变为初始运动的效应时，就会发生动荡现象。动荡陡然形成极为剧烈的波动，规模大大超过了事物在较为正常情况下呈现的波动。换而言之，动荡与某境况下“普通”波动有着根本区别。较之于正态分布，杂乱无规则形成了更为“失常”的情况。不太可能发生的事件

[1] 曼德布罗特，哈德森，《市场中的不当行为》，P32。

成为可能。

曼德布罗特的批评要旨自然就是，金融市场的价格变化遵从杂乱无规则的模式，而非轻度无规则的模式。因此，由于发生“金融动荡”的这些实例，是系统发挥机能的固有阶段，频繁爆发危机也就一点都不奇怪了。该状态下，价格波动远远超出了市场的预期。“市场有很大风险性，远远超出了轻率地假设价格围绕理想的高斯平均值上下徘徊形成的风险。”[1]

曼德布罗特的论断，建立在概率论理论反思及历史价格实证研究相结合的基础之上。他被公认为是一位数学天才，而且他的论点简单易懂，又极具说服力。就这点而言，关注主流金融理论家对他的批判，关注他们做出的回应就很有趣。以下是曼德布罗特自己所做的总结：

> 反对现代金融理论标准模型所包含假设的证据如此重要，因此我们再也不能对其完全忽视。事实上，在我开始攻克这个主题四十年之后，多数经济学家现在承认，价格并不按照钟形曲线变化，价格变化也不是独立运动。但是对于很多人而言，承认那些要点后，他们接下来会

[1] 曼德布罗特，哈德森，《市场中的不当行为》，P169。

做出评论：那又如何？他们进行辩驳，独立和常态仅仅是假设，这有助于简化现代金融理论的公式。最重要的是结果。标准模式能准确预测市场如何进行总体运转吗？一位投资者可以运用现代投资组合理论，构建一个安全的可盈利策略吗？资本资产定价模式会帮助财务分析员或公司财务主管做出正确的决定吗？如果可以，那么不要再就此辩驳了。[1]

这个引证有助于深入了解与金融市场有关的意识形态及观念的运作方式。为了探索这一点，我们可以借用齐泽克对尼尔斯·玻尔的一段逸事所做的解释：

看到波尔乡下住所的门上有一块马蹄铁，大家感到诧异，前来拜访他的同行科学家惊叫道，自己不相信马蹄铁可将邪恶的灵魂挡在房间之外，这是迷信的观点。对此，波尔不假思索地回答，“我也不相信。我把那个放在那里是因为，有人告诉我，当一个人根本不相信它时，它就会起作用。”这就是事实上意识形态如今的运作模式：没有

[1] 曼德布罗特，哈德森，《市场中的不当行为》，P100。

> 人严肃地对待民主和公正，我们都认识到其腐败本质，但是我们却涉足其中，对此还深信不疑。[1]

类似的观点也适用于金融市场，甚至总体上适用于资本主义体系。金融市场发挥了有效分配资本财力的作用，从而将生产能力和繁荣程度发挥到极致，何人真正相信该观点呢？尤其是在 2007 年至 2008 年期间发生金融危机之后，真正相信金融资本主义自由市场无限制获益的人，变得越来越少。在国会听证会上，艾伦·格林斯潘甚至被迫承认，“到目前为止，自由竞争市场是规划经济活动无可比拟的方式”。他发现，要对做出这一假定的自己的“观念体系”，发出一声“喔”的质疑。对日益增长的质疑观点做出的乐观解释，指向金融市场的高效本质及人性化，我们处在历史的转折点，过去四十年中信奉的自由化及放松管制概念将会逆转。较为悲观的解释是，金融市场现在逐渐发展成这样的一种状态，为使市场发挥全世界货币流通及分配的关键决定要素的作用，人们不再被要求对市场持信任态度。我们整个经济体系的组织，一直围绕着这一概念，即市场是高效的，从而对不同资产、证券及货币自身进行最准确地估价。这种组织形式包罗万象，于是我们不再需要个人的观

[1] 齐泽克，《最初是悲剧，随后是闹剧》，P51。

念。即使我们并不相信市场，市场依然发挥效力。

这就是引用曼德布罗特的话明确阐释的内容。即使金融专业人士不相信有效市场假说，或者构成新古典金融学模式下企业集团的精准性，他们依然继续坚守这些模式，因为不管这些模式的运用者是否持不信任态度，它们依然发挥作用。

曼德布罗特区分了轻度无规则和杂乱无规则，有助于将概率计算及风险管理的无规则，与另一类基本无法管理的无规则区分开来。用齐泽克的话说，轻度无规则可以符号化，然而站在杂乱无规则是“对抗符号象征意义”的金融波动形式这一层面上说，该无规则是“回归真实”。接受金融市场易于形成杂乱无规则这一理论，意味着我们还必须接受这一事实，最终金融市场的风险性无法管理。因为现代金融的核心目标是，运用全新的、始终极为复杂的手段进行风险管理，这样的一种妥协会产生不利的影响，这会是对根本上的无所作为的一种认可。从这一角度而言，回顾最早对曼德布罗特理论进行的一项回应令人产生兴趣，这就是保罗·库特纳对此进行的回应：

就像之前的丘吉尔首相一样，曼德布罗特承诺给我们带来的不是乌托邦，而是鲜血、汗水、辛劳及泪水。如果他没有做错，诸如最小二乘分析、频谱分析、可行

> 性最大似然法，所有我们已经建立的样本理论以及闭合分布函数等，几乎我们运用的所有统计工具都要被淘汰。过去进行的计量经济学的工作都毫无意义，这一点几乎无一例外。当然，在将几个世纪以来完成的工作付之一炬之前，我们想要得到某种保证，确定我们所做的全部工作真的无效。[1]

曼德布罗特对现代金融理论的批判具有激进性，因为其触及了未知的已知，这构建了思考金融市场及风险管理的基本框架。齐泽克援引康德的理论来详细阐述未知的已知的本质，“如果没有这种‘未知的已知’框架，那么康德的先验逻辑只是一种推论，其意义空间我们尚不知，但其已然始终存在，构建了我们接近现实之路。”[2]第一章中，我们探讨了康德和巴舍利耶两者之间的关系。根据巴舍利耶的理论，现代金融学创建时是对市场先验概率进行研究。正如我们所见，他总结自己的论点时说，“市场不知不觉地遵守一个主宰市场的法则，那就是概率论。”[3]这就是金融市场中的未知的已知：金融市场的价格表现与概率推论一致。这种金融领域的推论

[1] 库特纳，《股市价格的随机特征》，P114。

[2] 齐泽克，《哲学观，“未知的已知”，理性之公共运用》，P137。

[3] 巴舍利耶，《投机理论》，P77。

形式，假定了已知的未知（期货价格运动趋势），以及已知的已知（某资产的历史价格波动）之间的差异。金融市场中未知的已知提供了“意义空间”……“构建了我们接近现实之路”。

我们还获知，有效市场假说如何成为分析命题或综合命题的方式。只有站在有效市场假说充当一个综合命题这一层面上，新古典金融学与行为金融学之间的争端才得以停战。这仅仅关系到一个问题，就是现实实证市场与市场效率的理论概念是否相符，这种符合达到何种程度。但是这一争端的始因是，有效市场假说是一种分析表达。只有我们接受有效市场假说是一个有意义的理论概念，讨论实证市场是否符合这一概念才有意义。就这一角度而言，有效市场假说是一个分析命题，构成了一个未知的已知。这就是曼德布罗特的论断如此令人不安的原因。我们讨论的不仅仅是新古典金融学中的已知的已知与已知的未知，以及所有由此理论派生的风险管理模式。我们讨论的是整个市场大厦下潜在的未知的已知的效度。曼德布罗特提出的批判，主张当前风险管理模式是不完善的，或不充分的，而且还暗示了管理风险的整体概念存在瑕疵。

未知的已知就是无意识，根据拉康著名的口号来说，“无意识具有语言的结构”。[1] 在金融市场中，未知的已知具有概率论的语言

[1] 拉康，《精神分析的四个基本概念》，P37。

结构。萨蒂亚吉特·达斯观察下文中所谓的“金融工程师”时，也就是观察那些在高度复杂的定量金融理论的基础上构建金融风险模式的学者时，举出该结构的一个范例：

> 在信贷市场中，你不可能实证验证任何命题。如果你问及违约的某公司面临何种风险，当时该公司尚未违约，你不能研究历史来确定概率。数据悖论不会难倒专业人士。辩证法并非源自于他们所接受的培训。他们每一篇论文的开篇，都是向金融工程师同行的问候，“假设如下，我们认为”。我们对此烂熟于心。[1]

准确地说，概率论的目的就是进行简化的假设，对不同的假想情况提供统计比较。为使特定的论据或计算合乎情理，最初的阐述假设是十分必要的，这些阐述表明，一篇学术论文的作者，或一种风险模式的构建者是讲求实际的；他充分认识到经验现实未必与模式的特征吻合。该阐述认可了，讨论的金融模式中存在的已知的未知。与此同时，这些假设的阐述还确认了该模式中潜在的未知的已知，“我清楚地知道这一模式与实在现实的本质并不吻合，尽管如

[1] 萨蒂亚吉特·达斯，《交易商、枪支和钞票》，P293。

此我还要继续下去，就像该模式事实上与现实吻合一样。”换而言之，该模式与实在现实的本质并不吻合这一认识，并未纳入模式自身体系。其依然是一个未知的已知。

货币及衍生产品

金融衍生产品的兴起，以及交易市场中产品交易额呈指数增长，其重要意义不仅仅在于转化了金融市场的结构及机能。衍生产品还起到推动金融化的作用。按照爱泼斯坦的理论，“金融化意味着，金融动因、金融市场、金融行为人及金融机构，在国内国际经济运营中发挥的作用日益增长。”[1] 爱泼斯坦坦言，人们忽视了在过去的三十年间金融已经产生的影响。将之与金融衍生产品的进化相比较，显而易见两者之间彼此相关。

如果我们将衍生产品视为风险定价工具，我们会明白，它们作为链接其他不同金融市场价格的主要媒介的方式。风险是所有金融市场的固有特征，因此，风险定价几乎成为对不同市场运作价位进行比较的通用基准。衍生产品提供了一种通用语言，方便

[1] 爱泼斯坦，《金融化与世界经济》，P3。

不同市场之间相互转化或转换。根据布莱恩和拉弗蒂的观点，衍生产品的关键作用在于提供“金融市场通约”，通过完成这两种相互关联的作用：

> 捆绑：衍生产品凭借期权和期货建立定价关系，将未来与现在“捆绑”在一起，或者将一地与异地“捆绑”在一起。
>
> 调配：衍生产品，尤其是通过掉期来建立定价关系，在（“相应的”）不同形式资产之间进行快速转换。[1]

如我之前提及的，相同商品在不同市场以不同价格交易时，例如，如果黄金在 LBMA（伦敦）及 NYMEX（纽约）交易价格不同时，就会发生最简单形式的套汇。当金融市场进一步发展，变得更加复杂时，套汇的形式也随之变化。由于衍生产品为金融市场提供通约性，它们易化了价格比较的无限可能，意在锁定套利机会。布莱恩和拉弗蒂详细阐述了衍生产品的通约性：

> 每种衍生产品都是一种资本形式与其他资本形式之

[1] 布莱恩，拉弗蒂，《金融衍生产品和货币理论》，P140。

> 间进行的一系列转换，即是否是一种简单商品期货合同进行的转换，或者是否是特定货币指数与特定股票市场指数进行的一种复杂转换。当所有这些产品聚集在一起，就形成了一个复杂的转化网络，一个衍生产品体系，置身其中，资本的任何“节点”，不管处于任何地点、任何时间或空间，都可以在持续的基础上与其他资本“节点”进行比较。[1]

如果金融市场具有一种内在倾向，自动向均衡高效的状态发展，那么这个“复杂的转化网络”就仅仅是一个投机性基础架构，允许投机商有效地发挥系统守护人的作用，时时勘察市场状态，确保最终即时价格不同，以他们善意的努力获取微额的投机盈利。然而，如果市场效率是一条意识形态中的面纱，用以遮覆不断形成的价差，那么持续增长的市场波动则是培植价差的温床，于是，作为“复杂转化网络”的“衍生产品体系”，开始让那些从事投机的“蜘蛛”获益，他们可以利用这一网络捕获自己源源不断的利润份额。

而布莱恩和拉弗蒂似乎更倾向于这些情景中的第一个情节，不论观察者在衍生产品问题上是否存在标准和思想倾向，他们对衍生

[1] 布莱恩，拉弗蒂，《金融衍生产品和货币理论》，P141。

产品的机能进行的准确观察还是具有合理性的。

> 从这一角度来说，衍生产品就是“幕后”的货币，确保不同形式的资产（及货币）相互对等，这靠的并非是国家法令（如固定兑换率），而是取决于竞争力。从这一角度来说，衍生产品的影响在于将资本与货币范畴合二为一：为金融资产交易市场引入流动性，使得所有资产与货币更为相似，赋予货币类似资本的属性，在极端情况下，货币本身以资本形式呈现。该影响将瓦解商品生产（所谓“实体”经济）领域与货币经济领域之间的差异性。[1]

由于货币流通不仅存在于金融市场，而且存在于经济体系的所有其他环节之中，金融衍生产品的大量繁衍，促成了所有形式货币的最终资本化。这一点连同货币及资本的通约性，使得金融市场的理性化（或由此缺乏理性）渗透到生活中货币构筑的所有领域。衍生产品成为货币自身金融化的媒介。

衍生产品令“所有资产与货币更为相似”，这意味着在今日的金融资本主义体系中，越来越多的资产成为投机对象。对象不仅指

[1] 布莱恩，拉弗蒂，《金融衍生产品和货币理论》，P153。

向通常我们持有怀疑态度的金融市场上交易的股票、政府公债、货币，就连房地产、能源、食品及众多其他的寻常资产，其价格同样由金融市场决定，于是引发了这些市场的动荡，深深地波及了个体房主、消费者及像普通家庭这样的私人领域。

金融衍生产品的兴起，以及衍生产品市场交易数额呈指数增长，他们所带来的最深远的影响，或许就是金融市场交易与基础资产所有权之间日渐脱节。GM 的股票代表公司一部分集体所有权，同一股票看涨期权持有人并未拥有 GM 公司的任何所有权。这同样适用于公债、货币及商品的衍生产品，尤其是与各种指数相关的衍生产品，其标的物甚至只是抽象数字。

金融市场交易与基础资产所有权之间日渐脱节，意味着金融利润与基础经济利润之间日渐脱节。而股票市场利润与股票代表的标的公司的收益率紧密相关，这同样适用于股票的衍生产品。然而，在总体经济增长，股票价格看涨时，股票看涨期权的持有人通常都会获利；在总体经济低迷，股票价格下跌时，看跌期权持有人及看涨期权的卖家就会获利。简而言之，在市场上扬及下跌时，衍生产品都可以让交易者获利。实际上，卖空就是交易出售证券，这些证券并不归那些卖方所有，仅仅由其“借入”直至再次重构，卖空可以获利，甚至在发明金融衍生产品之前就可能实现这一点，但这些金融工具的大量生成增加了获利的机会。于是，金融衍生产品交易的发展，标志着金融市场中涌现出的行为人数量日益增多，他们的利益与整体经济并不一致。当个体企业或整体经济发生崩盘时，行为人阶级从中获利。

金融化的概念并非简单意味着经济的金融及生产领域完全脱节。我们已经目睹，衍生产品市场价格波动如何对基础市场价格的确定产生影响，甚至对实体产业经济运营产生影响。衍生产品市场与其他经济领域之间存在互惠互利的因果关系。随着衍生产品市场交易额增长，这些市场中价格波动对其他经济领域带来的冲击同样增大。通俗来说，这种发展标志着向“产业”狗正摇动着“金融”尾巴这一情势发展的潮流。

后信用货币的供求关系

1999 年，美国国会通过了《金融服务现代化法》法案。是自 1980 年以来，该法案在解除银行产业管控过程中取得的最大进步。这个过程可以视为《格拉斯－斯蒂格尔法案》的一个逆转，最初通过后一则法案的目的在于，将投资银行与商业储蓄银行分离开来。在 1929 年股市崩盘的背景下，《格拉斯－斯蒂格尔法案》中的观点旨在保护“普通民众”，使他们在实际产业经济中赚取的财富免受金融市场波动及崩塌的影响。《金融服务现代化法》为商业银行、投资银行及保险公司的合并，清除了最后一道法律障碍，为诸如摩根大通私人银行、花旗集团、美国银行、汇丰银行这样的银行，发展成为多重服务业务的金融公司铺平道路。

从货币视角来看，最终废除《格拉斯－斯蒂格尔法案》意味着，在私人和私营公司储蓄基础上，商业银行形成的信用货币，以及金融市场中浮动的投机资本漩涡，这两者之间的闸门打开了。我们已经目睹，起初货币价格如何由金融市场决定，而不是由单一民族国家的政治决策决定。商业银行及投资银行的合并，为这一发展又注入了一个元素，因为该元素允许银行生成信用货币，这些信用货币随后又被金融市场吸纳。这标志着对后信用货币需求进行了重新配置。

中央银行政策从信贷配给转变为贴现窗口规范，这种转变有时也被称为向需求驱动的信贷创造的一种转变。不管市场需求的信贷额是多少，中央银行都以特定价格提供信贷，而不是通过确定借贷给商业银行的货币供应量，来控制信贷的形成。换而言之，市场对信贷的需求决定了信贷的供给。

需求驱动的信贷创造概念，的确有助于理解中央银行（不予）规范信用货币供给的方式，与此同时，如果我们从哲学视角看待这一点，或许会被引入歧途。需求概念暗示，所需客体与需求主体之间存在着某种关联。对某客体的需求源自主体存在的某种需求，或许通过获得具有目标固有特征的特定客体，这种需求能得到满足。例如，有人需要苹果，可能是因为他很饿，也可能是因为，由于苹果的营养品质满足了他的需求。

由于我们已经明白，齐泽克的主体模式建立在打破需求概念的基础上，当他坚持认为“主体……以及主体意向的客体原因……严格来说相互关联”时，[1] 他援引了意向的概念。这意味着对某客体的需求，并非是先已存在于主体之中，客体自身也并不固有客体的特质。我们倒不如说，客体“引发”主体存在的意向，与此同时，主体将特质集合体投射于客体。较之于需求概念，意向概念使得信用货币的创造与以往不同，或者更为理性，令我们可以展示信用货币创造与金融化之间的关系。应该将信贷创造理解为意向驱动，而非需求驱动。

有关主体，齐泽克的思考的另一关键之处是这样一种观点，他认为意向是象征意义的媒介。拉康的口号捕捉到这一观点，“人类的意向是他者的意向”。[2] 这意味着主体的意向从来就不仅是对特定客体的单纯的自发的渴望。主体的意向必然受象征指令调停。齐泽

[1] 齐泽克，《脆弱的绝对理论》，P28。

[2] 拉康，《精神分析中言语与语言的功用及领域》，P312。

克对这一口号的两个维度加以区分：

> 构建人类的意向的是“非同心的”大他者，以及象征性的指令，即自我的意向由大他者以及自我存在的象征性空间预设……这仅仅是因为，自我体验了他者本身的意向，体验了不可预测的意向之的，仿佛不透明的意向是来自于他或她。[1]

我们在第三章中看到的货币国定论，启蒙性地阐释了意向总是他者的意向的概念，如何在货币体制中终结。该理论主张，从根本上说货币是国家创造的。国家创造货币通过三个相互关联的运动。第一，依法宣布某物（硬币、纸币等）成为货币。第二，当国家接受该物进行税款缴纳时，就对该物形成稳定的需求。第三，由于所有人都知道，其他人最终会需要该物缴纳税款，前两项活动自动导致人们普遍接受该物货币，作为该国领域内交换及支付的方式。换而言之，国家对货币的需求马上转化为意向概念。对齐泽克的理论进行解释，特定物体成为货币的合法身份意味着，“公民的意向，是由国家以及公民所处的法律和经济空间预设的”。这是创造货币

[1] 齐泽克，《解读拉康》，P41—42。

的货币理论中的第一种运动。在第二种运动中，“公民体会到，国家自身就有意向”，希望货币成为税收的形式。在第三种运动中，当指定成为货币的特定物体，成为人们普遍接受的支付和交换方式时，该意向在市场中得以内化。当公民体会到，他们对货币的意向，是他们在市场中遭遇货币物的经历自动形成的，这时，在创造货币的过程中，大他者（以国家形式存在）的作用消除。

我们已经明白，布雷顿森林体系崩溃后，政府在货币定价方面发挥作用的方式，由金融市场接替。金融衍生产品的涌现及扩展，是这一发展的核心。但是，金融化不仅仅适用于货币定价。总体的金融市场以及个体的衍生品市场，其增长超过一定阈值时，过去由国家扮演的构建货币意向的大他者角色，就由它们接管。换而言之，金融化在货币定价本体领域内终止，甚至在货币体制的本体论领域内，金融化也宣告终结。对衍生品交易呈指数增长进行反思，利普玛及李指出：

> 那种大规模的储蓄和电汇一定采用电子的、概念性的、虚拟的方式，因为投入流通的数量，超过了全世界实物货币总量。衍生产品及其流通的决定性特征在于，其并不涉及实物形式或拜物形式（如股票凭证）的财产。购买某衍生产品，会向买方授权电子注册的预期权，用以购买

> 卖方的“权利”，这种“权利”可以进行电子汇兑和信贷注册，其票面价值额等同于买方账号消减之额。充当该交易媒介的货币，以新创造的自我媒介的形式存在，可以说，这种货币似乎不直接受制于任何国家经济体系，或者监管机构。在衍生品的创造及估计中，劳动力和材料无关紧要，这一点不同于商品制造。[1]

透过货币国定论来审视这一点，我们可以看到金融市场开始模仿国家生钱的模式。“衍生品交易体系生成庞大的结算额，需要注入资金，这一点很明显”。[2] 创造新的衍生产品的疯狂节奏，以及交易现有衍生产品的延期，形成的持续不断的需求，要用货币清算这些合同。在金融市场中，持续需求结算货币造成的影响，与国家征税产生的影响堪有一比。由于金融衍生产品，以及持续买入、售出、清算衍生产品的市场，构成了对特定类型货币的意向，它们扮演着大他者的角色。

按照货币国定论进行解释，依法宣告某种物体成为缴纳税收手段，并被大众接受，这一点决定了货币体制。如果一个国家的最高

[1] 利普玛，李，《金融衍生产品及全球化风险》，P48。

[2] 麦肯齐，《衍生产品的博彩资本主义》，P212。

统治者准备接受旧鞋来清算税收，那么原则上旧鞋就开始在该国充当一种货币的形式。当进入市场形成货币意向的主要动力，关键问题就是，支付金融证券的买进售出，以及支付金融市场中形成的清算义务，大众接受何种类型的货币进行支付呢？

在当代金融市场中，如果曾经使用实物现金进行交易或清算，那么金融产品就是稀缺的。如同利普玛和李提到的，交易人账号之间的信贷电子转账，是金融交易的媒介。我们已经看到，电子信贷支付体系如何允许银行客户使用信用货币来购买商品。我们找到了复杂的同业银行清算系统，该系统是以上系统的平行系统，使得对国家货币的需求在整体交易发生时达到最低。同样的系统也适用于金融市场，由于它为随时运用信用货币提供了一个途径。

金融市场中的大他者意向的信用货币类型，不仅仅是信用货币类型的问题。在第四章阐述的货币信用理论中，我们看到信用货币的价值如何依赖于债务人的信用度。在国有银行业体系背景下，进入同业银行货币市场以及中央银行贷款项目，对于一个银行的信用度来说至关重要，对于直接支付和交换手段的银行信贷的流通来说也同样重要。同业银行货币市场以及中央银行的整体目标，就是消除各商业银行信用度之间存在的差异。这些差异的消除，可使商业银行的信用货币按照票面价值进行流通，无须顾及发放信贷的个体银行的状况。后者是货币使用者所关注的内容。

当一家银行提供信用货币，以推动全球金融市场的交易、清算或提供抵押担保业务的发展，该货币的价值取决于，银行与国家同业银行货币市场的关系，以及中央银行服务项目的关系。关键之处在于，该银行在金融市场基础设施中所处的位置。该银行的信贷是否立刻被大众接受，成为金融产品买卖或者衍生合约清算的支付手段呢？换而言之，金融市场决定的与利息率相关的货币价格、货币兑换以及商品价格。特定银行信贷的价值以及有效性，银行发放以货币形式流通的信贷的能力，这些都是由该银行在全球资本主义金融中心的地位所确定的。如果主要金融市场中的金融证券和合约的交易及清偿，都乐于接受特定银行发放的信贷，这就赋予银行供给货币极大的潜力，潜在获利丰厚。提到货币增值，我们看到，认为银行只是存户与借方之间媒介的观点极为谬误。在后信用货币时代，在银行发放新贷款之前，它们不必等待新的储户来银行存款。生成存款的运动，与发放贷款的运动并不相同。可以依据储蓄账户上的信贷额支付贷款。有效的同业银行清算系统，使得信贷以货币形式进行流通，对中央银行货币的依赖程度也达到最低。随着投资银行与储蓄银行的合并，盈利的运作方式进一步向前推进。银行不但不必再等待拥有过剩资本的储户，它们甚至不必等待借方申请额外资金。这两类银行业务的合并使得银行可以使用自己的信贷作为货币，在金融市场进行交易。换而言之，它们一手造钱，另一手随即将钱投入金融市场的流通中。

当信用货币投入金融市场的流通中时，对冲基金通常扮演中介人的角色。正如我们所提出的，对冲基金运营要靠筹集一定数额的初始资本，这些资金随后用作抵押品，借入更多资金，于是筹集到的运营资本超出期初投资数倍。对冲基金可以由独立投资人、投资银行，或者两者合作设立。针对为投资人提供赚取大额投机利润的机会，对冲基金推动银行发放新的有息信用货币，这些货币投入到金融市场的流通中。

在前文中，利普玛和李提出一个重要特性，该特性将金融市场与产业经济市场分离。而“制造商品”的市场额，受“劳动力和材料”利用率限制，金融产品尤其是衍生产品的创造及流通，不受这样的有限资源限制。如果形成经济体系对信贷的“意向”的，仅仅只是产业经济中的行为人，他们希望通过投资新机器、研究开发、营销等，来拓展自己的业务，那么这种需求会受可盈利的投资机会利用率限制，最终受“劳动力及材料”利用率限制。然而，当信用货币用来买进用于投机的金融资产及证券，而不是进行产业经济投资，这些限制就不存在。投机可以为利用生成的货币创造更多新机会，而没有浪费现有的机会。资金注入金融市场引起价格飞涨，反过来，由于更多行为人看到了新的盈利可能性，这又形成对更多资金的需求。当银行接受金融资产作为新贷款的抵押物时，这一过程画上句号。这些资产的价格，正是由投入使用新信用货币的市场所决定的。这意味着，新信贷的发放有助于基础资产价格快速增长，这些资产又成为同一信贷的抵押物。我们认为，金融市场生成对信用货币的自发意向，并不是金融市场提供了对信贷的有限需求，本质上前者无法得到满足，而只需一定数额的资金，后者就可以加以满足，这样似乎说更为准确。

当然，对于金融市场交易使用信用货币的意向，依市场上价格总体走势而定。随着价格增长，越来越多的行为人被投机利润的前景所吸引。日益增长的金融资产价格，同样使得银行接受这些资产，作为发放新信贷的抵押物。当价格下跌时，金融投机似乎获利减少，下跌的资产价格阻止借款人募集新的信贷，甚至可能导致借款人违约。然而，如果我们观察的是衍生品市场，而不是简单的股票或商品，就会出现一种模式。衍生品的价格，并非是关于基础资产价格的一个线性方程。这意味着，即使股票市场及商品市场价格总体下滑时，衍生产品市场的交易额及价格依然持续增长。换而言之，即使金融市场的其他环节处于危机状态时，衍生品市场运作也会保持对信用货币的意向。这种意向的生成，可以通过代理机构实现，这些机构在寻找投机盈利机会，或者在面对不确定情况时，希望确保自己的持仓量。

只要在全球金融中处于核心地位的某些银行，所发放的信用货币持续不变，这笔资金就可以作为后信用货币进行流通，而无须用其他形式的货币赎回。这些银行的盈利靠的是它们专属信用度，或者靠它们发放的信用货币支付利息，或者仅仅靠在生成利润的市场中投资信用货币。通过自营业务或建立对冲基金，这些银行从事金融交易时，它们就比其他市场代理机构更具优势。如我们在前述章节中所见，大量资本发出的指令信号，使得这些代理机构通过特定资产的大额交易推动市场价格变化。

储蓄银行与投资银行的合并，又与对冲基金合作；博彩业主与高利贷者合并，又与娴熟的扑克牌玩家合作，二者的情况类似。博彩业主是扑克游戏的庄家。他提供了场所、发牌员、扑克牌、筹码等，通过向参加游戏的玩家收费（抽成）赚钱。投资银行为投资者提供进入市场的途径时收取费用的情况，与这种情况类似。高利贷者向那些想参加博彩业做东的扑克游戏玩家放款，靠收取这些贷款的利息赚钱。这和普通储蓄银行收取的利息相似。两者的合并提供了新的盈利机遇。高利贷者不再用现金支付贷款，可以用博彩业主提供的筹码直接支付。由于高利贷者不再受库存现金的限制，他们可以向更多的玩家提供服务。只要游戏继续进行，玩家没有返回赌场赎回他们的筹码，这个策略就会产生作用。而且，自由发放信贷产生更多参加扑克游戏的玩家。不但是高利贷者获得的利率收益增长，就连博彩业主，也从缴纳参与费中赚取更多的财富。这和投资银行与储蓄银行合并产生的协同效应类似。

但是，为了提高利润，高利贷者和博彩业主选择在参加游戏的一位玩家身上下注。高利贷者和博彩业主以在玩家可能获得的彩金份额内，为他发放免息贷款。即使这个玩家不如对手优秀，但他几乎可以无限地获得筹码，这让他抢占先机。他可以用最大额的筹码参加游戏，他就可以“威吓”他的对手，“主宰”牌局。有能力通过大额交易推动价格变化的对冲基金，与之相类似。高利贷者与博彩业主同业公会从利息和收费中盈利，不但如此，甚至这种活动还对所选扑克牌玩家的彩金产生利害关系。这就是后信用货币时代的博彩资本主义。

反思金融市场中的后信用货币的意向的另一种方式是，通过流动性概念。这一概念毫无障碍地用作金融和经济术语，然而这个概念却是一个难以捉摸的现象。米什金将流动性定义为，“资产可以转换为现金的难易程度及速度”。他声明，“相对于另类资产，流动性越强的资产……其满意度就越高，需求量就越大。”[1] 将这一解释转化为上述提出的精神分析框架，我们注意到，发挥作用的因果关系以这两种方式运作，这一点至关重要。流动性高的资产确实满意度高，但我们必须补充一点，流动性程度自身还是计算资产意向的

[1] 米什金，《货币、银行业及金融市场经济学》，P86—87。

方程。作为市场中意向的主客体，市场和流动资产“完全相关”。这也意味着，流动性并非资产客体自身的固有特性。而是对其有意向时，投射于客体之上的一种特性。由于资产的流动性而对其产生意向时，这种意向源于这样的一种理念，对于他愿意用来兑换现金的客体，某些人在一定程度上产生意向。最终，因为人们普遍认为市场自身对客体存在意向，所以对资产产生意向。流动性是客体的一个幻想特质。此处，我们再次看到这句格言，意向总是他者的意向。据此，流动性就是对某资产的意向，这一意向建立的基础是一个设想，即市场自身大他者对资产有意向。市场中的行为人共同拥有这一设想，他们的集体行为确实形成这一他者意向。即使大他者事实上并不存在，尽管如此，当系统中所有个体都根据大他者的设想行事时，大他者就能够发挥效力。

在米什金的理论中，我们还发现以下命题：“货币是所有资产中最具流动性的资产，因为它是交换的中介；不必为了购买而将其转换为其他资产。”[1] 在这一命题中，货币成为流动性设想的崇高客体。货币是十足的流动资产，还是衡量所有其他资产流动性的比照资产。转化为货币，是资产流动性的最后补救方法。如果流动性概念不但适用于非货币资产，而且还适用于货币自身，那么这一概念

[1] 米什金，《货币、银行业及金融市场经济学》，P47。

显然令人感到困惑。米什金的命题认为，货币是所有资产中最具流动性的资产，其问题在于，它掩盖了货币并不存在这一我们已经目睹的事实。在本书第二部分中，准确来说，货币分析的要点就是货币绝非只是货币。货币以本体论上的不确定性为特征。任何货币系统的特征，都是不同货币形式之间的相互作用、相互影响以及形态改变。因此，我们不能说，货币自身是所有资产中最具流动性的资产。首先，不同货币类型在不同环境下流动性程度不同。第二，货币自身的流动性并非货币的固有特性。这更像是一个幻想特质，由于意向的特定经济形态，被投射到货币之上。因此，我们可以对这一分析进行总结，对于后信用货币存在持久意向，随后赋予该货币以流动性的特性，使它可以像货币一般进行流通，这一形态成为当代货币体系的特征。后信用货币的流动性并非是客体的先验特征，而是系统的不确定功能。

金融市场的大他者所支持的信用货币的持续意向，允许某些银行生成该类货币，持续供给该类货币。只要该意向稳定，或日益有所增长，信用货币就不会返回到银行。最糟糕的情况是，由于向另一银行进行货币汇兑，而将信贷收回。但是只要这家银行是同一清算网络的一分子，进行汇兑就无须借助于其他形式的货币。换而言之，金融市场充当了某些跨国银行发行后信用货币的资源库。

凯恩斯理论还是货币主义？

当代货币范式标志着依托国家的货币，向金融市场维持的银行发行的货币转移，这是贯穿本书的基本点。然而，这一论断不会形成这样的结论，认为国家在后信用货币体制中无足轻重、无能为力。在最近几年发生的金融和货币危机中，国家在维持我们当代的货币范式方面起到至关重要的作用，这一点越发显而易见。然而，国家干预今天的货币事务，这就极为荒谬了。这些干预的最终目标，似乎就是维系货币秩序，使得国家难以控制货币的供应和价格。

2008 年 9 月，金融危机产生的后果不断扩大，美国政府要员与各大金融公司的代表之间的紧急会议，在首都华盛顿召开。在大会上，联邦储备委员会主席本·伯南克，强烈敦促美国政府提供 7000 亿美元的紧急援助方案，以拯救各大银行破产危机，为信贷市场注入流动性。作为这一论断的一部分，据报道，伯南克的发言具有启发性的远见，内容如下："如果我们明天不这样做，周一我们就不会再有一个经济体系。"不单是随后经政府批准的紧急援助方案本身，成为今天政府为维持现有体系而干预信贷市场和银行事务的范例，就连伯南克的远见，也成为该类围绕着国家在当代货币事务中作用而进行的后意识形态反思的症候。

伯南克本来应该这样说："如果我们明天不这样做，周一我们就不会再有一个建立在后信用货币基础上的经济体系。”当伯南克将各大金融机构的崩溃，与如此类似的经济体系消失画上等号时，他就完成了我们在引言部分涉及的那种意识形态归化。我们看一下齐泽克对这一概念的详细论述：

> 在当代全球资本主义体系中，思想意识形态自然化达到了前所未有的水平。对于可能形成的选择，敢于持有乌托邦式异想的人非常罕见……我们非但无法证实，思想意识形态乌托邦的时代已经过去，这种无可争议的资本主义霸权，还要靠资本主义意识形态中的乌托邦核心维系。掌权的权力乌托邦用务实的现实主义包装自己，另类世界的乌托邦思想业已清除。

货币替代系统的乌托邦论，决然退出了当代的主流政治。我们开始研发造币的方式，并将货币投入流通之时，我们似乎已经抵达历史的终点。由于很少有政府有意构想超越当前货币秩序的其他秩序，货币发行的问题迅速简化为务实的现实主义，授权现行的秩序可以界定维系自身的条件，政客很乐意自己降职，仅从事行政管理工作，从而在这些条件下推动系统发展。

当代后信用货币体系的一个重要条件，就是私人银行可以发行流动性债券，随后债券以货币形式进行流通。只需向其他银行信贷转账就能清偿债务，只要这种形式的清偿要求重由银行掌控，该体系就会顺利运转。在上面内容中，我们已经看到，如果对国家创造的法币的依赖降至最低，便可以执行这种转账形式。然而，以清偿危机的形式出现系统危机时，对国家创造的货币的依赖就显现出来。信用货币的使用者开始质疑银行的信用度时，或者银行开始质疑彼此的信用度时，信用货币就不能以货币形式进行流通，从而失去了其流动性。这就到了国家成为最后的信徒，介入流通之中的时刻。通过向商业储蓄银行乃至投资银行发放信贷，中央银行显示了其对这些银行所发放信贷的价值状态的持久信心。换而言之，中央银行利用自己信贷发行人的身份，代表大众将公信力给予私营银行系统中的行为人，随之将流动性给予这些银行发行的信用货币。国家支持的紧急援助方案，是由美国联邦储备委员会、欧洲中央银行，以及众多其他中央银行提供的，在过去几年中，这基本是该法案的主要内容。在后信用货币时代，对货币的供应及定价的控制权，或许掌握在私营银行及金融机构手中，但是这些行为人的强势地位及盈利状况，依赖将他们与国家胎盘连接在一起的一根脐带，只要有需求，流动资产就沿着这根脐带流动。

对应金融或债务危机暴露出的经济问题，典型意义上的政治选择，沦为凯恩斯理论和货币主义两种定位之间的选择。前者建议，国家通过扩张性的积极方法刺激增长，即使这意味着保持高额的国家财政赤字。相反，后者描述的是财政紧缩，因为人们相信，过量的政府开支带来的潜在利益，会大于被日益增长的通货膨胀抵消掉的那部分。除此之外，两大可选择定位之间的争端，隐藏了潜在的根本性问题。

我们应该注意到，表现为政治形式的凯恩斯理论和货币主义，与约翰·梅纳德·凯恩斯及米尔顿·弗里德曼的原著毫无瓜葛。用当今语境中的术语来说，我因此将凯恩斯理论和货币主义的出现，形容为现实的政治实践及修辞学中的观点。

在齐泽克多次引用的关于马克斯兄弟的一个笑话中，格鲁乔坐在一个餐馆中。侍者走上前来问他几个常规问题："要茶还是咖啡？"他回答："好的，就要这个！"[1] 这个笑话阐释了，看似在两个可供选择的方案之间进行的中性选择，包含了某种预设下的固有逻辑。

首先，凯恩斯的财政扩张政策或者货币紧缩政策，两种措施伪装成相互排斥的形式，这和侍者将茶与咖啡之间的选择，伪装成一个二选一的决定完全相同。令人好奇的是，美国政府及欧盟，还有众多单一民族国家政府，事实上已经对以格鲁乔·马克斯的方法对金融或债务危机做出回答。危机以金融和货币市场中清偿危机形式

[1] 齐泽克，《偶然性、霸权、普遍性》，P90。

出现时，中央银行以发放信贷的形式为这些市场注入流动性，市场立即做出回应。这就是一个突出的凯恩斯回应，虽然它可能并未采用凯恩斯自己最初设想的形式。政府支持的紧急援助方案所提供的资金，主要流入金融体系，而不是直接通过政府开支筹措资金，来刺激真正的产业经济。

紧随凯恩斯主义对金融和信贷市场的刺激方案之后，似乎正在展开第二轮对总体经济实施的政治干预。这些干预关注政府的财税政策。而凯恩斯主义刺激方案，似乎成为就金融和信贷市场而进行的显而易见的选择，政府开支实施的货币紧缩政策，现在正作为摆脱危机的唯一理智方式进行扩散。至少在欧洲，这是显而易见的趋势。2012 年，欧盟的单一民族国家政府签署了一份财政公约，致力于在严格预定的范围内，保留各自的国家预算赤字和债务。同时，美国奥巴马行政当局的政策更不明朗，甚至到了这样的程度，传统意义上，奉行凯恩斯主义的欧洲，与奉行新自由主义的美国之间的平衡，似乎已经有些倾斜。以下是评论员就欧洲问题总结的两轮风波：

> 因担心金融世界的末日出现，通过紧急援助、减少收入、更低增长、高财政拨款以及巨额赤字手段，政府将私营银行的债务转化为公共债务。结果就是政府债务大幅增长，这种情况不可避免地遍及欧洲大陆。而在希腊事件

> 中，将这种情况描述为不负责任的财政政策，其原因貌似可信，但是对于任何人来说，这一原因全无可信之处。例如，以 PIGS 命名的小猪四国，其中的 I 和 S 代表爱尔兰和西班牙，在危机波及之前，两国被视为债务和赤字方面的“新自由主义阵营的典范”。公共债务是金融危机引发的后果，而不是引发危机的原因。[1]

在此处涉及的欧洲案例中，我们最为清晰地看到，针对金融危机提出的问题——是凯恩斯理论，还是货币主义？政府用（格鲁乔）马克斯的方式进行了回应：“好的，就选这个！”当提及银行和金融市场的选择时，国家运用凯恩斯理论进行回答。当提到公民和普通货币使用者的选择时，国家运用货币主义进行回答。较之于虚伪性和双重标准，此处的情况更为复杂。这并非仅仅是国家在第一种情况下选择凯恩斯理论，在第二种情况下选择货币主义的问题。第一种选择引发的情形，决定了第二种选择，借此辩证逻辑发挥作用。政府对于银行系统及金融市场的干预，形成了巨额公共债务，随后又提出这一问题，作为政府需要削减开支的原因。

通过银行和金融市场的出借，为政府赤字融资，这一事实恰恰

[1] 布莱斯，《一个大陆如何转变为次级 CDO》。

强化了该逻辑。这意味着财政收支平衡越来越容易受到这些市场中价格波动的影响，尤其是利率的影响。由于这一弱点，政府选择的财政政策，必须是他们认为“市场”倾向的政策。2012年签署欧洲财政公约之前，出身社会民主党的丹麦首相赫勒·托宁·施密特宣布：

> 丹麦正向金融市场发出清晰明了的信号，通过加入欧盟财政公约，我们正在采取负责任的经济政策。与欧洲经济政策相关的新规则同样会让丹麦受益，这一点毫无疑问。我们也要履行新规则做出的承诺，这对丹麦经济有益。

在这段引文中，发生了一种位移作用。这一全新的严格财政政策，必然会为丹麦经济带来极大的益处，这一点并非是其主要论断。事实是，首相相信，金融市场希望丹麦这样做。用拉康的话来说，首相签署公约的理由，并非渴望这样的财政规则（虽然我们不能排除这种可能性，让自己沦为金融市场单一意志的工具，这样做有些过度兴奋），而是渴望成为金融市场大他者的意向。符合金融市场的需求可能带来的回报，就是丹麦和其余签约国成为这些市场的意向目标，预防政府债务利率的增长。

初看上去，2007—2008年间发生的金融危机，看似金融资本主义走向终结的开端。包括美国和欧盟政府在内，他们对危机做出的回应，最终危机似乎传播了这样的一种趋势，金融化得以在生活中更广大的领域内推展。我们已经探讨了，多数单一民族国家中货币政策的去行政化趋势，该问题借此简化为，按照预设的政策目标（主要是低通货膨胀）进行行政管理的问题。签署欧盟财政公约或许可以视为一个征兆，象征着现在这种去行政化，甚至拓展到了财政政策的领域之中。

由于第二个更为深刻的原因，凯恩斯理论和新自由主义货币主义理论之间的选择，同样是个伪选择。经济政策构架了提高税收，还是降低税收之间的选择，提高社会福利，还是降低社会福利之间的选择，提高政府支出，还是降低政府支出之间的选择，这同时缩小了政治领域。当代主流政治争论的经济问题有如下形式：

国家应如何动用资金呢？按照海德格尔的理论，我们可以说这类问题在本体域内起作用。当问及有了独立存在的货币，我们希望做什么？这一问题只是借用了货币作为一种存在的形式。然而，这一问题确实是一个重要的政治问题，有掩盖货币的基本本体论质询的倾向。经济政策简化为凯恩斯理论与货币主义之间的选择，是政治领域内与货币问题相关问题的一个症候，这个问题就是“被忽略的存在”。有必要提及的本体论问题是，我们希望货币怎样？用更世俗的话说，我们或许可以提出这个问题，今日世界中，我们想要的是何种货币？

结论：金融资本的革命

正如在引言部分我们已经探索过的，本书的题目“赚钱”（making money），它具有双重意义。这部新书的论证主要围绕货币的本体论问题，涉及本书题目的第二层含义。这个问题就是：今日的货币情况如何？我们已经见证了，货币的存在形式是如何通过三大不同的本体论维度构建的，这三大维度是实体维度、象征维度以及想象维度。这三大维度使得货币以截然不同的存在形式出现，即商品货币、法定货币以及信用货币。然而，鉴于历史上出现的货币并非采用单一的形式，从某种意义上来说，这三种形式共同作用，货币才得以构建，所以这些类型应视为理想形式。

今日货币最主要的形式是后信用货币。民营商业银行开具信用证，在一个广泛有效的信贷支付系统中流通时，就形成了这种类型的货币。该信贷支付系统以及银行间的相互资金清算，允许民营银行信贷直接发挥支付工具的功能，也就是发挥货币的功能。通过多种举措，国家及其中央银行为民营银行信用货币的发行和流通提供支持。首先，国家允许授权电子信贷支付系统的出现，于是在经济体系中，货币基础设施的控制对外授权，授予具有特许权的私人代理机构。随着日益增多的较小份额的金融交易，使用与银行信用货币相对的现金法定货币，造币曾经是国家主权特权，现在也已经让渡于以盈利为主要运营目标的私人代理机构。第二，在西方国家中，中央银行已经采取政策，干预银行间的货币市场，以及只负责支持维持该体系的民营银行的其他部门。在很大程度上人们认为，在该体系中，信贷及货币创造最终超出了政治调控的范畴，当然，除非该体系陷入危机，在该情形下，拯救该体系属于政治责任。后信用货币时代的标志是，后政治方法对决货币政策。最后，即使在流通中使用的所有货币中，法定现金货币只占很小的份额，但它仍然起到至关重要的观念作用，其本身提供了理想的货币的幻想意象。它可以让货币使用者以及政府官员依然持有这样的观念，及所有的货币最终是由国家创制的，银行只是出借人与借款人之间的金融中介结构。这种观念掩盖了银行创制货币的真实作用，默许了国家在货币事务上的软弱无力。

探索货币本体论的主旨在于，重申货币体制是一个政治问题。不同形式的货币演进不只是一个关乎便捷和效率的问题。货币不仅是解决实际问题的实用方案。某一社会的特定货币制度，成为该社会的权力和利益分配的重要的基本前提。引用 19 世纪英国的银行家阿姆泽尔・B.M. 罗斯柴尔德的话进行表述，“让我发行并掌控国家的货币吧，我才不在意是谁制定了国家的法令。”正如我们在本书所构建的那样，后信用货币的范式使得人们通过简单的赚取货币的过程，就可以实现剥削。民营银行获得了在我们的经济领域创造大多数货币的特权。当这一货币以有息借贷或者金融资本的形式投入流通中，就会为货币的创造者赚取巨额利润。后信用货币的范式使得国际银行业以及金融市场中的特定阶级，靠造币而实现生钱。即使马克思所界定的剥削劳动力的现象依然在现实存在，对通过产业剥削攫取的财富进行分配，这本身就成为这种货币剥削的目标所在。正如马克思所指出的，以资本形式存在的货币，是劳动力剥削的关键要素。但是，当今这类资本的运作依然受全球金融市场以及国际银行业的状况左右。在后信贷金融资本时代，即使良性的传统产业资本甚至也可能成为剥削的主体。

我们在引论部分涉及了关于金钱的被遗忘的存在问题，这不仅仅是一个符合主流经济的现象，还是我们公众争论的一个热点，也是关于金钱问题的常见政治思维。现今多数人存在这样的意识，我们的银行和金融体系存在着根本的问题。2008 年经济危机后造成的裁员以及减产，当整体经济依旧遭受其冲击时，各大银行以及金融机构似乎已经迅速反弹，其盈利、薪资以及红利均恢复到危机前的水平。我们正在经历经济不平等现象程度的加剧，这不仅是由于中产阶级和下层阶级日益穷困，而且还由于真正富人阶层的财产更为丰厚。然而，很少有人懂得如何根本改变这一体系。所形成的主流政治辩论中最激进的提议，似乎是在金融交易中引入了所谓的托宾税，这充其量只能激起金融资本流动泛动细微的涟漪，最坏的情况下，这只不过是为那些精明的商贾提供了一个套汇盈利的机会。本体的思维框架只关注作为存在的货币流通形式，在此框架内，托宾税的观点得以良性发展。甚至在中央银行出台了打破惯例的货币政策时，比如量化宽松政策，这些政策确实超出了后信用货币范式中典型的货币形成方式范畴，这样做的目的是为了保护事物的现有状态，而不是引起系统的变更。干预货币的本体论体制，以及根本改变我们生钱方式的观点，只有在公众争论和政治争论的边缘地带才能发现。在那里，这些观点通常只是被当作臆造之物而被摒弃，如“金坚果”“怀旧情绪”“乌托邦”“激进分子”，或者其他不合理的比喻之物。与货币有关的政治视角的被遗忘的存在，以货币自然化的形式存在，在这种情况下，我们难以想象，它以何种方式区别于当前流行的那些赚取财富的方式。

在此引用20世纪工业巨头亨利·福特的一段话，他的话与罗斯柴尔德的论断相类似，“一个国家的人民不理解我们的银行和货币体系，这就很好。因为如果他们理解了，我相信明天早晨还未来临就会爆发一场革命。”工业资本向金融资本的转变，不仅仅是利润生成方式的转变，以及剥削产生方式的转变。这种转变还对我们原本想象的革命方式形成了深刻的影响。判断革命以及其本身是好是坏，这超出了本书的范围。革命是解决这些问题的最佳必要方案，论证这一点就很容易实现。革命可能是美好的，与此同时，在大多数情况下，革命又是丑恶的。但是，不管我们认为革命是好是坏，当代革命可能呈现什么面貌，这一点值得我们进行思考，值得设想。

工业资本向金融资本的转变，并不意味着阶级对立的消失。在马克思的分析中，阶级地位是由与生产方式相关主体的地位所决定的。资产阶级被定义为，生产方式的所有者和控制者，而劳动阶级主体除了自身的劳动力外一无所有，他们被迫将自己的劳动力出卖给资本家。在金融资本主义中，财富和利润的占有不仅仅通过生产和商品销售获得，有时甚至这些已经不再是主要的获得媒介。伴随着后信用货币范式，在我们所处的时代，货币的生产和流通已经成为获利最多、影响最大的事业之一。这形成阶级对立的第二条中轴，对马克思提出的工人与资本家之间的差异进行了补充。信用货币已经逐渐将造币的特权，外包给民营银行代理机构，很大程度上，经济体的演变以此为基础。在涉及这些金融市场的领域，那些代理机构占据优势，为了使他们获益，这样制造的货币在金融市场投入流通时，会重新分配和占有经济体生产领域内生成的利润。在当代金融资本主义制度下，在有关信用货币产生和流通的网络框架中的主体地位，便是这样决定了阶级地位。最终，这一标准导致形成了两大对立阶级：债务人和债权人。债权人成为统治阶级，而债务人成为潜在的革命阶级。

对革命阶级的债务人加以识别和进行动员，当然非常困难。事实上，大多数人同时兼具债务人和债权人的身份。对于某人来说，通过抵押和银行贷款成为债务人，与此同时，由于其所持有的银行存款或者公积金计划中的储蓄，被用于债券或股票的投资，他又成了债权人，这种现象并不罕见。而且，诸如美国、意大利、希腊等民族国家积累下了巨额的债务，谁对这些债务具有事实上的偿还义务，这一点并不明确，所以具有债务人身份的政府的作用模糊了全景。当然在这一点上，马克思本应该就此进行讨论，这种阶级界限的模糊只是暂时的，随着历史向着革命高潮的推进，对立的阶级利益应该会变得越来越明显。

不仅是生钱的能力，还包括仅靠造币就能生钱的能力，正在界定统治阶级债权人的特权。如今大多数的货币发行是以债务的形式进行的。但这并不是说所有的债务都是货币。今天，多数人处于这样的境况，他们可以获得贷款，因此形成债务关系，但也有少数人处于这样的境况，他们可以形成一种债务关系，这种关系起到货币的作用。事实上，这就是银行的特殊能力。在一个信奉宗教的社会，牧师具有特权地位，因为他们的言辞相当于上帝的旨意。在后信贷资本主义体制中，银行具有相似的地位，因为它们的债务就相当于货币。它们的信贷通常都会为整个经济共同体所接受，因此可以随即发挥货币的功能。债务人与债权人两大阶级之间存在的根本差异，都围绕着这种造币的能力。债权人处于这样的境况，他们可以赚取自己的货币，或者至少他们处于这样的特权地位，可以从货币创造中获益。与此相反，债务人无法赚取自己的货币。因此，为了使用货币，他们不得不支付货币。在最简单的形式下，这种货币以利息的形式进行支付。我们可以认为，利息是债务人为了自己能从事货币系统的业务而交付的一种税。如今，许多民族国家甚至也成为净债务国，因贷款向银行以及个体投资人支付的利息，构成了他们的经费预算中的主要项目。百姓交付的普通税，也因此转化为政府为自己使用的货币所交之“税”。

在马克思的分析中，剩余价值是以工人所创造的、超过支付他们劳动力的货币量的使用价值的形式出现的。由于剩余价值被资本家占有，就出现了剥削。由于工人没有其他方式为自己的劳动力定价，他们被迫用劳动力换取金钱。同样的方式，我们可以认为利息是当代的一种货币剩余价值，是当代后信贷资本主义的象征。信用货币形成这种剩余价值，由于它必须偿还超出本金的那部分。由于货币使用者没有能力自己造币，他们不得不从事这种交易。即使某一货币使用者积攒出所需的钱数，可以摆脱债务，但是这笔钱生成的利息仍需由该体系内的其他人支付，这个人已经获得贷款，原始造币由此完成。即使货币使用者个人摆脱了债务，债务人阶级的集体仍然遭受货币剥削，因为占有货币剩余价值的债权人阶级，他们是信用货币的发行本源。

将利息理解为货币剥削之源，是一种货币使用者交付之税，这种理解方法自然与正常情况下我们对利息的理解相矛盾，当然这种理解也与主流经济话语构想的利息相矛盾。典型意义的利息被构想为一种租金，借方为了在一定时间段内获得货币处置权而向贷方支付的租金。在这些思路中，利息成为贷方的补偿，弥补贷方因为无法将借出的货币用作其他用途，以及承担借方可能拖欠贷款的风险。虽然先前对于后信用货币的分析，必然与重新探讨利息的观念相关联，这一阶段的观点并非要驳斥利息的概念，而只是揭示货币的其他方面内容，这些方面为传统概念所掩盖。我们应该通过一个小小的类比来展示这一观点。

试想一下，诞生于世间的言语，具有某种附加的所有权。每次语言使用者想使用某一词汇时，他就必须向第一个创造该词的原“所有人”支付一笔小费。较之于我们正常情况下理解的语言方式来说，这样的情节是完全陌生的，大多数人对语言自身的资本化深恶痛绝。我们认为，某种语言的词汇不是某人的财产，我们宁可认为，它是意义集合体的组成部分，这种通用的意义为那些投入时间和努力学习语言的所有人共享。创造一个新词取决于既有的词汇库。我们可以因为某人提出一个新词的观点，而向他借贷，但与此同时，人们通常认为造词欠下整个语言系统的债务。因此，对使用语言加以课税就毫无意义。

与语言相反，我们常常认为货币是个人财产。货币是一种用以记录该系统中每一个个体有权操控的购买力的系统。而货币自然具有这样的能力，与此同时，货币还是一个集合体，为这一集体中的所有成员共有共享。就像语言一样，只有在经济共同体的成员已经围绕货币体系构建他们的社会交往，该共同体中的货币体系才能发挥作用。就这种意义来说，乞丐和亿万富翁对该体系的贡献一样多，因为从二者所起的作用来看，好像在共同体中以货币形式流通的代币，都是真实的货币。乞丐和亿万富翁个体拥有的货币数量或许存在差异，但是对于构建了他们经济交往体系的货币而言，他们享有平等的权利。约翰·肯尼思·加尔布雷思说过，“生活中大多数的事物，如汽车、情人、癌症，只是对于那些拥有这些事物的人来说很重要。相反，钱对于有钱的人和没钱的人来说同等重要。”[1]这里的要点是，相反的情况同样普遍存在，对于金钱来说，有钱人和没钱人同等重要。富人的金钱之所以有价值，是因为就连穷人也接受这种货币为金钱。

一旦我们开始从这些方面考量货币，对于在很大程度上以支付

[1] 加尔布雷思，《货币简史》，P3。

利息的信用货币为基础的某一货币体系，我们似乎不再理所当然地接受它。为什么货币使用者必须要置身于债务关系中，才能涉猎货币体系呢？为什么经济共同体中的货币使用者，应该向货币体系中特定的代理机构支付费用，才能从事该体系中的活动呢？这只是一个凭借共同体中所有成员的努力及投资，才得以维系的系统。如果对他们强征债务的系统，必然形成超过他们可能偿还能力的债务，为了偿还自己的债务，债务人要承担什么道德责任呢？这些问题可以用大卫·格雷伯的以下观点加以总结："货币不存在本质一说，它不是'真正的'实物；因此，它的本质一直都是，想必也将一直都是政治分歧的问题。"[1]我们必须驳斥流行的关于货币问题的被遗忘的存在的问题，坚持主张货币的存在是一个政治问题。这对揭示货币的政治本质至关重要，因为这赋予每一位公民以权利，来质疑其归属的特定货币系统中方方面面的问题。如果民主用于形容资本主义的一切事物，那么民主必须包括公民施加影响的权利，不仅对政府如何花费共同体的财富施加影响，而且对哪种类型的货币可以在共同体中流通施加影响。如果这个问题未包括在民主的类型框架之内，那么人们就被迫超越该框架，来发挥他们对民主产生的作用。

在工业资本主义制度下，工人阶级的终极政治武器是罢工。当

[1] 大卫·格雷伯，《债》，P372。

集体拒绝工作直接叫停价值生产以及利润积累时，它不仅向工厂所有人中的资产阶级施加直接压力，还展示了劳动如何成为价值的终极源泉。没有劳动，就无法创造价值。用金融资本代替工业资本进行阶级划分，还意味着被压迫阶级的革命性潜能也发生了改变。罢工并非是对抗债权人阶级的恰当方式。首先，债权人阶级的盈利，并不是从产品的物质生产中直接派生而来。正如我们所见，在金融市场行情上涨和下跌时，市场的投资人都可以盈利。第二，债务人阶级并不等同于工人阶级。事实上，经济金融化以及货币系统全球化形成的其中一个后果，就是日益涌现的亚洲、南美洲和非洲这些低收入国家的劳务外包，这意味着在西方国家传统的工人阶级队伍中，很多人失去工作。就连那些自己可以拒绝从事的工作，这些人甚至也得不到。但是，这并不意味着他们没有革命性潜能。工业资本主义中工人阶级的集体罢工，相当于金融资本主义中债务人的集体拖欠。在经济体系中，大部分的财富成为最终债务，这种货币不但依靠货币使用者接受且信赖该货币，还依靠货币的使用者支付自己的债务。但是，如果众人准备共同拒绝支付自己的债务，那么这将有效地阻碍该系统的运转。

作为2008年发生的所谓金融危机带来的直接后果，在随后的数周内，有那么一刻，人们会谈及资本主义自身的崩溃。专家们发表言论，经济正自我调整，最终与基础资产的“实际价值”相应，甚至在主流新闻报道中引用了马克思的观点。据称，出版公司出版的《资本论》一书的销售急增。然而，对于资本主义自身可持续性的普遍怀疑，持续的时间并不长，公众的焦点很快缩小到一场辩论上，这场辩论是关于对金融市场实行更严格监管的利与弊。我认为，短时期内，关于资本主义基础的共同怀疑就是一个革命的时刻。但是，这只是一个不会实际发生的革命时刻。一场革命尚未取得进展就已然蒸发了。这一时刻或许还能充当一次机会，让我们提出一个相反的事实问题：这场没有发生的革命，是什么样的情形?

即使危机的潜在原因或许可以追溯到几年前，甚至是数十年前，当时金融机构连续违反规定，日益复杂的金融工具不断演进。危机发端的诱因是，美国房产所有人违约数量日益增加。抵押违约，以及可能由此引起的驱逐，通常来说被认为是个人遭遇的失败。本质上，违约似乎还不算是革命行为。不管怎样，我认为违约恰恰是一场未发生革命的要素。这些违约之所以未导致革命源于三大原因。

抵押违约不是革命行为的第一个原因是，它甚至不具有成为革命行为的条件。违约并非违约者蓄意形成的结果。相反，一次违约通常是外力强加于违约者。第二个原因是，美国房产所有人的违约仅仅是一系列个体事件。违约不会引起债务人的集体动员。用马克思主义的术语来说，违约的房产所有人依然作为自在阶层存在，而不是动员自己成为一个债务人的自为阶层。因为美国房产所有人的违约行为已经转化为革命行为，债务人本应该将自己的违约责任视为蓄意的政治行为，而不是不幸境遇导致的结果。他们本可以作为债务人自为阶层，通过这个机会实现他们的共同利益。第三个原因是，美国政府介入对违约行为引发的后果进行救济。政府未让银行和金融系统蒙受损失，而是基本承担了部分债务，因此也承担了违约引发的后果。

如果我们将支付给银行管理人员的红利数量，视为银行总体健康状况的标志，那么大多数银行似乎已经短时期内从 2007 年至 2008 年的金融危机中恢复元气。然而，当经济评论员刚一开始停止金融危机的警告，经济紧急状态就以公共债务危机的形式再度出现。通过向中国以及其他非西方国家的经济活动注入廉价的信用货币，许多西方国家对他们的生产性工作损失进行了补偿。在此之后，因为信息散播，房地产以及人们认为可以调整该信用货币价值的其他类型资产的价格膨胀，这些国家现在正因此遭受损失。为饱受金融危机影响的私人银行埋单，显然也不能改善这些国家的偿付能力。

诸如西班牙和希腊等国家宣布大幅度削减政府开支，以顺应德国以及其他债权国的需求，这些债权国开始采取救援行动以避免国家违约，这一行为遭到了公众的抗议。与先前提及的美国发生的事件不同，为危机产生的影响做出回应，事实上是一种集体动员。希腊发生的情况尤为如此。在希腊，数以千计的人参加集体罢工示威游行。事实上，这样的抗议具有形成自为阶层的雏形。

欧洲南部国家抗议活动存在的问题在于他们的目标。由于民众遭遇的直接问题以政府削减开支的形式呈现，他们的反抗指向他们的政府。这意味着希腊和西班牙的人民正在动员结为不满民众的集合体，而并非一个债务人组成的阶级。抗议者未能识别出另一个阶级，才是阶级斗争中真正的对立阶级。这个阶级自然就是债权人阶级。在两个阶级之间，国家的功效开始变得无能为力，这揭示了真正意义上的潜在阶级对抗。问题并不在于国家将负债的后果强加给人民，而在于国家已经许可私立代理机构，首先将自制的信用货币大量充斥于经济体系中，从而盈利。

马克思对国家持怀疑态度。在他的分析中，国家仅仅为执行统治阶级利益服务。这样阐述的观点，自然是一种粗略的论断。该论断似乎不能与当代国家的功能直接对应，尤其是那些喜欢自诩为福利国家的国家。尽管如此，当我们审视西方政府对金融危机或债务危机做出的回应方式时，就很难不将他们的首创精神视为为保护债权人阶级的地位和利益而进行的众多尝试。在前面的章节中我们明白了，在过去四十年间，政府和中央银行如何逐渐地将贷款利率及货币供应外包给民营银行以及金融市场。虑及国家在后信用货币范式的演进过程中的作用，在金融资本主义时代，货币的演进怎么能够没有债务人阶级和国家之间的斗争，这一点似乎很难以想象。

在理想形式下，国家对造币的垄断就相当于人民对赚取自己货币的垄断。但正如我们所看到的那样，在后信用货币时代，就货币而言，国家对创造货币的垄断，主要用于支持民营银行生成信用货币。还有一种情况堪比这种情况，警察和军队享有的国家对暴力的垄断，仅仅用于保护和维护私人卡特尔的权势，以便从平民那里收受贿赂，收取保护费。金融资本主义制度下的人民革命，并不仅仅意味着债务人阶级的集体违约，还要求人民重新夺回自己生钱的权利。这就等同于马克思主义号召工人重新夺回自己劳动生产能力的控制权。当然，关于当今何种货币体制是理想的形式，何种体系最适合促成创造该货币，这是一个开放性的问题。最终，该问题的答案取决于你所持的理想的社会类型和生活类型。对所有可供选择的货币体系进行评论，这超出了本书的范围。诸如本国货币、公立银行、自由银行、负利率货币、国际货币、比特币等货币体系，尽管还在通过各种途径融入主流行列，万幸的是这些货币已经投入流通。

然而，我很想在结束本书时为改革提出一项具体的建议。因为通过躲避革命和保守之间的关系，这项建议重新配置了政治观点的常见坐标系，所以这项提议尤其引人关注。在英国，这项提议首先由新经济基金会的约瑟夫·休伯和詹姆斯·罗伯森提出，作为一项“铸币税改革”方案，随后，在称为正货币的货币改革运动中再次提出。[1] 在美国，国际货币基金组织的亚罗米尔·拜纳什及迈

[1] 休伯，罗伯森，《创造新币》；杰克逊，戴森，《现代化的货币》。

克尔·库慕霍夫提出同一阵线的主张，重兴20世纪30年代以来亨利·西蒙和欧文·费希尔提议的100%准备金银行的原始芝加哥规划案。[1]在非英语国家，以“全货币改革”以及“银行充分储备”为主题的类似改革计划已经启动。[2]

所有这些提议旨在进行一场银行改革，这场革命将恢复国家的货币发行特权，同时该特权还会延伸到涵盖非现金信用货币。这样的改革要求，民营商业银行在中央银行存有储备金，民营商业银行动用与政府以现金或信贷形式发行的货币等值的那部分储备金，来支持全部未偿信贷。这意味着会阻止民营银行创造新的信用货币，这些货币仅由货币使用人的相应债务，或者民营银行体系中的其他代理机构的债务予以支持。民营银行不再获许生成新的保证金，这只是银行自身的未偿信贷。相反，他们随后只能以中央银行货币形式回收、赚取或借入的货币放贷。一个人只有在自己拥有一辆自行车、一把扳手或一杯盐时，才可以借出一辆自行车、一把扳手或一杯盐。同样的，民营银行只有现在持有资金才能放贷。

这样一场看似简单的改革，其潜在的影响不容低估。其影响甚至可能是革命性的，这个说法合乎情理。首先，货币供应的掌控，

[1] 拜纳什，罗伯森，《芝加哥规划修正案》。

[2] 宾斯万格，胡贝尔，马斯托纳蒂，《全货币改革》；卜哲阁，戈德·彭盖，《现金应对债务危机》。

将从商业银行及信贷市场转移至中央银行和政府，这会恢复政府货币政策采取措施的职能，以便稳定经济，甚至可能引领经济朝着特定的社会目标发展，诸如平等和可持续目标。第二，发行新币（铸币权）所得利益由中央银行回收，政府将其用于政府开支，不再被民营银行占有，分配给股东、管理层、投机商或者当前货币贵族中的其他成员。国家无须从民营银行和国际资本市场中的投资者那里，以不同利率借款，国家可以零利率向自己的中央银行借款，据此降低甚至消除当前很多国有经济体负担的债务，这些债务的数额日益增长。第三，因为银行只承担用它们在中央银行的储备金支付的负债，所以银行的运行风险以及货币系统的崩溃就会消除。

由于实现权力和利益的均衡，从民营银行及金融市场转向国家政府，改革方案带来的影响就是统辖货币创造的政治体制。谁也无法保证，政府收回的经济力量不会形成无益的战争、无尽的赤字开支、腐败、对政敌的镇压、对政治同盟者的优先待遇或者其他的愚蠢行为。这取决于支撑货币系统的政治共同体的特性及优势。然而，我们不需要我们的政府完美地推进改革方案的成功，政府只需比当前处理货币运营的那些银行家和贸易商做得稍好一些，这就足够了。

正如这种革命的潜能会点燃梦想，摆脱当前的危机时代，并在此基础上兴起一个更美好、更平等、更加可持续发展的世界。改革的真谛就在于其彻底的保守主义性质。本书的提议并非是建立一个关于货币、政府、银行的不可思议的崭新乌托邦。恢复政府生成新币的特权，将银行纳入纯粹的金融中介机构，只借贷而不造币，这样做只是使双方当事人遵守这样的观念，很多人已经错误地认为他们正在做这件事情。

金融术语表

套利

把同样的资产于同一时间在不同市场，以不同的价格出售，通过投机获取的利润。

银行挤兑

指一种情况，大量的银行客户要求以现金支付而不是以银行储蓄形式获得其银行存款。银行如果不能从其他银行或中央银行借到其他现金，挤兑就可能导致银行的倒闭。

布莱克－斯克尔斯期权定价模型

基于期权的基础资产的历史波动性，对期权的理论上正确的价格进行计算的算法。这个算法是由费雪·布莱克和迈伦·斯克尔斯在 1973 年开发的，它背后的技术被用于开发其他衍生产品定价模型。

债券

一种可交易形式的债务，它使持有人根据规定的条件有权获得利息和本金的偿还。典型的形式包括国家发行的政府债券和由私人公司发行的公司债券。

布雷顿森林体系

一个国际协定，盯住所有西方主要货币的汇率（包括美元、日元），同时要求美国财政部保证美元以固定价格兑换黄金的可兑换性。该体系成立于 1944 年，最终终止于 1971 年。那一年尼克松总统废弃美元兑换成黄金。

抵押

用资产抵押贷款作为担保。

货币商品理论

一种货币理论，说明货币的价值最终来源于商品固有的价值。根据这一理论，货币作为一个特定的商品出现——例如黄金，然后升高到一般的交换媒介的地位。

货币信用理论

说明货币最终是债务的货币理论。根据这一理论，当债权人对债务人的信贷转移到第三方用于支付商品或服务，货币就出现了。

金融衍生工具

期权、远期、期货、互换和其他金融工具，它们不意味着对任何基础资产（诸如公司、债务或商品）的直接所有权，但它们从相应的基础资产交易的价格中产生价值。

贴现率

商业银行从中央银行可贷资金的利率。贴现率由中央银行决定。

预期回报——回报方差法则

该法则假定，在一个有效市场中，一种投资的可能收益与投资风险之间不可避免地有一种权衡或折中。如果两种证券以同样价格交易，一种证券具有高收益的可能性，而另一种证券仅具普通收益的可能性，人们则预期前者也是一种风险较高的投资，零收益的概率比后者更高。

有效市场假说（EMH）

这个假说假设，市场总是已经把所有相关信息合并到在市场上交易的资产的定价上。在这种假设下，市场的价格总是能提供最好的对交易资产的价值评估。个人交易者不可能战胜市场。

远期或远期合约

一种特殊的金融衍生工具，买方和卖方约定在未来某一时刻按约定的价格买卖约定数量的金融资产。如果这个远期是以一个有组织的交易方式进行交易，这也被称为期货。

银行部分准备金制度

指银行能够以超过它们的流动货币准备金额度发放贷款的一种系统。

基本面分析

一种分析，旨在基于金融市场以外的相关的经济基本面评估金融资产的实际价值。股票的基本面分析着重于观察基础公司的条件，通过考虑公司运营的市场状态，公司的竞争对手和实际经济的其他相关因素的状态，试图发现未来收益。基本面分析相对于技术分析。

金本位

货币体系，货币以一个固定利率在银行或政府实体的担保下，自由兑换成黄金。

对冲基金

一种特殊的投资基金，其特点是从事高度投机性的投资策略，使用杠杆增加潜在的投资回报，只允许有限数量的参与者能够大量投资，有时利用离岸地点规避国家规定和税收。

银行间同业拆借市场

在这个市场，商业银行之间相互借贷以解决临时的国际收支赤字。

杠杆

在这个水平面上，一个投资提供了潜在的利润和损失，相对于投资中的大量的资本。高水平的杠杆作用是通过使用一个初始投资作为抵押品，借出更多的资本，然后用于投资。在对冲基金所运用的投资策略中，杠杆经常扮演着一个关键的角色。

流动性

一种资产很容易转换成货币的程度。最具流动性的资产就是货币本身。

期权

一种特殊的金融衍生工具，它赋予期权所有者权利，但期权所有者没有在未来某个特定的时间以特定的价格交易特定资产（如股票或商品）的义务。看跌期权赋予所有者出售的权利，看涨期权赋予所有者购买的权利。

投资组合

投资者持有的一个金融资产集合。

随机游走假说

假定市场价格变动的方向是完全不可预测的，这使得对纯粹随机事件的这种运动的处理是完全不可预测的。假设的意义是，它使分析员使用概率论估计未来的价格轨迹的概率。随机游走假说与有效市场假说密切相关。

回购或回购协议

卖方在出售金融资产时签订协议，约定在一段时间后购回所卖金融资产。这有效地创造了一个买方给卖方的抵押贷款，协议期满时，就会偿还。

证券

股票、债券、远期或期权等可交易的金融资产和金融工具的总称。

卖空

一种交易技术，指一个交易者出售他不拥有的或者只是暂时拥有的金融资产。交易者可以从经纪人或另外的交易者那里借出资产，经纪人或另外的交易者同时能获得费用。卖空通常造成资产的价格将要下降的预期以获取利润。下降价格使得卖方可以在低于出售时的价格收回资产。

货币国定论

一种货币理论，它把货币看作最终被国家或另一个政府实体创建的。当一个国家或政府实体声明某些客体是法定货币，从而在支付税收、海关罚款和其他债务时被接受，国家货币就被创建了。出自这个系统的货币也被称为法定货币，货币的国家理论也称为法定货币理论。

股票

一种证券，它提供共同拥有一家公司的所有权和获得公司股息的权利。

互换

一种特殊的衍生工具，双方同意交换标的资产的收入流。一个常见的例子是利率互换。

利率互换是指两笔货币相同、债务额相同（本金相同）、期限相同的资金，但交易双方分别以固定利率和浮动利率借款，为了降低资金成本和利率风险，双方做固定利率与浮动利率的调换。

技术分析

技术分析是指基于过去的价格变动的模式来预测未来金融市场的价格波动的一种分析方法。技术分析有时也称为图表分析，因为它依赖于历史上价格波动的图表进行的。与技术分析相对的是基本面分析。

波动率

资产价格波动的程度。

参考文献

Agamben, Giorgio. *Homo Sacer: Sovereign Power and Bare Life.* Palo Alto: Stanford University Press, 1998.

———. *State of Exception.* Chicago: University of Chicago Press, 2003.

Alexander, Sidney S. "Price Movements in Speculative Markets: Trends or Random Walks". *Industrial Management Review* 2, No. 2 (1961): 7–26.

———. "Price Movements in Speculative Markets: Trends or Random Walks", *Industrial Management Review 5*, No. 2 (1964): 25–46.

Bachelier, Louis. *Louis Bacheliers Theory of Speculation: The Origins of Modern Finance.* Princeton: Princeton University Press, 1900.

Bell, Stephanie. "Do Taxes and Bonds Finance Government Spending?" *Journal of Economic Issues* 34, No. 3 (2000): 603–620.

Benes, Jaromir, and Michael Kumhof. *The Chicago Plan Revisited.* IMF Working Paper, 12/202, 2012.

Bennet, Rick. *King of a Small World.* New York: Arcade Publishing, 1995.

Bernstein, Peter L. *Capital Ideas Evolving.* New Jersey: John Wiley and Sons, 2007.

———. *Capital Ideas: The Improbable Origins of Modern Wall Street.* New Jersey: John Wiley and Sons, 1993.

Beunza, Daniel, and Daniel Stark. "How to Recognize Opportunities: Heterarchical Search in a Trading Room". In *The Sociology of Financial Markets,* edited by Karin Knorr-Cetina and Alex Preda, 84–101. Oxford: Oxford University Press, 2005.

Binswanger, Hans Christoph, Joseph Huber, and Philippe Mastronardi. *Die Vollgeld-Reform – wie Staatsschulden abgebaut und Finanzkrisen verhindert werden konnen.* Solothurn: Ed. Zeitpunkt, 2012.

BIS. *Semiannual OTC derivatives statistics at end-December 2012.* Basel: Bank for International Settlements, 2013.

Bjerg, Ole. "Drug Addiction and Capitalism: Too Close to the Body". *Body & Society 14,* No. 2 (2008): 1 –22.

———. *Gode penge: Et kontant svar pa galdskrisen.* Køenhavn: Informations Forlag, 2013.

———. *Poker – The Parody of Capitalism.* Ann Arbor: University of Michigan Press, 2011.

Black, Fischer, and Myron Scholes. "The Pricing of Options and Corporate Liabilities". *The Journal of Political Economy* 81, No. 3 (1973): 637–654.

Blyth, Mark. "How to Turn a Continent into A Subprime CDO". *TripleCrisis.com,* 2011.

Board of Governors of the Federal Reserve System. "FRB: Who owns the Federal Reserve?" *federalreserve.gov,* 2012.

Bondt, Werner F. M. De, and Richard H. Thaler. "Further Evidence on Investor Overreaction and Stock Market Seasonality". *Journal of Finance* 42, No. 3 (1987): 557–581.

Bryan, Dick, and Michael Rat erty. "Financial Derivatives and the _ eory of Money". *Economy and Society* 36, No. 1 (2007): 134–158.

———. "Money in Capitalism or Capitalist Money?" *Historical*

Materialism 14, No. 1 (2006): 75–95.

But ett, Warren. “Chairman’s Letter”. *Berkshire Hathaway 2002 Annual Report* (2002).

Callon, Michel. *The Laws of the Markets.* Oxford: Blackwell, 1998.

Chicago Board of Trade. *Action in the Marketplace.* Chicago: Chicago Board of Trade Publications Department, 2000.

Christiano, Lawrence, Roberto Motto, and Massimo Rostagno. Financial *Factors in Economic Fluctuations.* Working Paper Series. European Central Bank, 2010.

Cootner, Paul H., *The Random Character of Stock Market Prices.* Cambridge MA: MIT Press, 1964.

Cowles, Alfred. “Can stock market forecasters forecast?” *Econometrica: Journal of the Econometric Society* 1, No. 3 (1933): 309–324.

DailyFinance. “Big Risk: $1.2 Quadrillion Derivatives Market Dwarfs World GDP”. *DailyFinance.com,* 2011.

Das, Satyajit. *Traders, Guns, and Money.* London: FT Prentice Hall, 2006.

Davies, Howard, and David Green. *Banking on the Future: The Fall and Rise of Central Banking.* Princeton: Princeton University Press, 2010.

Davies, Richard, and Peter Richardson. “Evolution of the UK banking system”. *Bank of England Quarterly Bulletin* 4 (2010): 321–332.

Davis, John B. “The Nature of Heterodox Economics”. *Post-Autistic Economics Review* 40 (2006): 23–30.

Eichengreen, Barry J. *Exorbitant Privilege: The Rise and Fall of the*

Dollar and the Future of the International Monetary System. New York: Oxford University Press, 2011.

———. *Globalizing Capital: A History of the International Monetary System.* Princeton: Princeton University Press, 1998.

Engels, Freidrich, and Karl Marx. *The Communist Manifesto.* Whiteq sh: Kessinger Publishing, 1848.

Epstein, G.A. *Financialization and the World Economy.* Cheltenham: Edward Elgar Publishing, 2005.

Fama, Eugene F. "Efficient Capital Markets: A Review of Theory and Empirical Work". *Journal of Finance* 25, No. 2 (1970): 383–417.

———. "Market Efficiency, Long-Term Returns, and Behavioral Finance". *Journal of Financial Economics* 49, No. 3 (1998): 283–306.

Federal Reserve Bank of Chicago. *Modern Money Mechanics: A Workbook on Bank Reserves and Deposit Expansion.* Chicago: CreateSpace, 1994.

Ferguson, Niall. *The Ascent of Money: A Financial History of the World.* New York: The Penguin Press, 2008.

Fisher, Irving. *The Purchasing Power of Money: Its Determination And Relation to Credit Interest and Crises.* New York: Cosimo, 1911.

Fox, Justin. *The Myth of the Rational Market: A History of Risk, Reward, and Delusion on Wall Street.* New York: HarperCollins, 2009.

Friedman, Milton. "A Theoretical Framework for Monetary Analysis". *Journal of Political Economy* 78, No. 2 (1970): 193–238.

———. *The Optimum Quantity of Money.* Piscataway: Aldine Transaction, 2005.

Galbraith, John Kenneth. *Money, Whence It Came, Where It Went.* Boston: Houghton Mi. in, 1975.

Gervais, Simon, and Terrance Odean. “Learning to Be Overconq dent”. *Review of Financial Studies* 14, No. 1 (2001): 1 –27.

Gnedenko, Boris V., and Andrei N. Kolmogorov. *Limit Distributions for Sums of Independent Random Variables.* Reading MA: Addison-Wesley, 1954.

Graeber, David. *Debt: The First 5,000 Years.* New York: Melville House, 2011.

Greenspan, Alan. “Corporate Governance – At the 2003 Conference on Bank Structure and Competition, Chicago, Illinois”. The Federal Reserve Board, 2003.

Grossman, Sanford J., and Joseph E. Stiglitz. “On the Impossibility of Informationally Efficient Markets”. *The American Economic Review* 70, No. 3 (1980): 393–408.

Hacking, Ian. *The Taming of Chance.* Cambridge: Cambridge University Press, 1990.

Hamilton, William Peter. *The Stock Market Barometer: A Study of its Forecast Value Based on Charles H. Dows Theory of the Price Movement.* New York: Harper & Brothers Publishers, 1922.

Harvey, David. *The Limits to Capital.* London: Verso, 1982.

Hassoun, Jean-Pierre. “Emotions on the Trading Floor: Social and Symbolic Expressions”. In *The Sociology of Financial Markets,* edited by Karin Knorr- Cetina and Alex Preda, 102–20. Oxford: Oxford University Press, 2005.

Heidegger, Martin. *Being and Time.* London: Wiley-Blackwell, 1927.

———. *Introduction to Metaphysics.* New Haven: Yale University Press, 1935.

———. *The Fundamental Concepts of Metaphysics: World,*

Finitude, Solitude. Bloomington: Indiana University Press, 1938.

———. *The Principle of Reason.* Bloomington: Indiana University Press, 1956.

Ho, Karen. *Liquidated: An Ethnography of Wall Street.* Durham: Duke University Press Books, 2009.

Horgan, John. *The End of Science: Facing the Limits of Knowledge in the Twilight of the Scientific Age.* London: Abacus, Little, Brown and Company, 1996.

Huber, Joseph, and James Robertson. *Creating New Money: A Monetary Reform for the Information Age.* London: New Economics Foundation, 2000.

Hudson, Michael. "The Archaeology of Money: Debt Versus Barter Theories of Money's Origins". In *Credit and State Theories of Money: The Contributions of A. Mitchell Innes,* edited by L. Randall Wray, 99–127. Cheltenham: Edward Elgar Publishing, 2004.

Humphrey, Caroline. "Barter and Economic Disintegration". *Man* 20, No. 1 (1985): 48–72.

Ingham, Geot rey. "Babylonian Madness: On the Historical and Sociological Origins of Money". In *What Is Money?,* edited by John Smithin, 16–41. London: Routledge, 2000.

———. "The Emergence of Capitalist Credit Money". In *Credit and State* Theories *of Money: The Contributions of A. Mitchell Innes,* edited by L. Randall Wray, 173–222. Cheltenham: Edward Elgar Publishing, 2004.

———. *The Nature of Money.* Cambridge: Polity, 2004.

Innes, A. Mitchell. "Credit Theory of Money". *The Banking Law Journal* 3 1 (1914): 151.

———. "What Is Money". *The Banking Law Journal* 30 (1913):

377.

Jackson, Andrew, and Ben Dyson. *Modernising Money: Why Our Monetary System Is Broken and How It Can Be Fixed.* London: PositiveMoney, 2013.

Jevons, William Stanley. *Money and the Mechanism of Exchange.* Charleston: Forgotten Books, 1875.

Kahneman, Daniel, and Amos Tversky. "Prospect Theory: An Analysis of Decision under Risk". *Econometrica* 47, No. 2 (1979): 263–291.

Kant, Immanuel. *Critique of Pure Reason.* Cambridge: Cambridge University Press, 1787.

Kaufman, George G., and Kenneth E. Scott. "What Is Systemic Risk, and Do Bank Regulators Retard or Contribute to It?' *Independent Review* 7, No. 3 (2003): 371–391.

Kavanagh, Thomas M. *Enlightenment and the Shadows of Chance: The Novel and the Culture of Gambling in Eighteenth-century France.* Baltimore: The Johns Hopkins University Press, 1993.

Keynes, John M. *A Treatise on Money.* London: Macmillan, 1930.

———. "Review". *The Economic Journal* 24, No. 95 (1914): 417–419.

Kinsella, N. Stephan. "Funny Money". *Liberty* 7, No. 2 (1994): 12.

Klein, Naomi. *The Shock Doctrine: The Rise of Disaster Capitalism.* New York: Picador, 2008.

Knapp, Georg Friedrich. *The State Theory of Money*. London: Macmillan and Company, 1924.

Knorr-Cetina, Karin, and Alex Preda. *The Sociology of Financial Markets.* Oxford: Oxford University Press, 2005.

Lacan, Jacques. *Television: A Challenge to the Psychoanalytic Establishment.* London: W. W. Norton & Company, 1990.

———. *The Four Fundamental Concepts of Psychoanalysis.* London: W. W. Norton & Company, 1973.

———. "The Function and Field of Speech and Language in Psychoanalysis". In *Écrits.* London: W. W. Norton & Company, 1966.

Lawson, Tony. "The Current Economic Crisis: Its Nature and the Course of Academic Economics". *Cambridge Journal of Economics* 33, No. 4 (2009): 759–777.

———. "The Nature of Heterodox Economics". *Cambridge Journal of Economics* 30, No. 4 (2006): 483–505.

Leeson, *Nick. Rogue Trader*. New York: Warner, 2001.

Lerner, Abba P. "Money as a Creature of the State". *The American Economic Review* 37, No. 2 (1947): 312–317.

LiPuma, Edward, and Benjamin Lee. *Financial Derivatives and the Globalization of Risk.* Durham: Duke University Press, 2004.

MacKenzie, Donald A. *An Engine, Not a Camera: How Financial Models Shape Markets.* Cambridge MA: MIT Press, 2006.

Malkiel, Burton G. *A Random Walk Down Wall Street.* New York: W. W. Norton & Company, 1973.

Mallaby, Sebastian. *More Money Than God: Hedge Funds and the Making of a New Elite.* New York: Penguin, 2011.

Mandelbrot, Benoit, and Richard Hudson. *The (Mis)Behaviour of Markets.* New York: Basic Books, 2004.

Mankiw, N. Gregory, and Mark P. Taylor. *Macroeconomics.* 6th edition. New York: Worth Publishers, 2007.

Markowitz, Harry. "Portfolio Selection". *Journal of Finance* 7, No.

1 (1952): 77–91.

Marx, Karl. *A Contribution to the Critique of Political Economy.* New York: C.H. Kerr, 1859.

———. *Capital – Volume 1*. London: Dent, 1867.

Marx, Karl, and Friedrich Engels. *Karl Marx and Frederick Engels: Selected Works in One Volume.* New York: International Publishers, 1865.

McKenzie, Rex A. "Casino Capitalism with Derivatives: Fragility and Instability in Contemporary Finance". *Review of Radical Political Economics* 43, No. 2 (2011): 198 –215.

Merton, Robert C. "Theory of Rational Option Pricing". *The Bell Journal of Economics and Management Science* 4, No. 1 (1973): 141–183.

Mirowski, Philip. *More Heat than Light: Economics as Social Physics, Physics as Nature's Economics.* Cambridge: Cambridge University Press, 1989.

Mishkin, Frederic. *The Economics of Money, Banking, and Financial Markets.* Upper Saddle River: Prentice Hall, 2004.

Mosler, Warren. "Full Employment and Price Stability". *Journal of Post Keynesian Economics* 20, No. 2 (1997): 167–182.

Neumann, John, and Oskar Morgenstern. *Theory of Games and Economic Behavior.* Princeton: Princeton University Press, 1944.

Nøretranders, Tor. *Det udelelige: Niels Bohrs aktualitet i fysik, mystik og politik*. Copenhagen: Gyldendal, 1985.

Parguez, A., and M. Seccareccia. "The Credit Theory of Money: The Monetary Circuit Approach". In *What Is Money?,* edited by John Smithin, 101–123. London: Routledge, 2000.

Pryke, Michael, and John Allen. “Monetized time-space: derivatives – money’s new imaginary?” *Economy and Society* 29, No. 2 (2000): 264–284.

Rhea, Robert. *The Dow theory: an explanation of its development and an attempt to de? ne its usefulness as an aid in speculation.* Flint Hill: Fraser, 1932.

Ryan-Collins, Josh, Tony Greenham, Richard Werner, and Andrew Jackson. *Where Does Money Come From?: A Guide to the UK Monetary and Banking System.* London: New Economics Foundation, 2011.

Samuelson, Paul. “Proof that Properly Anticipated Prices Fluctuate Randomly”. *Management Review* 6, No. 2 (1965): 41–49.

Schumpeter, Joseph Alois. *History of Economic Analysis.* London: Routledge, 1954.

Seaford, Richard. *Money and the Early Greek Mind: Homer, Philosophy, Tragedy.* Cambridge: Cambridge University Press, 2004.

Sharpe, William F. “Capital Asset Prices: A Theory of Market Equilibrium under Conditions of Risk”. *Journal of ? nance* 19, No. 3 (1964): 425–442.

Shaxson, Nicholas. *Treasure Islands: Uncovering the Damage of ON shore Banking and Tax Havens.* London: Palgrave Macmillan, 2011.

Shiller, Robert J. “From Efficient Market Theory to Behavioral Finance”. *Cowles Foundation Discussion Paper No 1385* (2002).

———. “Tools for Financial Innovation: Neoclassical Versus Behavioral Finance”. *Financial Review* 41, No. 1. Financial Review (2006): 1–8.

Simmel, Georg. *The Philosophy of Money.* London: Routledge, 1900.

Smith, Adam. *The Wealth of Nations.* New York: The Modern Library, 1776.

Smithin, John N. *Controversies in Monetary Economics.* Cheltenham: Edward Elgar Publishing, 2004.

Tobin, James. "Money". In *The New Palgrave Dictionary of Money and Finance,* edited by Peter Newman, Murray Milgate, and John Eatwell, 770–779, 1992.

Weintraub, E. Roy. "Neoclassical Economics". *The Concise Encyclopedia of Economics* (1993).

Werner, Richard. *New Paradigm in Macroeconomics: Solving the Riddle of Japanese Macroeconomic Performance*. Basingstoke: Palgrave Macmillan, 2005.

Williams, John Burr. *The Theory of Investment Value.* Cambridge MA: Harvard University Press, 1938.

Wittgenstein, Ludwig. *Philosophical Investigations.* Malden MA: Wiley-Blackwell, 1945.

Wolfe, Tom. *The Bonfire of the Vanities.* New York: Random House, 1987.

Wray, L. Randall. Understanding Modern Money: *The Key to Full Employment and Price Stability.* Cheltenham: Edward Elgar Publishing, 1998.

Zaloom, Caitlin. Out of the Pits: *Traders and Technology from Chicago to London.* University of Chicago Press, 2006.

Zelizer, Viviana A. *The Social Meaning of Money.* New York: Basic Books, 1994.

Žižek, Slavoj. *Contingency, Hegemony, Universality: Contemporary Dialogues on the Left.* London: Verso, 2000.

———. *First as Tragedy, Then as Farce.* London: Verso, 2009.

———. *How to Read Lacan.* London: W. W. Norton & Company, 2006.

———. *In Defense of Lost Causes.* London: Verso, 2009.

———. *Living in the End Times.* London: Verso, 2010.

———. *Looking Awry: An Introduction to Jacques Lacan through Popular Culture.* Cambridge MA: The MIT Press, 1991.

———. "Philosophy, the unknown knowns, and the public use of reason". *Topoi* 25, No. 1–2 (2006): 137–142.

———. *The Fragile Absolute or, Why Is the Christian Legacy Worth Fighting For?* London: Verso, 2000.

———. *The Parallax View.* Cambridge MA: MIT Press, 2006.

———. *The Plague of Fantasies.* London: Verso, 1997.

———. *The Sublime Object of Ideology.* London: Verso, 1989.

———. *The Ticklish Subject: the absent centre of political ontology.* London: Verso, 1999.

———. *Violence: six sideways rek ections.* London: Profile Books, 2009.

Žižek, Slavoj, and Glyn Daly. *Conversations with Žižek.* Cambridge: Polity, 2004.

Zupančič, Alenka. "Reversals of Nothing: The Case of the Sneezing Corpse". *Filozofski Vestnik* 26, No. 2 (2005): 173–186.

出 品 人：许　永
责任编辑：许宗华
特邀编辑：林园林
责任校对：雷存卿
版权编辑：杨　博
装帧设计：李双鑫
内文排版：单春丽
印制总监：蒋　波
发行总监：田峰峥

投稿信箱：cmsdbj@163.com
发　　行：北京创美汇品图书有限公司
发行热线：010-53017389　59799930

创美工厂
微信公众平台

创美工厂
官方微博